Hildegard Rudolph

Die neue
Power-Grammatik
Spanisch

Für Anfänger
zum Üben & Nachschlagen

Hueber Verlag

Unser Dank gilt Herrn José Antonio Panero Martínez
für die muttersprachliche Überprüfung des Manuskripts.

Dieses Werk ersetzt die ISBN 978–3–19–004185–5 (Power-Grammatik Spanisch).

Das Werk und seine Teile sind urheberrechtlich geschützt.
Jede Verwertung in anderen als den gesetzlich zugelassenen
Fällen bedarf deshalb der vorherigen schriftlichen
Einwilligung des Verlags.

Hinweis zu § 52a UrhG: Weder das Werk noch seine Teile dürfen ohne
eine solche Einwilligung überspielt, gespeichert und in ein Netzwerk
eingespielt werden. Dies gilt auch für Intranets von Firmen und von Schulen
und sonstigen Bildungseinrichtungen.

Eingetragene Warenzeichen oder Marken sind Eigentum des jeweiligen Zeichen- bzw.
Markeninhabers, auch dann, wenn diese nicht gekennzeichnet sind. Es ist jedoch zu
beachten, dass weder das Vorhandensein noch das Fehlen derartiger Kennzeichnungen
die Rechtslage hinsichtlich dieser gewerblichen Schutzrechte berührt.

3.	2.	1.		Die letzten Ziffern
2016	15	14	13	12	bezeichnen Zahl und Jahr des Druckes.

Alle Drucke dieser Auflage können, da unverändert,
nebeneinander benutzt werden.
1. Auflage
© 2012 Hueber Verlag GmbH & Co. KG, 85737 Ismaning, Deutschland
Umschlaggestaltung: creative partners gmbh, München
Zeichnungen: Martin Guhl, Stein am Rhein, Schweiz (www.cartoonexpress.ch)
Redaktion: César Arencibia Rodríguez, Jürgen Frank, Stephanie Pfeiffer, Hueber Verlag, Ismaning
Neugestaltung: Sieveking print & digital, München
Druck und Bindung: Firmengruppe APPL, aprinta druck, Wemding
Printed in Germany
ISBN 978–3–19–504185–0

Vorwort

Was ist Die neue Power-Grammatik Spanisch?
Die neue Power-Grammatik Spanisch richtet sich an Lernende im Anfängerbereich. Sie bietet ein übersichtliches, intensives Lern- und Übungsprogramm und basiert auf dem Prinzip: Lernen – Üben – Testen. Der progressive Aufbau ermöglicht es Ihnen, das Lernmaterial schrittweise zu erarbeiten und damit einen optimalen Erfolg zu erzielen.

Die neue Power-Grammatik Spanisch zeichnet sich durch folgende Merkmale aus:

Multifunktional
Die neue Power-Grammatik Spanisch kann im Selbststudium, kursbegleitend oder auch zur Vertiefung und Wiederholung eingesetzt werden. Je nach Bedarf ist es möglich, einzelne Kapitel oder Themenbereiche (z.B. Adjektive, Präpositionen oder die Zeiten der Vergangenheit) auszuwählen oder nachzuschlagen.

Umfassend
In 70 Kapiteln werden alle wichtigen Themen und Strukturen der spanischen Grundgrammatik behandelt.

Übersichtlich
Jedes Kapitel umfasst zwei Seiten und hat den gleichen übersichtlichen Aufbau:
- Linke Seite: Erklärungen und Beispiele – Rechte Seite: Übungen
- Der Einstieg in das jeweilige Grammatikthema erfolgt über einen Cartoon, der den Gebrauch veranschaulicht.
- Alle Beispielsätze sind zum besseren Verständnis übersetzt, die Regeln sind knapp und verständlich formuliert. Auf Unterschiede zum deutschen Sprachgebrauch wird hingewiesen.
- Die Übungen sind progressiv aufgebaut, d.h. der Schwierigkeitsgrad nimmt von der ersten zur letzten Übung zu.

Kleinschrittig
Sie lernen in kleinen Lernschritten. Komplexere Themen, vor allem im Bereich der Verben und Zeiten, sind über mehrere Kapitel verteilt.

Komplett
- Im Anschluss an einen größeren Themenbereich können Sie Ihr Wissen in 5 Tests kontrollieren.
- Ein Lösungsschlüssel ermöglicht Ihnen die Kontrolle der Übungen.
- Die verschiedenen Verbgruppen und wichtigsten unregelmäßigen Verben können Sie in einer Verbtabelle nachschlagen.
- Das Glossar (Spanisch-Deutsch) enthält alle für die Bearbeitung der Übungen notwendigen Vokabeln.

Und nun wünschen wir Ihnen: ¡Mucha suerte! *Viel Erfolg!*

Inhalt

1 Substantiv: Singular und Plural, Geschlecht
Sopa, restaurante, pollo 10

2 Bestimmter und unbestimmter Artikel (1): Formen
Tenemos un problema con la cafetera. 12

3 Bestimmter und unbestimmter Artikel (2): Gebrauch
¿Está el Sr. García? 14

4 Adjektiv (1): Formen
Cerveza fría, leche caliente 16

5 Adjektiv (2): Nationalitätenadjektive
Juan es de España. Es español. 18

6 Adjektive (3): Stellung und Besonderheiten
Es un perro inteligente. 20

7 Steigerung und Vergleich (1): Komparativ *más/menos ... que*
Yo soy más alto que tú. 22

8 Steigerung und Vergleich (2): Gleichheit *tan/tanto ... como*
Cuesta tanto como tu ordenador. 24

9 Steigerung und Vergleich (3): Relativer und absoluter Superlativ
Esta paella está riquísima. 26

10 Adverb
Una fiesta perfectamente preparada 28

11 Zahlen (1): Grundzahlen 1–100
Uno, dos, tres 30

12 Zahlen (2): Grundzahlen ab 100
El Mulhacén tiene 3.481 metros de altura. 32

13 Zahlen (3): Ordnungszahlen
Vivo en la segunda casa a la derecha. 34

Test 1: Kapitel 1–13 36

Inhalt

14 Präsens: Regelmäßige Verben auf *-ar*
Yo fumo, tú fumas, Juan no fuma. 38

15 Präsens: Regelmäßige Verben auf *-er*
Hoy como paella. 40

16 Präsens: Regelmäßige Verben auf *-ir*
¿A quién le escribes todas esas postales? 42

17 Präsens: Diphthongverben *e > ie*
Esta maleta no cierra bien. 44

18 Präsens: Diphthongverben *o > ue*
¿En qué puedo atenderle? 46

19 Präsens: Unregelmäßige Verben *e > i*
No me sirve de nada. 48

20 Präsens: Unregelmäßige Verben *-ía/-úa*
¿A quién le envías esto? 50

21 Präsens: Das Verb *ser*
Soy Juan. 52

22 Präsens: Das Verb *estar*
¿Dónde están mis gafas? 54

23 Gebrauch von *ser* und *estar*
Yo soy cazador. – Yo estoy hambriento. 56

24 Gebrauch von *hay* und *estar*
¿Hay algún banco aquí cerca? 58

25 Präsens: Das Verb *ir*
¿Adónde vas? 60

26 Unregelmäßige Verben (1): Verben mit unregelmäßiger 1. Person Singular
Hago deporte. 62

27 Unregelmäßige Verben (2): Verben auf *-acer/-ecer/-ocer/-ucir*
Ya lo conozco. 64

Test 2: Kapitel 14–27 66

Inhalt

28 Gerundium und Verlaufsform
Está pintando el piso. 68

29 Perfekt
Ya ha empezado. 70

30 Indefinido (1): Regelmäßige Verben
Lo pasé muy bien. 72

31 Indefinido (2): Unregelmäßige Verben
¿Qué hiciste anoche? 74

32 Indefinido (3): Unregelmäßige Verben
¿Dónde estuviste ayer? 76

33 Gebrauch von Perfekt und Indefinido
¿Has estado alguna vez en Latinoamérica? 78

34 Imperfekt
Era la una de la noche, todo estaba tranquilo 80

35 Gebrauch von Imperfekt und Indefinido
Antes me regalaba rosas, ayer no me dio ni siquiera un beso. 82

36 Plusquamperfekt
Te había dicho que pidieras un folleto del hotel. 84

37 Zukunft (1): Futur I
¡Serán unas vacaciones estupendas! 86

38 Zukunft (2): Verschiedene Zeitformen für die Zukunft
¿Qué vamos a hacer con ellos? 88

39 Konditional I
Podrías comprarme uno nuevo. 90

40 Futur II / Konditional II
Las habrá cogido el perro. 92

Test 3: Kapitel 28–40 94

Inhalt

41 Reflexive Verben
Mi marido tiene que peinarse.   96

42 Passiv: *ser* + Partizip und *se* + Verb im Aktiv (*pasiva refleja*)
La Sagrada Familia fue construida por Gaudí.   98

43 Imperativ (1): bejaht
¡Trae la pelota!   100

44 Imperativ (2): verneint
¡No seas pesimista!   102

45 Imperativ (3): Stellung des Pronomens beim Imperativ
¡Dame la tarjeta telefónica!   104

46 Subjuntivo (1): Präsens-Formen der regelmäßigen Verben
¿Quieres que te ayudemos?   106

47 Subjuntivo (2): Unregelmäßige Verben *e > ie*, *o > ue*, *e > i*
Espero que te diviertas con ellos.   108

48 Subjuntivo (3): Verben mit verändertem Wortstamm
Cuando venga mamá, …   110

49 Subjuntivo (4): Gebrauch nach bestimmten Verben und Ausdrücken
Ahora es necesario que trabaje las piernas.   112

50 Subjuntivo (5): Weiterer Gebrauch
Lo que tú quieras.   114

51 Imperfekt des Subjuntivo: Bildung der Verbformen
Me aconsejó que me quedara en la cama.   116

52 Imperfekt des Subjuntivo: Gebrauch
Preferiría que jugáramos a algo menos arriesgado.   118

Test 4: Kapitel 41–52   120

Inhalt

53 Subjektpronomen
Yo también quiero uno. 122

54 Direkte Objektpronomen (Akkusativ)
Lo hemos encontrado en el jardín. 124

55 Betonte und unbetonte indirekte Objektpronomen (Dativ)
¿Te traigo una bebida? 126

56 Direkte und indirekte unbetonte Objektpronomen
Me encantaría prestártelos. 128

57 Objektpronomen nach Präpositionen
Estas flores son para ti. 130

58 Possessivbegleiter und -pronomen
Mi mujer y mis hijos han ido a la costa. 132

59 Demonstrativbegleiter und -pronomen
Me encanta este coche. 134

60 Indefinita
¿Necesita algo más? 136

61 Fragewörter
¿Por qué no te tomas un día libre? 138

62 Relativpronomen
Es una receta que he encontrado en una revista. 140

63 Präpositionen (1): *a*, *en*
¿Crees que ha sido una buena idea ir en coche? 142

64 Präpositionen (2): *de*
¡Qué maravilla sentir el suave rumor de las olas! 144

65 Präpositionen (3): weitere Präpositionen
Quedamos delante del cine. 146

Inhalt

66 Präpositionen (4): *para, por*
Es perfecta para salir por la noche. 148

67 Konjunktionen
Aunque como menos, no adelgazo. 150

68 Verneinung
No se siente absolutamente nada. 152

69 Bedingungssätze
Si fuera rico, estudiaría Enología. 154

70 Direkte und indirekte Rede
Dijiste que conocías el camino. 156

Test 5: Kapitel 53–70 158

Verbtabellen 160

Lösungsschlüssel 170

Register 186

Glossar 191

1 Sopa, restaurante, pollo
Suppe, Restaurant, Hähnchen

Sopa, restaurante, pollo

Die meisten spanischen Substantive enden auf -a, -e, -o oder Konsonant, z. B. sopa (*Suppe*), restaurante (*Restaurant*), pollo (*Hähnchen*).

REGEL Spanische Substantive sind entweder maskulin oder feminin. Ein Neutrum wie im Deutschen gibt es nicht.
Das Geschlecht eines Substantivs lässt sich häufig an der Endung erkennen. Von einigen Ausnahmen abgesehen gilt:

maskuline Endungen	feminine Endungen
-o, -aje, -ete, -l, -ón, -or	-a, -ad, -ez, -ie, -ión, -triz, -tud, -umbre, -zón
-e	-e

- Maskulin sind z. B. libro (*Buch*), viaje (*Reise*), billete (*Fahrkarte*), hotel (*Hotel*), rincón (*Ecke*), amor (*Liebe*).
- Feminin sind z. B. casa (*Haus*), ciudad (*Stadt*), vez (*Mal*), serie (*Serie*), estación (*Bahnhof; Jahreszeit*), actriz (*Schauspielerin*), virtud (*Tugend*), costumbre (*Brauch, Sitte*), razón (*Ursache; Vernunft*).
- Maskulin ist z. B. coche (*Auto*), feminin ist z. B. calle (*Straße*).

! Ausnahmen:
- Folgende Substantive enden auf -o oder -or, sind aber feminin: foto (*Foto*), mano (*Hand*), moto (*Motorrad*), radio (*Radio*); flor (*Blume*).
- Folgende Substantive enden auf -a, -ez, -ión oder -zón, sind aber maskulin: idioma (*Fremdsprache*), problema (*Problem*), programa (*Programm*), día (*Tag*) und mapa (*Landkarte*); ajedrez (*Schachspiel*); avión (*Flugzeug*) und camión (*Lastwagen*); corazón (*Herz*).

REGEL Der Plural wird wie folgt gebildet:

Singular	Plural
Substantiv endet auf Vokal: vino *Wein* playa *Strand* restaurante *Restaurant*	Anhängen von -s vinos *Weine* playas *Strände* restaurantes *Restaurants*
Substantiv endet auf Konsonant: mar *Meer*	Anhängen von -es mares *Meere*

Endet ein Substantiv auf -z, lautet die Pluralendung -ces: luz *Licht* → luces *Lichter*.
Beachten Sie den Wegfall des Akzents im Plural: habitación *Zimmer* → habitaciones *Zimmer*.

10

Substantiv: Singular und Plural, Geschlecht   1

1. Welches Geschlecht haben die Substantive? Ordnen Sie ein.

garaje color día foto niñez barril escuela mapa organización carnaval parasol mano calle disco princesa

maskulin   feminin
_____   _____
_____   _____
_____   _____
_____   _____
_____   _____
_____   _____
_____   _____
_____   _____

2. Setzen Sie die folgenden Substantive in den Plural.

a. casa _____   f. ciudad _____
b. banco _____   g. luz _____
c. hospital _____   h. habitación _____
d. coche _____   i. tenedor _____
e. mujer _____   j. razón _____

3. Bilden Sie den Singular.

a. manos _____   f. cafés _____
b. naranjas _____   g. cantidades _____
c. lápices _____   h. números _____
d. calles _____   i. canciones _____
e. días _____   j. meses _____

4. Bilden Sie sieben Substantive aus den Wortfragmenten und setzen Sie sie in den Plural. Welches Geschlecht haben diese Substantive?

ra, nador, difi, puen, lor, mensa, cultad, ploma, orde, do, di, dio, te, je

Singular	Plural	Geschlecht
_____	_____	_____
_____	_____	_____
_____	_____	_____
_____	_____	_____
_____	_____	_____
_____	_____	_____
_____	_____	_____

2 Tenemos un problema con la cafetera.
Wir haben ein Problem mit der Kaffeemaschine.

Un momento, un problema, la cafetera

Un ist der unbestimmte Artikel maskulin, **la** der bestimmte Artikel feminin. Die Artikel begleiten Substantive und entsprechen im Deutschen „ein/eine" bzw. „der/die/das". Sie stimmen in Geschlecht und Zahl mit den Substantiven überein.

 Der bestimmte Artikel lautet:

	maskulin	feminin
Singular	el	la
Plural	los	las

 Der unbestimmte Artikel lautet:

	maskulin	feminin
Singular	un	una
Plural	unos	unas

Bitte beachten Sie, dass es im Spanischen eine Pluralform des unbestimmten Artikels gibt, die mit „einige" übersetzt wird und mit algunos/-as synonym ist (→ Kapitel 60):
unos/algunos libros (*einige Bücher*), unas/algunas casas (*einige Häuser*).
Vor Zahlen bedeutet unos/unas „ungefähr":
unos diez años (*ungefähr zehn Jahre*), unas tres semanas (*ungefähr drei Wochen*).

⇨ Bei femininen Substantiven, die mit betontem a- oder ha- beginnen, werden im Singular aus phonetischen Gründen die maskulinen Artikel el bzw. un verwendet, im Plural werden jedoch nach der Regel die femininen Artikel las bzw. unas gebraucht:
el/un agua mineral *das/ein Mineralwasser* → las/unas aguas minerales *die/einige Mineralwasser*.

! **Aber:** el arte moderno (*die moderne Kunst*) – der Singular ist maskulin, las bellas artes (*die schönen Künste*) – der Plural ist feminin.

 Neben dem bestimmten und dem unbestimmten Artikel gibt es noch den „neutralen" Artikel lo. Man setzt ihn vor die maskuline Form eines Adjektivs oder Partizips und macht es so zu einem abstrakten Substantiv:
práctico *praktisch* → lo práctico *das Praktische (z. B. an einer Sache)*.

12

Bestimmter und unbestimmter Artikel (1): Formen   2

1. Tragen Sie den bestimmten Artikel ein und setzen Sie Artikel und Substantiv in den Plural.

el libro   *los libros*

a. ____ botella _____   g. ____ foto _____
b. ____ agua _____   h. ____ instituto _____
c. ____ hospital _____   i. ____ bueno _____
d. ____ arte _____   j. ____ habitación _____
e. ____ mujer _____   k. ____ luz _____
f. ____ útil _____   l. ____ día _____

2. Un oder una? Schreiben Sie die Wörter in die richtige Spalte.

un	una
_____	_____
_____	_____
_____	_____
_____	_____
_____	_____
_____	_____

foto   agua mineral   garaje
fuente   radio
manzana   bicicleta   puente
bebida   ama de casa
paraguas   vaso   hotel

3. Ordnen Sie die unten stehenden Wörter in die Tabelle ein.

el	los	la	las
_____	_____	_____	_____
_____	_____	_____	_____
_____	_____	_____	_____
_____	_____	_____	_____
_____	_____	_____	_____

hoteles hombres casas señor mujeres coche estaciones gente
programa días tenedores carne música ración alcohol jardín
tardes arte noche iglesia películas cines norte países manos

4. Übersetzen Sie Artikel und Substantiv in der Klammer.

a. Juana es secretaria y trabaja en (*einem Büro*) _____ .
b. (*Die Bücher*) _____ son muy interesantes.
c. (*Das Telefon*) _____ no funciona.
d. Tomamos (*ein Bier*) _____ y (*ein Mineralwasser*) _____ .
e. (*Die Fotos*) _____ son muy bonitas.
f. Pedro tiene (*ein Motorrad*) _____ nueva.

3 ¿Está el Sr. García?
Ist Herr García da?

Sra. Martín, el Sr. García

Sra. (señora) wird hier ohne Artikel und Sr. (señor) mit dem bestimmten Artikel el verwendet, im Deutschen sagen Sie „Frau Martín" und „Herr García".

REGEL Abweichend vom Deutschen steht im Spanischen der bestimmte Artikel u. a.
- vor Sr./Sra./Srta. (señor/señora/señorita) + **Eigenname, wenn man über die Person spricht:**
  ¿Sabe usted dónde está el Sr. Rodríguez? *Wissen Sie, wo Herr Rodríguez ist?*
  ! Aber: Wenn man eine Person direkt anspricht, fällt der Artikel weg.
  Buenos días, Sra. Moreno. *Guten Morgen, Frau Moreno.*
- bei der **Beschreibung einer Person in Verbindung mit Körperteilen:**
  María tiene los ojos azules y el pelo largo. *María hat blaue Augen und langes Haar.*
- bei **Zeitangaben** wie:
  la semana pasada (*letzte Woche*), el próximo domingo (*nächsten Sonntag*), el sábado (*am Samstag*), los domingos (*sonntags*).
- bei **Verallgemeinerungen:**
  El deporte es muy bueno para la salud. *Sport ist sehr gut für die Gesundheit.*

REGEL Abweichend vom Deutschen steht im Spanischen kein bestimmter oder unbestimmter Artikel u. a.
- nach tener (*haben*), buscar (*suchen*) und llevar (*tragen*), **wenn allgemein angegeben wird,** was man (nicht) hat, (nicht) sucht oder (nicht) trägt:
  No tengo móvil. *Ich habe kein Handy.*
  ! Aber: Tengo un móvil nuevo. *Ich habe ein neues Handy.*
  Pablo busca empleo. *Pablo sucht eine Stelle.*
  ! Aber: Pablo busca un empleo interesante. *Pablo sucht eine interessante Stelle.*
  Teresa nunca lleva falda. *Teresa trägt nie einen Rock.*
  Aber: Hoy Teresa lleva una falda corta. *Heute trägt Teresa einen kurzen Rock.*
- vor medio (*ein halb*) und otro (*ein anderer, noch einer*):
  Déme medio kilo de fresas, por favor. *Geben Sie mir bitte ein halbes Kilo Erdbeeren.*
  Tráigame otra cerveza, por favor. *Bringen Sie mir bitte noch ein Bier.*
- in Ausdrücken wie:
  estar en casa *zu Hause sein*, ir a casa *nach Hause gehen*, salir de casa *das Haus verlassen*, Correos *die Post*, Carlos V. *Karl der Fünfte*.

Bestimmter und unbestimmter Artikel (2): Gebrauch   3

1. Sr. und Sra. – mit oder ohne el und la? Ergänzen Sie.

a. Paco, ¿sabes dónde está _el_ Sr. Molina?

b. ▪ Enrique, ¿ya has visto a _la_ Sra. Martínez?

   • No. Creo que _la_ Sra. Martínez está de vacaciones esta semana.

c. _____ Srta. Sánchez es de Sevilla.

d. ▪ Adiós, _____ Sra. Moreno.

   • Adiós, _____ Sra. Suárez, hasta el lunes.

e. ▪ Buenos días, _____ Sra. Jiménez. ¿Está _el_ Sr. Rodríguez?

   • Sí, _____ Sr. Rodríguez está en su oficina.

f. ▪ ¿Cómo está usted, _____ Sra. Gómez?

   • Gracias, estoy muy bien. Y usted, _____ Sra. Fernández, ¿cómo está usted?

g. ▪ ¿No es usted _____ Sra. Ortiz?

   • No, lo siento _____ Sr., yo soy _____ Sra. Serrano.

2. Entscheiden Sie, ob in den folgenden Sätzen der bestimmte oder der unbestimmte Artikel bzw. gar kein Artikel verwendet wird.

a. ¿Tienes _____ coche? – Sí, tengo _un_ coche muy rápido. Es _un_ Ferrari.

b. Esta es _____ señora Suárez. Es _una_ mujer muy simpática.

c. Mi abuela tiene _el_ pelo gris y _los_ ojos marrones.

d. Tráiganos _____ medio litro de vino tinto, por favor.

e. Todos _los_ días salen de _la_ casa a las ocho.

f. ¿Quieres _un_ helado?

g. ¡_____ otra cerveza, por favor!

h. Luis toca _el_ piano muy bien.

i. _los_ sábados mi padre va al fútbol.

j. Me gustan mucho _los_ perros.

3. Ergänzen Sie die Sätze mit der richtigen Alternative.

a. . . . próximo miércoles voy al teatro.
Nächsten Mittwoch gehe ich ins Theater.

   1. ▢ ∅

   2. ☒ El

b. En agosto estamos de . . . vacaciones.
Im August sind wir in Urlaub.

   1. ▢ ∅

   2. ▢ las

c. Me gusta mucho . . . vino tinto.
Ich mag Rotwein sehr.

   1. ▢ ∅

   2. ▢ el

d. Tiene . . . trabajo interesante.
Er hat eine interessante Arbeit.

   1. ▢ un

   2. ▢ ∅

e. ¿Vas a . . . Correos?
Gehst du zur Post?

   1. ▢ los

   2. ▢ ∅

e. Siempre llevo . . . sombrero.
Ich trage immer einen Hut.

   1. ▢ ∅

   2. ▢ un

4 Cerveza fría, leche caliente
Kaltes Bier, heiße Milch

Fría, caliente

Fría (*kalt*) und caliente (*warm*) sind Adjektive. Mit ihnen wird die Eigenschaft eines Substantivs, hier die des Bieres bzw. der Milch, beschrieben.

 Geschlecht und Zahl eines Adjektivs richten sich nach dem Substantiv, auf das es sich bezieht. Die meisten spanischen Adjektive enden in der maskulinen Form auf -o, -e oder Konsonant.
Adjektive auf -o bilden die feminine Form auf -a.
Adjektive auf -e oder Konsonant sind in der maskulinen und femininen Form gleich.
Der Plural wird wie bei den Substantiven gebildet: Bei den auf Vokal endenden Adjektiven wird ein -s angehängt, bei den auf Konsonant endenden -es.

Singular	Plural
el coche nuevo *das neue Auto*	los coches nuevos *die neuen Autos*
la casa nueva *das neue Haus*	las casas nuevas *die neuen Häuser*
el parque grande *der große Park*	los parques grandes *die großen Parks*
la plaza grande *der große Platz*	las plazas grandes *die großen Plätze*
el jersey azul *der blaue Pullover*	los jerséis azules *die blauen Pullover*
la blusa azul *die blaue Bluse*	las blusas azules *die blauen Blusen*

! **Aber:** Adjektive auf -án, -ín, -ón und -or enden zwar auf Konsonant, bilden jedoch die feminine Form durch Anhängen von -a, den Plural durch Anhängen von -es (maskulin) bzw. -s (feminin), z. B. una persona holgazana *eine faule Person*, chicas trabajadoras *fleißige Mädchen*.
Ausgenommen von dieser Regel sind die Komparative auf -or, bei denen jeweils die maskuline und feminine Form gleich sind, im Plural wird -es angehängt (→ Kapitel 7):
el hermano menor/los hermanos menores *der jüngere Bruder/die jüngeren Brüder*
la hermana mayor/las hermanas mayores *die ältere Schwester/die älteren Schwestern*

Wird ein Adjektiv nach den Verben ser und estar verwendet, wird es im Gegensatz zum Deutschen dem Substantiv angepasst.
El señor Gil es **rico**. / Los señores Gil son **ricos**. *Herr Gil ist reich. / Die Gils sind reich.*

Adjektiv (1): Formen   4

1. Setzen Sie Artikel, Substantiv und Adjektiv in den Plural.

el coche nuevo — *los coches nuevos*

a. la casa moderna
b. el ejercicio difícil
c. el libro interesante
d. el profesor trabajador
e. la flor amarilla
f. la ciudad grande
g. el hombre fuerte

2. Geben Sie den Singular an.

las torres altas — *la torre alta*

a. los niños alegres
b. las frutas dulces
c. las estudiantes jóvenes
d. las casas viejas
e. las personas mayores
f. los profesores buenos
g. las madres felices

3. Adjektiv und Substantiv müssen in ihrer Form übereinstimmen. Das Adjektiv in der Klammer steht im Singular maskulin. Gleichen Sie es an.

a. Estas naranjas son muy (*dulce*) _____ .
b. Laura es una chica (*encantador*) _____ .
c. Estas sillas son muy (*cómodo*) _____ .
d. Los ejercicios son (*fácil*) _____ .
e. Teresa y Sandra son unas chicas muy (*amable*) _____ .
f. La zona (*industrial*) _____ está al norte de la ciudad.
g. Toman pollo (*asado*) _____ , ensalada (*mixto*) _____ y patatas (*frito*) _____ .
h. José lleva un pantalón (*negro*) _____ y una camisa (*gris*) _____ .

4. Welche Farbe haben diese Dinge?

Las fresas son *rojas*.

a. La nieve es _____ .
b. El cielo es _____ .
c. El carbón es _____ .
d. Las hojas del árbol son _____ .
e. Los girasoles son _____ .
f. Las castañas son _____ .

5 Juan es de España. Es español.
Juan kommt aus Spanien. Er ist Spanier.

Españoles, inglés, francesa

Anas und Juans Freunde sind keine Spanier. Bill kommt aus London und ist Engländer, Claire kommt aus Bordeaux und ist Französin. Españoles (*Spanier, spanisch*), inglés (*Engländer, englisch*) und francesa (*Französin, französisch*) sind Adjektive, die die Nationalität bezeichnen. Ihre Formen unterscheiden sich von den anderen Adjektiven.

> **REGEL** Nationalitätenadjektive, deren maskuline Form auf -o endet, bilden die feminine Form wie andere Adjektive auch auf -a und den Plural durch Anhängen von -s. Bei Nationalitätenadjektiven, die auf einen Konsonanten enden, wird für die feminine Form ein -a an die maskuline Form angehängt. Für den Plural wird der maskulinen Form -es und der femininen Form -s hinzugefügt.

el señor italiano *der italienische Herr* la señora italiana *die italienische Dame*	los señores italianos *die italienischen Herren* las señoras italianas *die italienischen Damen*
el señor español *der spanische Herr* la señora española *die spanische Dame*	los señores españoles *die spanischen Herren* las señoras españolas *die spanischen Damen*

▷ Belga (*Belgier/-in, belgisch*) ist maskulin und feminin, der Plural lautet belgas.

▷ Nationalitätenadjektive mit der Endung -í oder -ú sind ebenfalls maskulin und feminin. Sie bilden den Plural durch Anhängen von -es. Dazu gehören israelí – israelíes (*Israeli, israelisch*), marroquí – marroquíes (*Marokkaner/-in, marokkanisch*), iraquí – iraquíes (*Iraker/-in, irakisch*), hindú – hindúes (*Hindu, hinduistisch*).

Adjektiv (2): Nationalitätenadjektive — 5

1. Welche Nationalität haben diese Personen? Verbinden Sie die beiden Spalten.

a. Juan es de España.
b. Lynne es de Inglaterra.
c. Françoise y Michelle son de Francia.
d. Wolfgang y Christian son de Alemania.
e. João es de Portugal.
f. Paolo y Giulia son de Italia.
g. Monika es de Austria.
h. Jacques es de Bélgica.
i. Bert es de Suiza.
j. Hanne es de Dinamarca.

1. Son italianos.
2. Es belga.
3. Es suizo.
4. Es español.
5. Es inglesa.
6. Es danesa.
7. Es austríaca.
8. Son francesas.
9. Es portugués.
10. Son alemanes.

2. Geben Sie die fehlenden Formen der folgenden Nationalitätenadjektive an. Achten Sie auf den Akzent.

	maskulin Sg.	maskulin Pl.	feminin Sg.	feminin Pl.
a. Italia	italiano			
b. Brasil	brasileño			
c. Bélgica	belga			
d. Dinamarca	danés			
e. España	español			
f. México	mexicano			
g. Francia	francés			
h. Austria	austríaco			
i. Grecia	griego			
j. Suiza	suizo			
k. Irlanda	irlandés			
l. Polonia	polaco			
m. Estados Unidos	estadounidense			
n. Portugal	portugués			
o. Suecia	sueco			

3. Woher stammen die Waren in diesem internationalen Einkaufskorb?

Wein aus Spanien   vino de España   vino español

a. Käse aus Frankreich
b. Tomaten aus Spanien
c. Whisky aus Irland
d. Bier aus Deutschland
e. Fisch aus Dänemark
f. Oliven aus Griechenland
g. Kaffee aus Brasilien

6 Es un perro inteligente.
Er ist ein intelligenter Hund.

Un perro inteligente, un gran perro

Sowohl inteligente (*intelligent*) als auch gran (von grande = *groß, großartig*) sind Adjektive. Inteligente steht nach dem Substantiv, grande davor und ist zu gran verkürzt.

REGEL Adjektive dienen zur Unterscheidung und stehen meistens **nach dem Substantiv**:
un perro inteligente *ein intelligenter Hund* – un perro estúpido *ein dummer Hund*.

⇨ Einige Adjektive stehen immer **vor dem Substantiv**. Dazu gehören otro (*[ein] anderer*), medio (*[ein] halber*), mucho (*viel*), poco (*wenig*) sowie die Ordnungszahlen:
otra cosa (*eine andere Sache*), media hora (*eine halbe Stunde*), muchos amigos (*viele Freunde*), poca gente (*wenige Leute*), la primera vez (*das erste Mal*).

⇨ Einige Adjektive werden **vor Substantiven im Singular maskulin verkürzt**, dazu gehören bueno (*gut*), malo (*schlecht*), alguno (*irgendeiner*), ninguno (*keiner*) sowie die Ordnungszahlen primero (*erster*) und tercero (*dritter*):
un buen amigo (*ein guter Freund*), mal tiempo (*schlechtes Wetter*), algún día (*eines Tages*), ningún día (*an keinem Tag*), el primer piso (*der erste Stock*), el tercer hombre (*der dritte Mann*).

⇨ Grande (*groß, großartig*) wird sowohl **vor maskulinen** als auch **vor femininen Substantiven im Singular** verkürzt:
un gran escritor *ein großartiger Schriftsteller* – una gran actriz *eine großartige Schauspielerin*.

⇨ Bei einigen Adjektiven hängt die Bedeutung davon ab, ob sie **vor oder nach dem Substantiv** stehen.

vorangestellt	nachgestellt
una buena amiga *eine gute/enge Freundin*	un hombre bueno *ein guter Mensch*
un viejo amigo *ein alter/langjähriger Freund*	un amigo viejo *ein alter/betagter Freund*
un gran perro *ein außergewöhnlicher Hund*	un perro grande *ein großer Hund*

Adjektiv (3): Stellung und Besonderheiten   6

1. Vor oder nach dem Substantiv, verkürzt oder nicht? Setzen Sie das Adjektiv an der richtigen Stelle und in der richtigen Form ein.

Hay _mucha_ gente _____ en la calle. (*mucho*)

a. Ella siempre tiene _poco_ _____ tiempo _____ . (*poco*)

b. Vivimos en el _primer_ piso _____ . (*primero*)

c. La rosa es una _____ flor _buena_ . (*hermoso*)

d. Este es un _____ libro _interente_ . (*interesante*)

e. El AVE es un _____ tren _rápido_ . (*rápido*)

f. No tengo _____ idea _____ . (*ninguno*)

g. Conozco a Pablo desde hace 20 años. Es un _buen_ amigo _____ . (*bueno*)

h. Es la _tercera_ vez _____ que estoy en España. (*tercero*)

i. _Medio_ kilo _____ de naranjas, por favor. (*medio*)

j. ¿Quieres _otra_ cerveza _____ ? (*otro*)

2. Kreuzen Sie die richtige Übersetzung an.

a. eine gute Freundin
   1. ☐ una amiga buena
   2. ☐ una buena amiga

b. eine alte Stadt
   1. ☐ una antigua ciudad
   2. ☐ una ciudad antigua

c. ein großartiger Dichter
   1. ☐ un gran poeta
   2. ☐ un poeta grande

d. der graue Himmel
   1. ☐ el gris cielo
   2. ☐ el cielo gris

e. die dritte Straße
   1. ☐ la calle tercera
   2. ☐ la tercera calle

f. ein halbes Jahr
   1. ☐ medio año
   2. ☐ un año medio

3. Ordnen Sie die Wörter zu einem vollständigen Satz.

a. interesante libro Es un. → _____

b. Paco son y amigos Jaime buenos. → _____

c. en tercer a Vivimos la derecha el edificio. → _____

d. Esta muy es blusa bonita. → _____

e. ¿? estado Has alguna vez Guatemala en → _____

f. de Medio por litro vino blanco favor. → _____

g. ¿? Quieres cerveza otra → _____

4. Übersetzen Sie die Ausdrücke in der Klammer.

a. El lunes es el (*erste Tag*) _____ de la semana.

b. Carmen y Luisa son (*gute Freundinnen*) _____ .

c. París es una (*interessante Stadt*) _____ .

d. Vive en la (*dritten Straße*) _____ a la izquierda.

e. Por la mañana toma siempre (*einen halben Liter*) _____ de leche.

f. No me gusta nada la (*moderne Musik*) _____ .

g. El Titicaca es un (*peruanischer See*) _____ .

7 Yo soy más alto que tú.
Ich bin größer als du.

Más alto que

Juan und Ana vergleichen ihre Körpergröße. Juan stellt fest, dass er größer als Ana ist, er benutzt dazu den Komparativ (= 1. Steigerungsform) más alto que (*größer als*).

 Um Personen, Dinge oder Tätigkeiten, die unterschiedlich sind, miteinander zu vergleichen, benötigt man im Spanischen den Komparativ und que. Der Komparativ wird mit más bzw. menos gebildet.

más/menos + Adjektiv + que	Paco es más alto que Carmen. *Paco ist größer als Carmen.* oder Carmen es menos alta que Paco. *Carmen ist weniger groß als Paco.*
más/menos + Adverb + que	Miguel vive más intensamente que su amigo. *Miguel lebt intensiver als sein Freund.*
Verb + más/menos + que	Tú trabajas más/menos que nosotros. *Du arbeitest mehr/weniger als wir.*
más/menos + Substantiv + que	Tenemos más/menos tiempo que vosotros. *Wir haben mehr/weniger Zeit als ihr.*

⇨ Bei Zahlen gebraucht man más/menos de:
Múnich tiene más de un millón de habitantes. *München hat mehr als eine Million Einwohner.*
Miguel gana menos de mil euros al mes. *Miguel verdient weniger als tausend Euro im Monat.*

⇨ Einige Adjektive haben einen unregelmäßigen Komparativ, einige eine regelmäßige und eine unregelmäßige Form. Diese Komparative sind für maskulin und feminin gleich und bilden den Plural durch Anhängen von -es.
bueno → mejor *gut → besser*
malo → peor *schlecht → schlechter*
pequeño → más pequeño/menor *klein → kleiner (Ausdehnung)/kleiner (Bedeutung), jünger*
grande → más grande/mayor *groß → größer (Ausdehnung)/größer (Bedeutung), älter*
bajo → más bajo/inferior *niedrig → niedriger (Größe)/niedriger, geringer (Bedeutung)*
alto → más alto/superior *hoch → höher (Größe)/höher, überlegen (Bedeutung).*

 Der Komparativ von mucho/-a/-os/-as (*viel*) ist más und von poco/-a/-os/-as (*wenig*) menos.
Tengo mucho tiempo. *Ich habe viel Zeit.* – Tienes más tiempo. *Du hast mehr Zeit.*
Tengo pocas vacaciones. *Ich habe wenig Ferien.* – Tienes menos vacaciones. *Du hast weniger Ferien.*

 Auch der Komparativ einiger Adverbien ist unregelmäßig: bien (*gut*) → mejor (*besser*), mal (*schlecht*) → peor (*schlechter*), poco (*wenig*) → menos (*weniger*), mucho (*viel*) → más (*mehr*).

Steigerung und Vergleich (1): Komparativ *más/menos … que*

7

1. Vergleichen Sie mit más … que oder menos … que.

a. El agua mineral es _____ dulce _____ la limonada.

b. Málaga tiene _____ habitantes _____ Marbella.

c. En invierno las temperaturas son _____ bajas _____ en verano.

d. En una casa pequeña hay _____ habitaciones _____ en un palacio.

e. En verano hay _____ turistas en la playa _____ en invierno.

f. La leche es _____ sana _____ el coñac.

2. Vergleichen Sie mit jeweils zwei Sätzen.

Enrique corre 100 metros en 13 segundos. Jaime corre 100 metros en 18 segundos.
(rápido/lento) → *Enrique es más rápido que Jaime. / Jaime es más lento que Enrique.*

a. El jardín de mi abuela tiene 3 hectáreas. Nuestro jardín tiene 2 hectáreas. *(grande/pequeño)*

b. Isabel estudia 5 horas al día. Paco estudia 1 hora al día. *(mucho/poco)*

c. En la zona industrial hay muchas fábricas. En la zona peatonal no hay coches. *(ruidoso/tranquilo)*

d. El Everest tiene 8.848 metros de altura. El Teide tiene 3.718 metros de altura. *(alto/bajo)*

e. La moto de Miguel tiene 1 año. La moto de Luis tiene 3 años. *(nuevo/viejo)*

3. Ordnen Sie die Wörter zu einem sinnvollen Satz.

a. hace En frío verano menos invierno en que. → _____

b. más tiene gatos de diez Nuestra vecina. → _____

c. ¿? Quién o yo trabaja más tú → _____

d. que Manuela más Pedro es alta. → _____

e. Hoy ayer peor está que. → _____

f. hermana mayor Luisa es que su. → _____

4. Übersetzen Sie.

a. Das Buch ist besser als der Film. _____

b. Wir haben weniger Zeit als ihr. _____

c. Teresa hat mehr als tausend Bücher. _____

d. Juan arbeitet mehr als Felipe. _____

e. Sevilla hat weniger Einwohner als Barcelona. _____

8 Cuesta tanto como tu ordenador.
Es kostet so viel wie dein Computer.

Cuesta tanto como

Das Kleid kostet so viel wie Juans neuer Computer – cuesta tanto como.

 Personen, Dinge oder Tätigkeiten, die gleich sind, werden wie folgt miteinander verglichen:

tan + Adjektiv + como tan + Adverb + como	La camiseta es tan cara como la blusa. *Das T-Shirt ist genauso teuer wie die Bluse.* María canta tan bien como su amiga. *María singt genauso gut wie ihre Freundin.*
Verb + tanto como	Teresa estudia tanto como Luisa. *Teresa lernt genauso viel wie Luisa.*
tanto/-a/-os/-as + Substantiv + como	Gastamos tanto dinero en ropa como en deporte. *Wir geben für Kleidung genauso viel Geld aus wie für Sport.* La niña tiene tanta sed como el niño. *Das Mädchen hat ebenso viel Durst wie der Junge.* Viena no tiene tantos habitantes como Madrid. *Wien hat nicht so viele Einwohner wie Madrid.* No trabajo tantas horas como tú. *Ich arbeite nicht so viele Stunden wie du.*

⇨ Verben lassen sich auch mit lo mismo que und igual que vergleichen:
En las vacaciones hago lo mismo que tú. *In den Ferien mache ich dasselbe wie du.*
Miguel juega al tenis igual que Paco. *Miguel spielt wie Paco Tennis.*

Steigerung und Vergleich (2): Gleichheit *tan/tanto ... como* 8

1. Setzen Sie die richtige Form von tanto bzw. tan ein.

a. En verano no llueve _____ como en invierno.

b. Miguel tiene _____ discos como Carmen.

c. La rosa es _____ hermosa como el clavel.

d. Tiene _____ ganas de ir al cine como de ir al teatro.

e. El Sr. López no trabaja _____ como el Sr. García.

f. Esta foto me gusta _____ como la otra.

g. La niña no conoce _____ canciones como su madre.

2. Kreuzen Sie den richtigen Vergleich an.

a. Mi abuela tiene 78 años, mi abuelo tiene 83 años. → Mi abuelo tiene . . . años . . . mi abuela.

   1. ☐ tantos / como

   2. ☐ más / que

b. Pedro y María tienen tres semanas de vacaciones. → Pedro tiene . . . vacaciones . . . María.

   1. ☐ tantas / que

   2. ☐ tantas / como

c. Yo estudio cuatro horas al día, tú estudias cinco horas al día. → Yo . . . estudio . . . tú.

   1. ☐ no / tanto como

   2. ☐ ∅ / tanto como

d. A mí me gusta el cine y a tí también. → Tenemos los . . . intereses.

   1. ☐ tantos

   2. ☐ mismos

3. Die Wörter in den folgenden Sätzen sind durcheinander geraten. Ordnen Sie sie. Das Wort, mit dem Sie beginnen sollen, ist jeweils unterstrichen.

a. <u>Carlos</u> tantos no Teresa tiene como años. → _____

b. su tan alta <u>Luisa</u> hermano es como Antonio. → _____

c. tenemos vosotros como vacaciones tantas <u>No</u>. → _____

d. <u>Ir</u> en tan tren no rápido avión es ir como en. → _____

e. de Luis padre trabaja <u>El</u> mi padre tanto como. → _____

f. <u>Él</u> no como ella en ropa tanto gasta. → _____

g. <u>Tú</u> comes como yo tanta fruta no. → _____

4. Übersetzen Sie die Ausdrücke in der Klammer.

a. Yo no tengo (*so viel*) _____ tiempo como tú.

b. Tu coche ha recorrido (*so viele*) _____ kilómetros como el mío.

c. Este libro tiene (*so viele*) _____ páginas como el otro.

d. Miguel gasta (*genauso viel*) _____ en ropa como en viajes.

e. La pensión del centro no es (*so*) _____ cara como el hotel de la playa.

f. La música clásica me gusta (*genauso*) _____ como la música folclórica.

9 Esta paella está riquísima.
Diese Paella ist sehr lecker.

Riquísima, mejor

Riquísima ist der absolute Superlativ von rico (bei Speisen *lecker*), mejor ist der relative Superlativ von bueno (*gut*).

REGEL Der relative Superlativ stimmt in seiner Form mit dem Komparativ überein:
el tren más rápido *der schnellere Zug* oder *der schnellste Zug*.
Durch einen Zusatz kann man deutlich machen, dass wirklich der Superlativ gemeint ist:
El AVE es el tren más rápido de España. *Der AVE ist der schnellste Zug Spaniens.*

REGEL Außerdem gibt es im Spanischen den absoluten Superlativ, der auf -ísimo/-ísima/-ísimos/-ísimas endet und einen hohen Grad einer Eigenschaft ausdrückt. Er wird wie folgt gebildet:

Adjektiv-Endung	absoluter Superlativ
Vokal: Der Vokal fällt weg, -ísimo/-ísima/-ísimos/-ísimas wird angehängt, orthografische Veränderung: c wird zu qu und g zu gu.	caro → carísimo *teuer → sehr/sündhaft teuer* rico → riquísimo *reich → sehr reich/steinreich* largo → larguísimo *lang → sehr/überaus lang*
-io: Beide Vokale fallen weg, -ísimo/-ísima/-ísimos/-ísimas wird angehängt.	limpio → limpísimo *sauber → sehr sauber/blitzsauber*
Konsonant: -ísimo/-ísima/-ísimos/-ísimas wird angehängt, orthografische Veränderung: z wird zu c.	fácil → facilísimo *leicht → sehr leicht/kinderleicht* feliz → felicísimo *glücklich → sehr/überaus glücklich*

➡ Einige Adjektive bilden den absoluten Superlativ unregelmäßig, z. B. noble (*vornehm*) → nobilísimo, einige haben eine regelmäßige und eine unregelmäßige Form, z. B. fuerte (*stark*) → fuertísimo / fortísimo, cierto (*sicher*) → ciertísimo / certísimo.

! Im Deutschen wird der absolute Superlativ durch bildhafte Ausdrücke, z. B. „spindeldürr", oder mit Hilfe von Adverbien wie „sehr", „äußerst", „überaus", „wahnsinnig", „unheimlich" usw. zum Ausdruck gebracht. Letzteres ist auch im Spanischen möglich:
un libro interesantísimo = un libro muy/sumamente interesante.

Steigerung und Vergleich (3): Relativer und absoluter Superlativ

9

1. Setzen Sie das Adjektiv in der Klammer in den relativen Superlativ. Achten Sie auf Geschlecht und Zahl.

   Manuela es la chica (*perezoso*) *más perezosa* de la clase.

   a. Este pastel es el (*bueno*) _____ que he comido en mi vida.
   b. Javier es el chico (*alto*) _____ del grupo.
   c. Esta mermelada de fresa es la (*dulce*) _____ .
   d. Estas playas son las (*limpio*) _____ de toda la costa.
   e. El superlativo es el tema (*fácil*) _____ de la gramática española.
   f. Esta película es la (*aburrido*) _____ que he visto.

2. Bilden Sie Sätze wie im Beispiel.

   Este ejercicio es muy difícil. – Sí, es *dificilísimo*.

   a. Esta blusa es muy cara. – Sí, es _____ .
   b. Este flan es muy dulce. – Sí, es _____ .
   c. Estas casas son muy altas. – Sí, son _____ .
   d. Estos señores son muy ricos. – Sí, son _____ .
   e. Estas tareas son muy fáciles. – Sí, son _____ .
   f. Esta playa es muy larga. – Sí, es _____ .

3. Wählen Sie aus den Adjektiven das passende aus und bilden Sie Sätze mit dem relativen Superlativ.

   Este ejercicio es facilísimo. – Sí, y además es el *más corto* de este capítulo.

   a. Este gazpacho andaluz está riquísimo. –
      No, para mí es el _____ que he comido.
   b. Esta chica es guapísima. –
      Sí, y además es la _____ que conozco.
   c. Estos alumnos son inteligentísimos. –
      Es verdad, pero son los _____ de toda la clase.
   d. Este barrio es limpísimo. –
      Sí, y además es el _____ de la ciudad.

   perezoso   antiguo
   simpático   malo

4. Juan und Ana verkleiden sich für einen Faschingsball und brauchen dazu viele Utensilien. Ergänzen Sie die absoluten Superlative.

   a. riesengroße Ohren   orejas _____
   b. eine superlange Nase   una nariz _____
   c. ein knallroter Pullover   un jersey _____
   d. ein potthässliches T-Shirt una camiseta _____
   e. ein uralter Rock   una falda _____

10 Una fiesta perfectamente preparada …
Eine perfekt vorbereitete Party …

Perfectamente

Perfectamente (*perfekt*) ist ein Adverb (= Umstandswort). Während sich Adjektive auf Substantive beziehen, werden Adverbien verwendet, um Verben, Adjektive, andere Adverbien oder ganze Sätze näher zu bestimmen. Im Spanischen gibt es Adverbien, die sich von Adjektiven herleiten, und Adverbien, die eine eigene Form besitzen.

> **REGEL** Durch Anhängen von -mente an die feminine Form des Adjektivs wird aus einem Adjektiv ein Adverb: perfecto → perfecta → perfectamente.
> Das Adverb behält den Akzent des Adjektivs bei. Es ist unveränderlich. Enthält ein Satz mehrere Adverbien, wird nur an das letzte -mente angehängt, die anderen entsprechen dem femininen Adjektiv: Trabaja lenta pero exactamente. *Er arbeitet langsam, aber genau.*

▷ Bei einigen Adjektiven wird neben der Form auf -mente das maskuline Adjektiv als Adverb verwendet, z. B.: correr rápido/rápidamente (*schnell laufen*) und hablar claro/claramente (*deutlich sprechen*). Einige maskuline Adjektive haben als Adverb eine andere Bedeutung, z. B. hablar alto/bajo (*laut/leise sprechen*) und llegar pronto (*bald ankommen*).

▷ Das Adverb von bueno (*gut*) lautet bien, von malo (*schlecht*) mal.

▷ Adverbien mit eigener Form sind z. B. die Adverbien des Ortes wie abajo (*unten*), arriba (*oben*), aquí (*hier*), allí (*dort*), der Zeit wie ahora (*jetzt*), ayer (*gestern*), siempre (*immer*), tarde (*spät*), der Art und Weise wie así (*so*), despacio (*langsam*), bien (*gut*), mal (*schlecht*) und der Menge wie bastante (*ziemlich*), casi (*fast*), demasiado (*zu viel*).

▷ Adverbien werden wie Adjektive mit más oder menos gesteigert:
fácilmente → más/menos fácilmente.
Unregelmäßig gesteigert werden bien → mejor, mal → peor, poco → menos, mucho → más.

▷ Muy (*sehr*) – mucho (*viel, sehr*)
Das Adverb muy steht bei einem Adjektiv oder Adverb:
Este jardín es muy grande. *Dieser Garten ist sehr groß.*
Cantas muy bien. *Du singst sehr schön.*
Das Adverb mucho beschreibt ein Verb:
Me gustan mucho los perros. *Ich mag Hunde sehr gern.*
Mucho steht in einer Antwort, wenn das Adjektiv mit muy nicht wiederholt wird:
¿Estás contento? *Bist du zufrieden?* – Sí, mucho. *Ja, sehr.*

Adverb **10**

1. Wie lautet das Adverb?

a. fácil → _____

b. elegante → _____

c. independiente → _____

d. lento → _____

e. frecuente → _____

f. anterior → _____

g. rápido → _____

h. general → _____

i. lógico → _____

j. final → _____

2. Wählen Sie eines der Adverbien im Kasten aus und ergänzen Sie damit die Sätze.

a. Los niños han hecho los deberes muy

_____ .

b. El libro es _____ interesante
que la película.

c. Están _____ satisfechos.

d. ¡Habla más _____ , por favor!

e. Para perder algunos kilos tienes que
hacer deporte _____ .

f. Desde hace unos meses veo _____ .
Necesito gafas.

g. Juan sabe _____ de informática.

despacio
mal
totalmente
regularmente
mucho
mucho más
bien

3. Muy oder mucho? Tragen Sie das richtige Wort ein.

a. Esta casa es _____ moderna.

b. También en las vacaciones tengo que trabajar _____ .

c. La salud es _____ más importante que el dinero.

d. Esta película me gusta _____ .

e. Este señor es _____ rico.

f. Tú eres _____ feliz, ¿verdad? – Sí, _____ .

g. He recibido una carta _____ larga de mi novio.

4. Übersetzen Sie die Adverbien in der Klammer.

a. (*Glücklicherweise*) _____ tenemos tiempo hoy.

b. Toca el piano (*besser*) _____ que su hermana.

c. Habláis español (*perfekt*) _____ .

d. Ahora ya no duerme tan (*schlecht*) _____ como antes.

e. ¡Lo has hecho (*sehr gut*) _____ !

f. Pedro es un buen alumno. Aprende (*leicht*) _____ .

g. Siento (*sehr*) _____ que no podáis venir a mi cumpleaños.

11 Uno, dos, tres …
Eins, zwei, drei …

Uno, dos, tres …

Eins, zwei, drei …

REGEL So zählen Sie auf Spanisch.

1	uno (un, una)	15	quince	29	veintinueve
2	dos	16	dieciséis	30	treinta
3	tres	17	diecisiete	31	treinta y uno
4	cuatro	18	dieciocho	32	treinta y dos
5	cinco	19	diecinueve	33	treinta y tres
6	seis	20	veinte	40	cuarenta
7	siete	21	veintiuno	41	cuarenta y uno
8	ocho	22	veintidós	42	cuarenta y dos
9	nueve	23	veintitrés	50	cincuenta
10	diez	24	veinticuatro	60	sesenta
11	once	25	veinticinco	70	setenta
12	doce	26	veintiséis	80	ochenta
13	trece	27	veintisiete	90	noventa
14	catorce	28	veintiocho	100	cien

⇨ **un, una**
Vor einem maskulinen Substantiv lautet die Zahl „1" un, vor einem weiblichen una, sie stimmt also mit dem unbestimmten Artikel überein. Das gilt auch für höhere Zahlen, die auf „1" enden:
un año (*ein Jahr*) – veintiún años (*21 Jahre*) – cuarenta y un años (*41 Jahre*)
una semana (*eine Woche*) – veintiuna semanas (*21 Wochen*) – cuarenta y una semanas (*41 Wochen*)

⇨ **unos, unas**
Vor Zahlen bedeuten unos und unas „ungefähr, etwa":
unos quince años (*ungefähr 15 Jahre*), unas diez semanas (*etwa zehn Wochen*)

Zahlen (1): Grundzahlen 1–100 11

1. Schreiben Sie die folgenden Zahlen aus, beginnen Sie mit der niedrigsten.

a. _____

b. _____

c. _____

d. _____

e. _____

f. _____

g. _____

7   81   63   12   28   54   15

2. Geben Sie die folgenden ausgeschriebenen Zahlen in Ziffern an.

a. treinta y dos _____

b. once _____

c. diecisiete _____

d. noventa y siete _____

e. cuarenta y cuatro _____

f. setenta y seis _____

g. ochenta y cinco _____

3. Das müssen Sie noch für Ihre Gartenparty besorgen. Ordnen Sie die Buchstaben der benötigten Mengen und geben Sie die Zahlen in Buchstaben und Ziffern an.

a. a c t n e u a r _____ vasos

b. t i s e e _____ mesas

c. e n q i c u _____ linternas

d. e v i t e n _____ botellas de vino

e. s t e r _____ cajas de agua mineral

f. o v n t e c h i i o _____ sillas

g. s t e n s a e _____ discos

4. Welche Ziffer gehört zu welcher ausgeschriebenen Zahl? Verbinden Sie die beiden Spalten.

a. 12   1. treinta y seis

b. 70   2. cincuenta y cuatro

c. 36   3. doce

d. 2   4. sesenta y siete

e. 67   5. veintiuno

f. 21   6. dos

g. 54   7. setenta

12 El Mulhacén tiene 3.481 metros de altura.
Der Mulhacén ist 3.481 Meter hoch.

Tres mil cuatrocientos ochenta y uno

Mit 3.481 Metern ist der Mulhacén in der Sierra Nevada der höchste Berg auf der spanischen Halbinsel.

REGEL Und so zählen Sie ab 100.

100	cien	
101	ciento un(o)/una	
102	ciento dos	
200	doscientos/doscientas	
300	trescientos/trescientas	
400	cuatrocientos/cuatrocientas	
500	quinientos/quinientas	
600	seiscientos/seiscientas	
700	setecientos/setecientas	
800	ochocientos/ochocientas	
900	novecientos/novecientas	
1.000	mil	
1.001	mil un(o)/una	
1.002	mil dos	
2.000	dos mil	
100.000	cien mil	
1.000.000	un millón	
2.000.000	dos millones	
1.000.000.000	mil millones	

cien, ciento: „100" heißt *cien*, bei Zahlen über 100 verwendet man *ciento*.

Ab 200 gibt es eine maskuline und eine feminine Form:
doscientos euros *200 Euro*
doscientas personas *200 Personen*

Als Zahl hat *mil* keinen Plural.
Aber: miles de personas *Tausende von Personen*

Millón wird in den Plural gesetzt. Ein folgendes Substantiv wird mit *de* angeschlossen.
Esta ciudad tiene más de 12 millones de habitantes. *Diese Stadt hat mehr als 12 Millionen Einwohner.*

Zahlen (2): Grundzahlen ab 100   12

1. Wie lautet die ausgeschriebene Zahl in Ziffern?

a. quinientos setenta y dos _____

b. dos mil cuatrocientos ochenta y uno _____

c. setecientos sesenta y siete _____

d. nueve mil seiscientos treinta _____

e. quince mil quinientos cinco _____

f. un millón doscientos treinta y un mil trescientos trece _____

g. ochocientos noventa y cuatro _____

2. Wie heißt die Zahl? Kreuzen Sie an.

a. 372   1. trescientos setenta y dos   2. trescientos veintisiete

b. 1.465   1. mil cuatrocientos sesenta y cinco   2. mil cuatrocientos setenta y cinco

c. 13.746   1. tres mil setecientos cuarenta y seis   2. trece mil setecientos cuarenta y seis

d. 5.505   1. cinco mil quinientos quince   2. cinco mil quinientos cinco

e. 76.400   1. sesenta y siete mil cuatrocientos   2. setenta y seis mil cuatrocientos

f. 827   1. ocho mil veintisiete   2. ochocientos veintisiete

g. 2.466   1. doce mil cuatrocientos sesenta y seis   2. dos mil cuatrocientos sesenta y seis

3. Wie hoch ist welcher Berg? Verbinden Sie Berg und Höhenangabe miteinander.

a. Teide 3.718 m   1. dos mil seiscientos quince metros

b. Matterhorn 4.478 m   2. seis mil trescientos veintidós metros

c. Popocatépetl 5.452 m   3. seis mil doscientos setenta y dos metros

d. Picos de Europa 2.615 m   4. tres mil setecientos dieciocho metros

e. Chimborazo 6.272 m   5. cuatro mil ochocientos siete metros

f. Montblanc 4.807   6. cuatro mil cuatrocientos setenta y ocho metros

g. Illimani 6.322 m   7. cinco mil cuatrocientos cincuenta y dos metros

4. Sie bezahlen in verschiedenen Ländern mit verschiedenen Währungen. Schreiben Sie die Zahlen aus, achten Sie auf die Angleichung. ¿Cuánto es?

a. Reino Unido: 275 _____ libras

b. Suecia: 3.671 _____ coronas

c. Estados Unidos: 504 _____ dólares

d. Honduras: 300 _____ lempiras

e. Argentina: 1.131 _____ pesos

f. Venezuela: 2.682 _____ bolívares

g. Guatemala: 100 _____ quetzales

13 Vivo en la segunda casa a la derecha.
Ich wohne im zweiten Haus rechts.

La segunda casa

Paco wohnt im zweiten Haus rechts – segunda (*zweite/r/s*) ist eine Ordnungszahl.

REGEL Die spanischen Ordnungszahlen lauten wie folgt:

1°	primero
2°	segundo
3°	tercero
4°	cuarto
5°	quinto
6°	sexto
7°	séptimo
8°	octavo
9°	noveno
10°	décimo

Für Ordnungszahlen über „10" werden im Allgemeinen die Grundzahlen verwendet:
Carlos Quinto *Karl der V.*
Alfonso Once *Alfons der XI.*
el siglo veinte *das 20. Jahrhundert*
Die Ordnungszahlen richten sich wie Adjektive in Geschlecht und Zahl nach dem zugehörigen Substantiv. Sie bilden deshalb auch eine feminine Form und einen maskulinen und femininen Plural:
primero / primera / primeros / primeras

 Die Ordnungszahlen stehen vor dem Substantiv. Primero und tercero werden vor einem maskulinen Substantiv zu primer bzw. tercer verkürzt.
la primera vez *das erste Mal*   el primer día *der/am erste/n Tag*
la tercera vez *das dritte Mal*   el tercer día *der/am dritte/n Tag*

 Schreibt man die Ordnungszahlen als Ziffern, erhalten sie im Spanischen keinen Punkt, sondern die entsprechende hochgestellte Endung.
la primera calle = la 1ª calle *die 1. Straße*
el segundo piso = el 2° piso *der 2. Stock*
el tercer semáforo = el 3er semáforo *die 3. Ampel*

 Für das Datum verwendet man im Spanischen nicht die Ordnungszahlen, sondern die Grundzahlen. Nur beim Monatsersten sind uno und primero möglich.
Hoy es cinco de julio. *Heute ist der 5. Juli.*
Mi cumpleaños es el uno/primero de marzo. *Ich habe am 1. März Geburtstag.*

Zahlen (3): Ordnungszahlen 13

1. Verbinden Sie Grund- und Ordnungszahl.

a. ocho   1. séptimo
b. nueve   2. décimo
c. tres   3. sexto
d. siete   4. cuarto
e. diez   5. quinto
f. seis   6. tercero
g. cuatro   7. primero
h. uno   8. octavo
i. dos   9. noveno
j. cinco   10. segundo

2. Folgende Ausdrücke könnten Sie in einer Wegbeschreibung finden. Leider sind die Buchstaben der Ordnungszahlen durcheinander geraten. Ordnen Sie sie.

a. die erste Ampel: el (r p i r m e) _____ semáforo

b. die vierte Ecke links: la (a c t u r a) _____ esquina a la izquierda

c. die zweite Straße rechts: la (d s e a n g u) _____ calle a la derecha

d. das fünfte Gebäude: el (u t i q n o) _____ edificio

e. die dritte Kreuzung: el (c e e r t r) _____ cruce

3. Übersetzen Sie die Ordnungszahlen ins Spanische.

a. der erste Tag   el _____ día
b. die fünfte Woche   la _____ semana
c. das neunte Mal   la _____ vez
d. die zweiten Besitzer   los _____ propietarios
e. die ersten Besucher   los _____ visitantes
f. die zehnte Stunde   la _____ hora
g. der dritte Preis   el _____ premio

4. Grund- oder Ordnungszahl, vor- oder nachgestellt? Kreuzen Sie an.

a. el ___ de agosto
   1. ☐ 16
   2. ☐ 16°

b. el ___ siglo ___
   1. ☐ dieciocho / ∅
   2. ☐ ∅ / dieciocho

c. el ___ día ___
   1. ☐ ∅ / quinto
   2. ☐ quinto / ∅

d. el ___ ganador ___
   1. ☐ ∅ / tercero
   2. ☐ tercer / ∅

e. la ___ calle
   1. ☐ una
   2. ☐ primera

f. Rey Juan Carlos ___
   1. ☐ uno
   2. ☐ primero

Wählen Sie die richtige Form.

Substantive und Artikel

1. Hacemos ____ viaje a las Islas Canarias.
   a) ▢ un
   b) ▢ una

2. En ____ calles del centro hay mucho tráfico.
   a) ▢ los
   b) ▢ las

3. ____ agua mineral, por favor.
   a) ▢ Una
   b) ▢ Un

4. ¿Tienes ____ móvil?
   a) ▢ ∅
   b) ▢ un

5. Buenos días, ____ Sra. Sánchez.
   a) ▢ ∅
   b) ▢ la

6. ¿Está ____ Sr. Martínez?
   a) ▢ ∅
   b) ▢ el

7. La película empieza dentro de ____ media hora.
   a) ▢ ∅
   b) ▢ una

Adjektive

8. Málaga es una ciudad modern-.
   a) ▢ -o
   b) ▢ -a

9. Esta novela me parece muy interesant-.
   a) ▢ -a
   b) ▢ -e

10. Mi padre trabaja en una posición superior-.
    a) ▢ -a
    b) ▢ -∅

11. Ella siempre lleva faldas azul-.
    a) ▢ -es
    b) ▢ -as

12. Nos gustan las películas español-.
    a) ▢ -es
    b) ▢ -as

13. El ____ día fuimos al museo.
    a) ▢ primer
    b) ▢ primero

Vergleiche

14. España es ____ grande ____ Portugal.
    a) ▢ más / que
    b) ▢ más / como

15. Este vino es ____ ____ el otro.
    a) ▢ mejor / que
    b) ▢ bueno / que

16. Gana ____ ____ cinco mil euros al mes.
    a) ▢ más / que
    b) ▢ más / de

17. La película es ____ interesante ____ el libro.
    a) ▢ tanto / como
    b) ▢ tan / como

18. No tengo ____ vacaciones ____ tú.
    a) ▢ tanto / como
    b) ▢ tantas / como

19. Trabajo ____ ____ Luis.
    a) ▢ tanto / como
    b) ▢ tanto / que

Adverb

20. Este tren va muy ___ .
    a) ☐ lento
    b) ☐ lentamente

21. Habla el español muy ___ .
    a) ☐ bien
    b) ☐ bueno

22. Esto es ___ correcto.
    a) ☐ absolutamente
    b) ☐ absoluto

23. Esta camiseta me gusta ___ .
    a) ☐ mucho
    b) ☐ muy

24. Carmen es una chica ___ guapa.
    a) ☐ mucho
    b) ☐ muy

Zahlen

25. Tengo ___ años.
    a) ☐ cuarenta y uno
    b) ☐ cuarenta y un

26. En nuestra clase hay ___ chicas.
    a) ☐ veintiún
    b) ☐ veintiuna

27. Han venido más de ___ personas.
    a) ☐ doscientos cincuenta
    b) ☐ doscientas cincuenta

28. Este sillón cuesta ___ (576) euros.
    a) ☐ quinientos sesenta y seis
    b) ☐ quinientos setenta y seis

29. Viven en la ___ planta ___ .
    a) ☐ quinta / ∅
    b) ☐ ∅ / quinta

30. Hoy estamos a ___ de mayo.
    a) ☐ dos
    b) ☐ segundo

Vergleichen Sie nun Ihre Lösungen mit dem Schlüssel auf S. 172. Wenn Sie Aufgaben nicht richtig gelöst haben, wiederholen Sie noch einmal das betreffende Kapitel. Diese Tabelle zeigt Ihnen, auf welches Kapitel sich die einzelnen Aufgaben beziehen.

Aufgabe	Kapitel	Aufgabe	Kapitel	Aufgabe	Kapitel	Aufgabe	Kapitel	Aufgabe	Kapitel
1	1/2	7	3	13	6	19	8	25	11
2	1/2	8	4	14	7	20	10	26	11
3	1/2	9	4	15	7	21	10	27	12
4	3	10	4	16	7	22	10	28	12
5	3	11	4	17	8	23	10	29	13
6	3	12	5	18	8	24	10	30	13

14 Yo fumo, tú fumas, Juan no fuma.
Ich rauche, du rauchst, Juan raucht nicht.

! In den folgenden Kapiteln ist vom Präsens die Rede. Es handelt sich dabei um den Indikativ Präsens. Der Indikativ ist die Wirklichkeitsform und unterscheidet sich in Form und Gebrauch vom Konjunktiv (**Subjuntivo**), der Möglichkeitsform (→ Kapitel 46–52). Das Präsens wird im Spanischen im Wesentlichen wie im Deutschen gebraucht.

Fumo, fumas, fuma

Der Infinitiv (= Grundform) von **fumo** (*ich rauche*), **fumas** (*du rauchst*) und **fuma** (*er raucht*) ist **fumar** (*rauchen*). **Fumar** gehört zur Gruppe der regelmäßigen Verben, die auf **-ar** enden.

 Alle regelmäßigen Verben mit der Infinitivendung **-ar** werden im Präsens wie **fumar** gebildet. Man hängt jeweils an den Verbstamm **fum-** die entsprechende Endung für die Person an.

	fumar	rauchen
(yo)	fum**o**	ich rauche
(tú)	fum**as**	du rauchst
(él/ella/usted)	fum**a**	er/sie raucht, Sie rauchen
(nosotros/-as)	fum**amos**	wir rauchen
(vosotros/-as)	fum**áis**	ihr raucht
(ellos/ellas/ustedes)	fum**an**	sie/Sie rauchen

 Da sich schon an der Endung erkennen lässt, um welche Person es sich handelt, werden die Subjektpronomen meistens nicht benutzt. Deshalb sind sie in den Verbtabellen in Klammern angegeben. Mehr über den Gebrauch der Subjektpronomen erfahren Sie in → Kapitel 53.

Präsens: Regelmäßige Verben auf -ar   14

1. Verbinden Sie Personalpronomen und Verbform miteinander.

a. yo	1. compra
b. tú	2. ayudan
c. él/ella/usted	3. pagamos
d. nosotros/-as	4. tomáis
e. vosotros/-as	5. lavas
f. ellos/ellas/ustedes	6. trabajo

2. Geben Sie das Verb in der Klammer in der richtigen Form an.

a. Juan (*hablar*) _____ español, Paolo y Giulia (*hablar*) _____ italiano.

b. Yo no (*fumar*) _____ .

c. Paco y Carmen (*desayunar*) _____ en un bar.

d. ¿Qué (*tomar*) _____ ustedes, cerveza o vino?

e. Vosotros (*escuchar*) _____ la radio y nosotros (*escuchar*) _____ un CD.

f. Tú (*viajar*) _____ mucho, ¿verdad?

g. ¿Usted (*trabajar*) _____ en una oficina?

3. Setzen Sie den Infinitiv in die angegebene Person und ergänzen Sie mit dem passenden Ausdruck.

a. (ella-bailar) _____

b. (tú-ayudar) _____

c. (ellos-alquilar) _____

d. (yo-buscar) _____

e. (vosotros-pintar) _____

f. (ustedes-llegar) _____

g. (nosotros-tocar) _____

> mis gafas   flamenco
> el piano
> a tu madre
> un cuadro
> muy tarde
> una casa junto al mar

4. Übersetzen Sie. Die Ausdrücke in der Klammer helfen Ihnen dabei.

a. Heute bezahlst du die Rechnung. (*pagar la cuenta*)

_____

b. Wir trinken Tee, was trinkt ihr? (*tomar té*)

_____

c. Teresa tanzt sehr gut Hiphop. (*bailar hiphop muy bien*)

_____

d. Wo arbeitet ihr? (*trabajar*)

_____

e. Reisen Sie viel? (*viajar mucho*)

_____

f. Die Garcías essen um 8 Uhr zu Abend. (*cenar a las ocho*)

_____

15 Hoy como paella.
Heute esse ich Paella.

Comes, como

 Der Infinitiv von comes (*du isst*) und como (*ich esse*) ist comer (*essen*). Comer gehört zur Gruppe der regelmäßigen Verben, die auf -er enden.

Wie comer werden im Präsens alle regelmäßigen Verben mit der Infinitivendung -er gebildet. Die Endung für die Person wird an den Verbstamm angehängt.

	com**er**	*essen*
(yo)	com**o**	*ich esse*
(tú)	com**es**	*du isst*
(él/ella/usted)	com**e**	*er/sie isst, Sie essen*
(nosotros/-as)	com**emos**	*wir essen*
(vosotros/-as)	com**éis**	*ihr esst*
(ellos/ellas/ustedes)	com**en**	*sie/Sie essen*

! Zur Erhaltung der Aussprache des Verbstamms ändert sich bei einigen Verben in der 1. Person Singular (yo) die Schreibweise:
acoger (*aufnehmen*) → aco**j**o
vencer (*siegen*) → ven**z**o

Präsens: Regelmäßige Verben auf -er   15

1. Kreuzen Sie die richtige Präsensform an.

a. aprender (él)
  1. ☐ aprende
  2. ☐ aprenden

b. vender (nosotros)
  1. ☐ venden
  2. ☐ vendemos

c. romper (vosotros)
  1. ☐ rompes
  2. ☐ rompéis

d. correr (yo)
  1. ☐ corre
  2. ☐ corro

e. deber (tú)
  1. ☐ debas
  2. ☐ debes

f. responder (ellas)
  1. ☐ responden
  2. ☐ respondéis

g. leer (Ud.)
  1. ☐ leo
  2. ☐ lee

h. comprender (ellos)
  1. ☐ comprendes
  2. ☐ comprenden

i. comer (tú)
  1. ☐ coméis
  2. ☐ comes

2. Setzen Sie das Verb in Klammern in der richtigen Form ein.

a. Todas las mañanas Paco y Juan (*correr*) _____ por el parque.

b. ¿Qué (*tú-beber*) _____, café o té?

c. Ella nunca (*leer*) _____ revistas técnicas.

d. En esta librería se (*vender*) _____ la nueva novela de García Márquez.

e. ¿(*comprender*) _____ ustedes cómo funciona esta máquina?

f. No (*yo-beber*) _____ nunca café solo.

g. Isabel (*correr*) _____ muchísimo.

3. Verwenden Sie das passende Verb in der richtigen Form.

a. Nosotros _____ siempre a las dos, ¿y vosotros?

b. Yo no _____ nunca cerveza.

c. María y Luisa _____ revistas de moda.

d. ¿(*Vosotros*) _____ español en una escuela de idiomas?

e. Tú no _____ nada.

f. Luis _____ todas las tardes por el bosque.

aprender

leer   comer

correr

beber   comprender

4. Übersetzen Sie das Verb in der Klammer und verbinden Sie die Fragen mit den passenden Antworten.

a. ¿(*Esst ihr*) _____ siempre en casa?

b. ¿Cuándo (*verkaufst du*) _____ tu coche?

c. (*Ich lese*) _____ mucho los fines de semana. ¿Y vosotros?

d. ¿(*Verstehen Sie [Uds.]*) _____ la gramática?

e. ¿(*Joggst du*) _____ conmigo por la mañana?

f. ¿(*Trinken Sie [Ud.]*) _____ cerveza con o sin alcohol?

1. Nosotros no. Vemos la tele.
2. No, no me gusta correr. Prefiero ir al gimnasio.
3. Sí, claro. Es muy fácil.
4. No, a veces vamos a un restaurante.
5. Sin alcohol. Es más sano.
6. Nunca. Es que me gusta mucho.

16 ¿A quién le escribes todas esas postales?
Wem schreibst du all diese Ansichtskarten?

Escribes, escribo

Der Infinitiv von escribes (*du schreibst*) und escribo (*ich schreibe*) ist escribir (*schreiben*). Escribir gehört zur Gruppe der regelmäßigen Verben, die auf -ir enden.

 Alle regelmäßigen Verben mit der Infinitivendung -ir werden im Präsens wie escribir konjugiert. Die entsprechende Endung für die Person wird an den Verbstamm angehängt.

	escrib**ir**	*schreiben*
(yo)	escrib**o**	*ich schreibe*
(tú)	escrib**es**	*du schreibst*
(él/ella/usted)	escrib**e**	*er/sie schreibt, Sie schreiben*
(nosotros/-as)	escrib**imos**	*wir schreiben*
(vosotros/-as)	escrib**ís**	*ihr schreibt*
(ellos/ellas/ustedes)	escrib**en**	*sie/Sie schreiben*

! Auch bei den Verben auf -ir sind einige orthografische Änderungen zu beachten:
distin**gu**ir (*unterscheiden*) → distin**g**o
fin**g**ir (*so tun als ob*) → fin**j**o

42

Präsens: Regelmäßige Verben auf -ir 16

1. Tragen Sie die unten stehenden Verbformen in die Tabelle ein.

Infinitiv	yo	tú	él/ella/ usted	nosotros/ -as	vosotros/ -as	ellos/ellas/ ustedes

escribes subo vivimos reciben subes cubrís escribo
permitimos escriben decide recibo decides suben describís
abrir cubre permitir decidimos viven descubres

2. Ergänzen Sie die richtige Verbform.

a. (*nosotros-vivir*) _____ en el campo.

b. Todos los días la secretaria (*escribir*) _____ muchas cartas.

c. (*yo-subir*) _____ la escalera.

d. Carmen (*recibir*) _____ una postal de su amiga.

e. Yo no te (*permitir*) _____ salir esta noche.

f. Enrique (*describir*) _____ el camino a su casa.

g. ¿Ustedes ya no (*vivir*) _____ en Barcelona?

3. Setzen Sie das passende Verb in der richtigen Form ein.

a. Hoy mi abuelo _____ 70 años.

b. En invierno (*nosotros*) _____ mucho del frío.

c. ¿(*Tú*) _____ muchos regalos para tu cumpleaños?

d. (*Ella*) siempre me _____.

e. ¿Por qué no (*vosotros*) _____ la puerta?

sufrir
abrir
cumplir
recibir
interrumpir

4. Übersetzen Sie.

a. Ich öffne die Fenster. _____

b. Er beschreibt den Weg zum Bahnhof. _____

c. Carmen bekommt ein Geschenk. _____

d. Ihr geht die Treppe hinauf. _____

e. Paco und Teresa wohnen nicht mehr in Madrid. _____

f. Du schreibst immer viele Postkarten. _____

g. Warum öffnet er nicht die Tür? _____

43

17 Esta maleta no cierra bien.
Dieser Koffer schließt nicht gut.

Cierra

Ana gebraucht hier die Verbform cierra (*er schließt*). Der Infinitiv von cierra lautet cerrar (*schließen*). Cerrar ist ein Verb, bei dem in einigen Formen vor das e des Stammes ein i tritt, sodass der Doppelvokal ie entsteht. Einen Doppelvokal bezeichnet man als Diphthong, deshalb werden die Verben dieser Gruppe auch Diphthongverben genannt.

Mira, Juan, esta maleta no cierra bien.

 Bei Diphthongverben mit einem e im Verbstamm ist im Präsens folgende Veränderung zu beachten:

Stammbetonte Formen (Betonung liegt auf dem Verbstamm)	1., 2., 3. Person Singular 3. Person Plural	e > ie
Endungsbetonte Formen (Betonung liegt auf der Endung)	1. und 2. Person Plural	keine Veränderung, das e des Stammes bleibt erhalten

Diphthongverben mit der Veränderung e > ie gibt es in allen drei Verbklassen. Sie werden wie folgt konjugiert:

	cerrar *schließen*	querer *lieben, wollen*	preferir *vorziehen*
(yo)	cierro	quiero	prefiero
(tú)	cierras	quieres	prefieres
(él/ella/usted)	cierra	quiere	prefiere
(nosotros/-as)	cerramos	queremos	preferimos
(vosotros/-as)	cerráis	queréis	preferís
(ellos/ellas/ustedes)	cierran	quieren	prefieren

! **Ebenso:** comenzar (*anfangen*), defender (*verteidigen*), empezar (*anfangen*), entender (*verstehen*), mentir (*lügen*), pensar (*denken*), perder (*verlieren*), recomendar (*empfehlen*), sentir (*fühlen*).

Bei adquirir (*erwerben*) und inquirir (*nachforschen*) wird das i des Verbstamms in den stammbetonten Formen zu ie.

(yo)	adquiero
(tú)	adquieres
(él/ella/usted)	adquiere
(nosotros/-as)	adquirimos
(vosotros/-as)	adquirís
(ellos/ellas/ustedes)	adquieren

Präsens: Diphthongverben (1) e > ie

17

1. Tragen Sie die fehlenden Formen in die Tabelle ein.

	Infinitiv	yo	tú	él/ella/ usted	nosotros/ -as	vosotros/ -as	ellos/ellas/ ustedes
a.	empezar	empiezo		empieza	empezamos		empiezan
b.			pierdes	pierde		perdéis	
c.	invertir	invierto			invertimos		invierten
d.	entender		entiendes		entendemos		entienden
e.		pienso		piensa		pensáis	

2. Was fehlt: ie oder e?

a. com___nza

b. perd___mos

c. pref___res

d. ent___ndes

e. pref___rís

f. conf___so

g. quer___mos

h. p___nsa

i. n___va

j. def___ndéis

k. emp___zamos

l. enc___ndo

3. Setzen Sie die richtige Verbform ein.

a. Paco (*empezar*) _____ a trabajar a las siete y media.

b. ¿Qué (*tú-preferir*) _____, cerveza o vino? – (*yo-preferir*) _____ vino.

c. No (*nosotros-entender*) _____ nada.

d. Aquí en invierno siempre (*nevar*) _____ mucho.

e. ¿Por qué nunca (*vosotros-cerrar*) _____ la puerta?

f. Luisa (*querer*) _____ ver la televisión, sus amigas (*querer*) _____ jugar al tenis.

4. Übersetzen Sie.

a. Um wie viel Uhr beginnt das Theater?

_____

b. Was magst du lieber, Tee oder Kaffee?

_____

c. Im Winter schneit es viel.

_____

d. Die Geschäfte schließen um 20.00 Uhr.

_____

e. Im Sommer möchte ich nach Spanien reisen.

_____

f. Denkt ihr manchmal an eure Zukunft (*futuro*)?

_____

18 ¿En qué puedo atenderle?
Wie kann ich Ihnen helfen?

Puedo

Der Infinitiv von **puedo** lautet **poder** (*können*). Wie **cerrar** ist auch **poder** ein Diphthongverb, d. h. ein Verb, bei dem sich in einigen Formen der Stammvokal ändert und zu einem Doppelvokal (= Diphthong) wird.

 Bei Diphthongverben mit einem **o** im Verbstamm ist im Präsens folgende Veränderung zu beachten:

Stammbetonte Formen (Betonung liegt auf dem Verbstamm)	1., 2., 3. Person Singular 3. Person Plural	o > ue
Endungsbetonte Formen (Betonung liegt auf der Endung)	1. und 2. Person Plural	keine Veränderung, das o des Stammes bleibt erhalten

Auch Diphthongverben mit der Veränderung o > ue gibt es in allen drei Verbklassen.

	contar *zählen, erzählen*	**poder** *können, dürfen*	**dormir** *schlafen*
(yo)	c**ue**nto	p**ue**do	d**ue**rmo
(tú)	c**ue**ntas	p**ue**des	d**ue**rmes
(él/ella/usted)	c**ue**nta	p**ue**de	d**ue**rme
(nosotros/-as)	contamos	podemos	dormimos
(vosotros/-as)	contáis	podéis	dormís
(ellos/ellas/ustedes)	c**ue**ntan	p**ue**den	d**ue**rmen

! **Ebenso:** acordarse (*sich erinnern*), acostarse (*zu Bett gehen*), almorzar (*zu Mittag essen*), encontrar (*finden*), devolver (*zurückgeben*), doler (*schmerzen*), llover (*regnen*), morir (*sterben*), mover (*bewegen*), recordar (*sich erinnern*), renovar (*erneuern*), soñar (*träumen*), volver (*zurückkehren*).

Jugar (*spielen*) gehört ebenfalls zu dieser Gruppe. Es ist das einzige Verb, bei dem das **u** des Verbstamms in den stammbetonten Formen zu **ue** wird.

(yo)	j**ue**go
(tú)	j**ue**gas
(él/ella/usted)	j**ue**ga
(nosotros/-as)	jugamos
(vosotros/-as)	jugáis
(ellos/ellas/ustedes)	j**ue**gan

Präsens: Diphthongverben (2) *o > ue*   18

1. Was fehlt: ue oder o?

a. ll___ve   e. p___demos   i. alm___rzo

b. d___rmís   f. j___gan   j. s___ñas

c. m___re   g. c___stan   k. d___le

d. v___lvemos   h. p___do   l. c___ntáis

2. Wie lautet in den folgenden Sätzen der Infinitiv des Verbs?

a. En otoño llueve mucho. _____

b. Almorzamos siempre a las dos. _____

c. ¿Puedes ayudarme a preparar la comida? _____

d. Todos los días mi padre vuelve del trabajo a las cinco. _____

e. ¿A qué hora os acostáis normalmente? _____

f. Isabel encuentra a sus amigas en el centro de la ciudad. _____

g. Recuerdan las vacaciones en la isla de Tenerife. _____

3. Ergänzen Sie mit dem passenden Verb in der richtigen Form.

a. Hoy es un día horrible. Hace frío y viento y _____ mucho. Por eso (*nosotros*) no _____ ir a la playa.

b. Es lógico, si bebes mucho vino, te _____ la cabeza la mañana siguiente.

c. Los fines de semana van a la discoteca, _____ a amigos, toman copas y _____ a casa muy tarde.

d. En verano los niños _____ en el jardín todo el día. Por la noche están muy cansados, pero _____ muy poco.

e. A Paco le gusta mucho _____ al tenis. Pero hoy no _____ porque tiene mucho trabajo y _____ muy tarde.

e. Los lunes por la mañana siempre voy a la ciudad. Hago las compras, y al mediodía _____ a una amiga en un restaurante para _____.

> almorzar   doler   dormir   encontrar (2x)   jugar (2x)
> llover   poder (2x)   volver (2x)

4. Übersetzen Sie.

a. Jeden Sonntag spielen Paco und Luis Fußball. _____

b. Wie viel kosten die Orangen? _____

c. Teresa trifft ihre Freundin in einem Restaurant. _____

d. Luisa träumt von Ferien am Meer. _____

e. Ich habe Kopfweh. Kannst du mir ein Aspirin geben? _____

f. Die Kinder schlafen nicht sehr viel. _____

g. Erinnerst du dich an diesen Film? _____

19 No me sirve de nada.
Der nützt mir nichts.

Sirve

Der Infinitiv von sirve (*er dient, hier: nützt*) ist servir (*dienen, bedienen*). Servir gehört zu einer Gruppe unregelmäßiger Verben, bei denen in einigen Formen das e des Stammes zu i wird.

  Verben der Gruppe servir weisen im Präsens folgende Veränderung auf:

Stammbetonte Formen (Betonung liegt auf dem Verbstamm)	1., 2., 3. Person Singular 3. Person Plural	e > i
Endungsbetonte Formen (Betonung liegt auf der Endung)	1. und 2. Person Plural	keine Veränderung, das e des Stammes bleibt erhalten

	servir	dienen, bedienen
(yo)	sirvo	ich bediene
(tú)	sirves	du bedienst
(él/ella/usted)	sirve	er/sie bedient, Sie bedienen
(nosotros/-as)	servimos	wir bedienen
(vosotros/-as)	servís	ihr bedient
(ellos/ellas/ustedes)	sirven	sie/Sie bedienen

! **Ebenso:** conseguir (*erlangen*), corregir (*korrigieren*), elegir (*wählen*), pedir (*verlangen, bestellen*), reír (*lachen*), repetir (*wiederholen*), sonreír (*lächeln*).

! Um die Aussprache des letzten Konsonanten des Stamms zu erhalten, tritt bei einigen dieser Verben in der 1. Person Singular eine orthografische Veränderung auf:
seguir – sigo und corregir – corrijo.

48

Präsens: Unregelmäßige Verben *e > i*   19

1. Tragen Sie die fehlenden Verbformen ein.

	Infinitiv	yo	tú	él/ella/ usted	nosotros/ -as	vosotros/ -as	ellos/ellas/ ustedes
a.	pedir	pido	pides			pedís	piden
b.		sirvo		sirve	servimos		
c.	elegir	elijo	eliges		elegimos	elegís	
d.		sigo		sigue		seguís	
e.		repito			repetimos		repiten
f.	corregir	corrijo		corrige		corregís	
g.		consigo	consigues		conseguimos		
h.	reír	río		ríe		reís	

2. Was fehlt: e oder i/í?

a. p___dir
b. el___gís
c. s___guimos
d. corr___ge
e. r___ír
f. p___des

g. s___rvimos
h. r___es
i. s___rvo
j. p___de
k. cons___gue
l. sonr___e

m. r___o
n. corr___jo
o. cons___guimos
p. sonr___ís
q. rep___tes
r. el___gir

3. Setzen Sie die Verben in der richtigen Form ein.

a. La profesora de inglés _____ los deberes de los alumnos.
b. El señor Sánchez _____ una cerveza.
c. ¿Podrías _____ la frase, por favor?
d. ¿En qué le puedo _____, señor?
e. Esta niña siempre _____.
f. (*Ustedes*) _____ la calle hasta el museo.

sonreír *pedir* *repetir* *seguir* *corregir* *servir*

4. Setzen Sie das deutsche Verb in der Klammer auf Spanisch ein.

a. ¿Por qué nunca (*du lächelst*) _____?
b. Esto es un abrelatas. (*dient*) _____ para abrir latas.
c. En septiembre (*wir wählen*) _____ un nuevo presidente.
d. Los niños (*lachen*) _____ mucho.
e. (*ich wiederhole*) _____.
f. El camino a nuestra casa es muy fácil: (*ihr folgt*) _____ esta calle, y a 100 metros está.
g. En el restaurante (*ich bestelle*) _____ siempre pollo asado con patatas fritas.

20 ¿A quién le envías esto?
Wem schickst du das?

Envías, cambio

Der Infinitiv von **envías** (*du schickst*) lautet **enviar** (*schicken*), der von **cambio** (*ich tausche um*) **cambiar** (*umtauschen, wechseln, ändern*). Beide Verben haben im Infinitiv die gleiche Endung, ihre Konjugation im Präsens ist jedoch unterschiedlich. Bei **enviar** wird das **i** zu einer eigenständigen Silbe und erhält einen Akzent.

REGEL Bei Verben wie **cambiar** bildet das **i** des Stammes in den stammbetonten Formen (1., 2., 3. Pers. Sg. und 3. Pers. Pl.) mit dem Vokal der Endung einen Doppelvokal. Bei Verben wie **enviar** wird das **i** des Stammes in den stammbetonten Formen zu einer betonten Silbe und erhält einen Akzent.

	cambiar	enviar
(yo)	cambio	envío
(tú)	cambias	envías
(él/ella/usted)	cambia	envía
(nosotros/-as)	cambiamos	enviamos
(vosotros/-as)	cambiáis	enviáis
(ellos/ellas/ustedes)	cambian	envían

! **Ebenso** wie **cambiar**: **anunciar** (*ankündigen*), **copiar** (*kopieren*), **estudiar** (*lernen, studieren*), **limpiar** (*säubern*), **negociar** (*verhandeln*), **odiar** (*hassen*).

! **Ebenso** wie **enviar**: **ampliar** (*erweitern*), **confiar** (*vertrauen*), **desviar** (*umleiten*), **esquiar** (*Ski laufen*), **guiar** (*führen*), **resfriarse** (*sich erkälten*), **vaciar** (*leeren*), **variar** (*variieren*).

➡ Diese Besonderheit gibt es auch für Verben mit einem **u** im Stamm, wie **evacuar** (*evakuieren*) und **continuar** (*fortsetzen, andauern*).

	evacuar	continuar
(yo)	evacuo	continúo
(tú)	evacuas	continúas
(él/ella/usted)	evacua	continúa
(nosotros/-as)	evacuamos	continuamos
(vosotros/-as)	evacuáis	continuáis
(ellos/ellas/ustedes)	evacuan	continúan

! Wie **continuar** werden auch **actuar** (*handeln*) und **efectuar** (*ausführen*) konjugiert, wie **evacuar** auch **desaguar** (*entwässern*).

Präsens: Unregelmäßige Verben -ía/-úa 20

1. Setzen Sie die fehlenden Akzente.

a. limpia

b. negociamos

c. amplia

d. envio

e. desvian

f. guiais

g. copia

h. anuncio

i. varias

j. confian

k. aprecio

l. estudian

m. cambias

n. limpian

o. ampliamos

p. continuo

q. efectuamos

r. evacua

2. Vervollständigen Sie den Satz mit dem Verb in der richtigen Schreibweise.

a. Todos los viernes (*yo-limpiar*) _____ mi habitación.

b. ¿(*tú-confiar*) _____ en él?

c. ¿Qué (*estudiar*) _____ Paco, Biología o Medicina?

d. Le (*nosotros-enviar*) _____ flores a nuestra abuela.

e. Nuestros vecinos (*ampliar*) _____ su casa.

f. (*ellos-negociar*) _____ el contrato.

g. ¿Por qué no (*vosotros-continuar*) _____ el viaje?

h. En esta comedia (*actuar*) _____ muchos actores.

3. Setzen Sie die Verben in der richtigen Form ein.

a. En invierno siempre (*yo*) _____
   en Sierra Nevada.

b. Todos los lunes mi madre _____ la casa.

c. La secretaria _____ la carta por correo.

d. (*ellas*) _____ euros por dólares para
   su viaje a Nueva York.

e. ¿Por qué (*tú*) no _____ el viaje?

continuar   enviar
esquiar
cambiar   limpiar

4. Übersetzen Sie.

a. Ich putze die Fenster.

_____

b. Teresa studiert Englisch, Miguel und Angela studieren Spanisch.

_____

c. Die Polizei evakuiert das Hotel.

_____

d. Er schickt eine Ansichtskarte an seine Eltern.

_____

e. Sie verhandeln über das Angebot (*oferta*).

_____

f. Der Chef schätzt Miguels Arbeit sehr.

_____

21 Soy Juan.
Ich bin Juan.

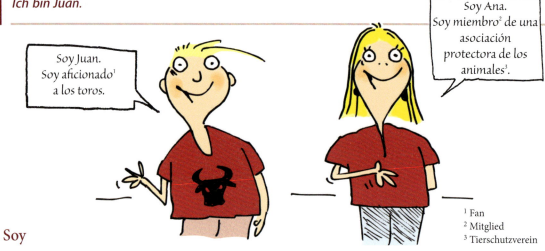

[1] Fan
[2] Mitglied
[3] Tierschutzverein

Soy

Soy (*ich bin*) ist die 1. Person Singular des Verbs ser (*sein*).

 Ser ist ein unregelmäßiges Verb und wird im Präsens wie folgt konjugiert:

	ser	sein
(yo)	soy	ich bin
(tú)	eres	du bist
(él/ella/usted)	es	er/sie ist, Sie sind
(nosotros/-as)	somos	wir sind
(vosotros/-as)	sois	ihr seid
(ellos/ellas/ustedes)	son	sie/Sie sind

Ser wird u. a. in folgenden Situationen verwendet:
- zur Angabe der **Person:**
  Soy Paco. *Ich bin Paco.*
- zur Angabe der **Herkunft:**
  ¿De dónde eres? – Soy de Múnich. *Woher bist/kommst du? – Ich bin/komme aus München.*
- zur Angabe der **Nationalität:**
  Bert es suizo, Monika es alemana. *Bert ist Schweizer, Monika ist Deutsche.*
- zur Angabe des **Berufes:**
  Pedro Almodóvar es director de cine. *Pedro Almodóvar ist Regisseur.*
- zur Angabe der **Uhrzeit:**
  ¿Qué hora es? – Son las dos y media. *Wie viel Uhr ist es? – Es ist halb drei.*
- zur Angabe der **Zugehörigkeit:**
  Este coche es mío. *Dieses Auto ist meins/gehört mir.*
- zur Angabe des **Materials:**
  Este pañuelo es de seda. *Dieses Tuch ist aus Seide.*

(Zum weiteren Gebrauch von ser → Kapitel 23)

Präsens: Das Verb *ser* 21

1. Welche Form von ser gehört zu welchem Subjektpronomen? Verbinden Sie.

a. tú
b. él/ella/usted
c. nosotros/-as
d. ellos/ellas/ustedes
e. yo
f. vosotros/-as

1. son
2. soy
3. eres
4. somos
5. sois
6. es

2. Verbinden Sie die beiden Spalten zu einem sinnvollen Dialog.

a. Esta señora canta muy bien.
b. ¿Es usted de Buenos Aires?
c. ¿Dónde trabajas?
d. ¿Qué hora es?
e. ¿De quién son estas gafas?

1. Son las tres en punto.
2. No trabajo. Todavía soy estudiante.
3. Sí, es una cantante famosa.
4. No sé. No son mías.
5. Sí, soy argentino.

3. Ergänzen Sie die richtige Form von ser.

a. Nosotras _____ de Viena, y vosotras, ¿de dónde _____?
b. Juan _____ arquitecto.
c. Marianne _____ de Zúrich. _____ suiza.
d. Paolo y Giulia _____ italianos.
e. ¿De dónde _____ usted?
f. (*tú*) _____ ingeniero, ¿verdad? – No, _____ médico.
g. ¿Ustedes _____ los padres de Julia, verdad?
h. ¿Qué _____ esto?

4. Übersetzen Sie.

a. Er ist Ingenieur und sie ist Architektin.

_____

b. Diese Tasche (*bolso*) ist aus schwarzem Leder (*cuero*).

_____

c. Ich bin Susanne. Ich bin Österreicherin.

_____

d. Wem gehört dieser Schlüssel?

_____

e. Es ist schon 10 Uhr.

_____

f. Bist du aus Madrid?

_____

22 ¿Dónde están mis gafas?
Wo ist meine Brille?

Está, están

Der Infinitiv von está (*er/sie ist*) und están (*sie sind*) lautet estar (*sein, liegen, sich befinden*).

 Estar ist ein unregelmäßiges Verb und wird im Präsens wie folgt konjugiert:

	estar	liegen, sich befinden
(yo)	estoy	ich bin
(tú)	estás	du bist
(él/ella/usted)	está	er/sie ist, Sie sind
(nosotros/-as)	estamos	wir sind
(vosotros/-as)	estáis	ihr seid
(ellos/ellas/ustedes)	están	sie/Sie sind

Estar, das wie ser ebenfalls mit „sein" übersetzt werden kann, wird u. a. in folgenden Situationen verwendet:
- zur Angabe des **Gesundheitszustandes**:
  ¿Cómo estás? *Wie geht es dir?*
  Gracias, estoy bien. *Danke, es geht mir gut.*
- zur Angabe des **Ortes**:
  ¿Dónde están los niños? *Wo sind/befinden sich die Kinder?*
  Madrid está en España. *Madrid ist/liegt/befindet sich in Spanien.*
- zur Angabe des **Personenstandes**:
  Teresa está casada. *Teresa ist verheiratet.*

! **Aber:** Soltero/-a (*ledig*) kann mit ser oder estar verwendet werden:
María está soltera. oder María es soltera. *María ist ledig.*

(Zum weiteren Gebrauch von estar → Kapitel 24)

Präsens: Das Verb *estar* 22

1. Kreuzen Sie die richtige Form von estar an.

a. tú
1. ☐ estás
2. ☐ está

b. usted
1. ☐ están
2. ☐ está

c. nosotras
1. ☐ estamos
2. ☐ estáis

d. yo
1. ☐ está
2. ☐ estoy

e. ellas
1. ☐ estáis
2. ☐ están

f. ustedes
1. ☐ están
2. ☐ estamos

g. él
1. ☐ estás
2. ☐ está

h. vosotros
1. ☐ estamos
2. ☐ estáis

i. ellos
1. ☐ estáis
2. ☐ están

2. Ergänzen Sie die passenden Subjektpronomen.

a. está _____

b. estamos _____

c. estoy _____

d. estáis _____

e. están _____

f. estás _____

3. Tragen Sie die richtige Form von estar ein.

a. El padre de Luisa _____ en el jardín.

b. ¿Dónde _____ la señora García?

c. Yo _____ casado.

d. Paco y sus amigos _____ en un bar.

e. ¿Cómo _____? (*tú*)

f. En verano nosotros _____ siempre en la piscina por la tarde.

4. Übersetzen Sie.

a. Heute sind wir zu Hause.

_____

b. Isabel und Paco sind im Urlaub.

_____

c. Sind Sie verheiratet?

_____

d. Warum seid ihr nicht in der Schule?

_____

e. Mir geht es sehr gut.

_____

55

23 Yo soy cazador. – Yo estoy hambriento.
Ich bin Jäger. – Ich bin hungrig.

Soy, estoy

Sowohl soy (*ich bin*, Infinitiv ser) als auch estoy (*ich bin*, Infinitiv estar) werden im Deutschen mit „sein" wiedergegeben.

In den beiden vorangehenden Kapiteln haben Sie bereits erfahren, in welchen Situationen Sie ser bzw. estar verwenden.

Es folgt nun der weitere Gebrauch.

[1] Jäger   [2] hungrig

→ Ser + Adjektiv gibt **wesentliche Eigenschaften** an:
El azúcar es dulce. *Zucker ist süß.*
Estas manzanas son verdes. *Diese Äpfel sind grün.* (Es ist eine grüne Apfelsorte.)
Ser wird in Ausdrücken wie ser feliz (*glücklich sein*), ser rico (*reich sein*) oder ser posible (*möglich sein*) verwendet.

→ Estar + Adjektiv gibt **einen Zustand oder vorübergehende Merkmale** an:
Mi café está muy dulce. *Mein Kaffee ist sehr süß.* (Ich habe viel Zucker hineingetan.)
Las manzanas todavía están verdes. *Die Äpfel sind noch grün.* (Sie müssen noch rot werden.)

→ Estar + Partizip gibt einen **Zustand als Ergebnis einer Handlung** an:
La puerta está abierta. *Die Tür ist offen.* (Jemand hat die Tür zuvor geöffnet.)

→ Estar + Gerundium gibt eine **gerade ablaufende Handlung** an:
Los niños están jugando en el jardín. *Die Kinder spielen gerade im Garten.*

→ Mit estar + a werden **Preis, Datum und Entfernung** angegeben:
Las naranjas están a 2 euros el kilo. *Die Orangen kosten 2 Euro das Kilo.*
Estamos a 5 de julio. *Wir haben den 5. Juli.*
Nuestra casa está a 2 kms del centro. *Unser Haus ist 2 km vom Zentrum entfernt.*
Estar in Ausdrücken wie estar rico (*gut schmecken*), estar de acuerdo (*einverstanden sein*), estar de visita (*zu Besuch sein*), estar de vacaciones (*in Urlaub sein*), estar de pie (*stehen*), estar para bromas (*zu Späßen aufgelegt sein*), estar por hacer (*zu tun sein*).

! Bei einigen Adjektiven hängt die Bedeutung davon ab, ob sie mit ser oder estar gebraucht werden, z. B.:

ser despierto *aufgeweckt sein*	estar despierto *wach sein*
ser listo *schlau sein*	estar listo *fertig/bereit sein*
ser rico *reich sein*	estar rico *gut schmecken*

Gebrauch von *ser* und *estar* 23

1. Ergänzen Sie ser oder estar.

a. Creo que los García _____ muy ricos. Tienen una casa en el campo y tres en la ciudad.

b. Este café _____ muy fuerte.

c. La alfombra en el salón _____ nueva, pero ya no _____ muy limpia.

d. Salamanca _____ a unos 200 kms de Madrid.

e. A los 13 años Juan ya sabe mucho de ordenadores. _____ un chico muy listo.

f. Hoy _____ a 1 de mayo y no tenemos que trabajar.

g. Miguel no _____ cansado aunque ha trabajado mucho hoy.

2. Finden Sie zu jeder Frage die passende Antwort.

a. ¿Estás cansado, Paco?

b. ¿Te gusta este libro?

c. ¿Cuánto cuestan los tomates?

d. ¿Tú sabes de dónde es Paolo?

e. ¿Qué tal la comida?

f. ¿Está usted casado?

g. ¿Qué hora es?

1. Están a 2 euros el kilo.

2. Sí, he dormido muy poco.

3. El vino es bueno, pero el pollo está salado.

4. No, pero tengo novia.

5. Sí, es muy interesante.

6. No sé, no tengo reloj.

7. Es de Roma.

3. Bilden Sie Sätze wie im Beispiel. (Zum Perfekt, z. B. han hecho, siehe Kapitel 29.)

Han hecho las camas. → *Las camas están hechas.*

a. Han abierto las ventanas. → _____

b. Han puesto la mesa. → _____

c. Han terminado el trabajo. → _____

d. Han lavado los platos. → _____

e. Han roto el espejo. → _____

4. Übersetzen Sie.

a. Pacos Auto ist neu, aber es ist schon sehr schmutzig.

_____

b. Die Betten sind noch nicht gemacht.

_____

c. Normalerweise sind die Tomaten im Sommer billig. Aber heute kosten sie 4 Euro pro Kilo.

_____

d. Ist Carmen da? – Ja, sie ist im Garten. Sie liest gerade eine Modezeitschrift.

_____

e. Die Wohnung ist sehr teuer, aber sie ist schon vermietet.

_____

f. Wie grau der Himmel heute ist!

_____

24 ¿Hay algún banco aquí cerca?
Gibt es hier in der Nähe eine Bank?

Hay, está

Mit hay (der Infinitiv ist das Hilfsverb haber) und está (von estar) wird hier angegeben, wo sich etwas befindet.
Im Folgenden erfahren Sie, wie Sie hay und estar korrekt verwenden.

hay	estar
Hay ist unveränderlich. Es entspricht dem deutschen „es gibt". Mit hay gibt man das allgemeine Vorhandensein einer ansonsten unbestimmten Person oder Sache an. Hay steht in Verbindung mit Substantiven mit unbestimmtem Artikel, ohne Artikel, mit Zahlen und Zahlwörtern.	Estar wird verwendet, wenn man die Lage einer bekannten Person oder Sache nennt oder wenn man von einer Person oder Sache spricht, von der man weiß oder sicher annimmt, dass sie vorhanden ist. Die Form von estar richtet sich nach dem Subjekt. In Verbindung mit estar steht das Substantiv mit dem bestimmten Artikel oder auch mit dem Possessiv- und Demonstrativpronomen.
¿Hay un restaurante por aquí? *Gibt es hier in der Nähe ein Restaurant?* En la Plaza Mayor hay un restaurante italiano. *Auf der Plaza Mayor gibt es ein italienisches Restaurant.* En esta ciudad hay museos, iglesias, hoteles, ... *In dieser Stadt gibt es Museen, Kirchen, Hotels, ...* En el centro de la ciudad hay muchas tiendas. *In der Stadtmitte gibt es viele Geschäfte.*	¿Dónde está el restaurante «La Paella»? *Wo ist das Restaurant „La Paella"?* El restaurante «La Paella» está allí en la esquina. *Das Restaurant „La Paella" ist dort an der Ecke.* Mi coche está delante de la casa. *Mein Auto steht vor dem Haus.* Ese parque de la foto está en Barcelona. *Dieser Park da auf dem Foto ist in Barcelona.*

hay que = man muss / no hay que = man muss/darf nicht
Hay que llegar con puntualidad. *Man muss pünktlich ankommen.*
No hay que exagerar. *Man darf nicht übertreiben.*
No hay de qué. *Keine Ursache./Gern geschehen.*

Gebrauch von *hay* und *estar* 24

1. Hay oder estar? Setzen Sie die richtige Form ein.

a. En la mesa _____ libros, revistas y muchas otras cosas.

b. ¿Dónde _____ la consulta del doctor Sánchez?

c. En esta ciudad no _____ ningún hotel.

d. Este gato _____ siempre debajo de la cama.

e. ¿Sabes dónde _____ una oficina de Correos?

f. Las tiendas de moda _____ en la Plaza Mayor, y además _____ un Corte Inglés.

g. Hoy solo _____ quince estudiantes en la clase, pero normalmente somos más.

h. ¿Dónde _____ la panadería? – En este barrio no _____ ninguna.

2. Ordnen Sie die Begriffe der Kategorie hay oder está / están zu.

la ópera   hoteles   el bar «La Paloma»   la Universidad Técnica

algunas discotecas   el Instituto Cervantes

un palacio   más de veinticinco bares   dos museos

muchas iglesias   **hay**   el Corte Inglés

institutos   una zona peatonal   **está / están**   el zoo

tiendas

el restaurante «Casa China»

la galería de arte moderno

3. Übersetzen Sie.

a. Wie viele Zimmer gibt es in eurem Haus?

_____

b. Mein Zimmer ist im 1. Stock.

_____

c. In diesem Zoo gibt es viele seltene (*raro*) Tiere.

_____

d. In welchem Gebäude befindet sich die Kunstgalerie?

_____

e. Wir sind heute Abend zu Hause. Außerdem (*además*) sind weitere fünf Personen da.

_____

f. Leider gibt es keine Tortilla und keinen Gazpacho mehr.

_____

25 ¿Adónde vas?
Wohin gehst du?

Vas, voy

Der Infinitiv von vas (*du gehst*) und voy (*ich gehe*) ist ir. Das Verb ir kann im Deutschen sowohl „gehen" als auch „fahren" bedeuten.

 Ir ist ein unregelmäßiges Verb und wird im Präsens wie folgt konjugiert:

	ir	gehen, fahren
(yo)	voy	ich gehe, fahre
(tú)	vas	du gehst, fährst
(él/ella/usted)	va	er/sie geht, fährt, Sie gehen, fahren
(nosotros/-as)	vamos	wir gehen, fahren
(vosotros/-as)	vais	ihr geht, fahrt
(ellos/ellas/ustedes)	van	sie/Sie gehen, fahren

Ir wird wie folgt verwendet:
- Mit ir + Präposition a geben Sie an, wohin Sie gehen oder fahren.
  ¿Vas a España en verano? *Fährst du im Sommer nach Spanien?*
  Voy al cine. *Ich gehe ins Kino.*
- Mit ir + Präposition en geben Sie an, mit welchem Verkehrsmittel Sie fahren.
  ir en coche (*mit dem Auto fahren*), ir en bicicleta (*mit dem Fahrrad fahren*), ir en moto (*mit dem Motorrad fahren*), ir en tren (*mit dem Zug fahren*), ir en autobús (*mit dem Bus fahren*), ir en barco (*mit dem Schiff fahren*), ir en avión (*fliegen*) usw.

  ! **Aber:** ir a pie (*zu Fuß gehen*) und ir a caballo (*reiten*).
- Mit ir + a + Infinitiv geben Sie Pläne und Absichten für die Zukunft an.
  En otoño voy a ir a España. *Im Herbst werde/will ich nach Spanien fahren.*
- Ir wird auch reflexiv verwendet und betont dann den Aufbruch.
  ¿A qué hora te vas? *Wann gehst du weg?*

Präsens: Das Verb *ir* 25

1. Setzen Sie die richtige Form des Verbs *ir* ein.

a. En invierno siempre (*nosotros*) _____ a esquiar a Suiza.

b. Los niños no _____ a la playa porque hace mucho frío.

c. Nunca (*yo*) _____ en avión.

d. Miguel _____ al instituto normalmente en bicicleta.

e. ¿Adónde _____? (*tú*)

f. Esta noche Luisa, Teresa y yo _____ al cine.

g. _____ en coche? (*vosotros*)

2. ¿A o en? Ergänzen Sie.

a. En verano siempre van _____ Canarias.

b. ¿Cómo vas _____ la escuela, _____ bicicleta o _____ pie?

c. En octubre Luisa va _____ Perú. Va _____ avión.

d. ¿Vamos _____ la playa?

e. Es más rápido ir _____ coche que _____ pie.

f. ¿Vais _____ la ciudad?

g. En invierno voy _____ la montaña a esquiar.

3. Ordnen Sie jeder Frage die richtige Antwort zu.

a. ¿Adónde vas?

b. ¿Va Ud. en coche o en autobús?

c. ¿Que prefieres, ir a pie o en coche?

d. ¿Cómo vais al trabajo?

e. ¿Cuándo van Uds. a España?

f. ¿Vas al cine?

g. ¿Por qué no vas a casa a pie?

1. Prefiero ir a pie.

2. Porque está lloviendo.

3. Vamos en metro.

4. No, voy a la discoteca.

5. Voy a casa de mi abuela.

6. Voy en coche.

7. Vamos en mayo.

4. Bringen Sie die Wörter in die richtige Reihenfolge, sodass ein sinnvoller Satz entsteht.

a. ¿al a Vamos tomar bar algo? → _____

b. ir más rápido Es en avión. → _____

c. En vamos pueblo un abril a de Costa Brava la. → _____

d. ¿Por vas nunca a qué pie? → _____

e. esquiar a van En a invierno la montaña. → _____

f. que en autobús Es cómodo más ir en tren. → _____

g. los días voy Todos en la bicicleta a oficina. → _____

26 Hago deporte.
Ich mache Sport.

Hago

Der Infinitiv zu **hago** (*ich mache*) ist **hacer** (*machen*). Die Formen von **hacer** und einiger anderer Verben weisen Besonderheiten in der 1. Person Singular Präsens auf.

 Einige spanische Verben sind im Präsens in der 1. Person Singular unregelmäßig, bilden alle anderen Formen jedoch nach dem entsprechenden Schema. Dazu gehören die folgenden Verben:

| dar (*geben*) | **doy**, das, da, damos, dais, dan |

Abgesehen von der 1. Person Singular wird **dar** wie ein regelmäßiges Verb auf **-ar** konjugiert.

caber (*Platz haben in*)	**quepo**, cabes, cabe, cabemos, cabéis, caben
caer (*fallen*)	**caigo**, caes, cae, caemos, caéis, caen
traer (*tragen, bringen*)	**traigo**, traes, trae, traemos, traéis, traen
hacer (*tun, machen*)	**hago**, haces, hace, hacemos, hacéis, hacen
poner (*setzen, stellen*)	**pongo**, pones, pone, ponemos, ponéis, ponen
saber (*wissen*)	**sé**, sabes, sabe, sabemos, sabéis, saben

Diese Verben werden in allen Personen außer der 1. Person Singular wie die regelmäßigen Verben auf **-er** konjugiert.

| salir (*aus-/hinausgehen*) | **salgo**, sales, sale, salimos, salís, salen |

Außer in der 1. Person Singular wird **salir** wie die regelmäßigen Verben auf **-ir** konjugiert.

| decir (*sagen*) | **digo**, dices, dice, decimos, decís, dicen |

Decir ist ein Verb der Gruppe **e > i** mit einer unregelmäßigen 1. Person Singular.

| tener (*haben*) | **tengo**, tienes, tiene, tenemos, tenéis, tienen |
| venir (*kommen*) | **vengo**, vienes, viene, venimos, venís, vienen |

Tener und **venir** gehören zur Gruppe der Diphthongverben mit der Veränderung **e > ie** und sind nur in der 1. Person Singular unregelmäßig.

! **Tener + que** bedeutet „müssen": *Tengo que trabajar.* Ich muss arbeiten.

| oír (*hören*) | **oigo**, oyes, oye, oímos, oís, oyen |

Bei **oír** wird in der 2. und 3. Person Singular sowie in der 3. Person Plural außerdem ein **y** vor der Endung eingeschoben.

Unregelmäßige Verben (1): Verben mit unregelmäßiger 1. Person Singular 26

1. Welche Verben sind in der 1. Person Singular unregelmäßig? Ordnen Sie ein.

regelmäßige Verben

hacer   traer   tomar   venir

hablar   subir   decir   tener

escribir   comer   salir   abrir

beber   poner   saber

vivir

aprender   escuchar

unregelmäßige Verben

2. Setzen Sie die angegebenen Verben in der 1. Person Singular ein.

a. Los fines de semana no _____ (*salir*) nunca por la noche.

b. Siempre _____ (*decir*) la verdad.

c. No _____ (*saber*) mucho de animales.

d. _____ (*tener*) un coche antiguo.

e. En seguida os _____ (*traer*) las bebidas.

f. _____ (*oír*) muy mal por el oído izquierdo.

g. Hoy _____ (*poner*) la mesa yo.

3. Kreuzen Sie die richtige Verbform im Indikativ Präsens an.

a. *poner-tú*
  1.   pones
  2.   puedes

b. *venir-nosotros*
  1.   vengo
  2.   venimos

c. *hacer-yo*
  1.   hace
  2.   hago

d. *tener-usted*
  1.   tienen
  2.   tiene

e. *salir-yo*
  1.   salió
  2.   salgo

f. *decir-ellos*
  1.   dicen
  2.   digan

g. *traer-él*
  1.   traje
  2.   trae

h. *oír-nosotros*
  1.   oigamos
  2.   oímos

i. *saber-yo*
  1.   sé
  2.   soy

4. Übersetzen Sie.

a. Kommst du mit uns in die Stadt? – Nein, ich muss das Fahrrad reparieren.

_____

b. Was machst du heute Abend? – Ich gehe mit Freunden aus.

_____

c. Ich lege meine Brille immer auf den Tisch.

_____

d. Weißt du, wo das Museum ist? – Nein, ich weiß es nicht.

_____

27 Ya lo conozco.
Ich kenne ihn schon.

Conoces, conozco

Der Infinitiv von conoces (*du kennst*) und conozco (*ich kenne*) lautet conocer (*kennen*). Conocer gehört zu einer Gruppe von Verben, deren 1. Person Singular im Präsens unregelmäßig ist.

 Bei Verben auf -acer, -ecer, -ocer und -ucir – mit einigen wenigen Ausnahmen wie z. B. hacer (*tun, machen*) und cocer (*kochen*) – lautet die Endung für die 1. Person Singular Präsens -zco. Alle anderen Formen sind regelmäßig.

	n**acer** *geboren werden*	cr**ecer** *wachsen*	con**ocer** *kennen*	prod**ucir** *produzieren*
(yo)	na**zco**	cre**zco**	cono**zco**	produ**zco**
(tú)	naces	creces	conoces	produces
(él/ella/usted)	nace	crece	conoce	produce
(nosotros/-as)	nacemos	crecemos	conocemos	producimos
(vosotros/-as)	nacéis	crecéis	conocéis	producís
(ellos/ellas/ustedes)	nacen	crecen	conocen	producen

! Weitere Verben, die diese Veränderung aufweisen, sind:
agradecer (*danken*), carecer de (*nicht haben, entbehren*), conducir (*fahren, lenken*), ofrecer (*anbieten*), parecer (*scheinen*), permanecer (*bleiben*), pertenecer (*gehören*), reducir (*verringern*), traducir (*übersetzen*).

Unregelmäßige Verben (2): Verben auf *-acer / -ecer / -ocer / -ucir* 27

1. Die folgenden Verben stehen in der 1. Person Plural. Setzen Sie sie in die 1. Person Singular und geben Sie den Infinitiv an.

nosotros/-as	yo	Infinitiv
a. conocemos		
b. traducimos		
c. agradecemos		
d. producimos		
e. pertenecemos		
f. carecemos		
g. ofrecemos		
h. conducimos		

2. Verbinden Sie Fragen und Antworten.

a. ¿Ya conoce Ud. a mi madre?

b. Conduces muy mal.

c. ¿De quién son estas gafas?

d. ¿Quién sabe traducir esta frase?

e. ¿Te gusta el libro que te regalé?

f. ¿Qué se produce en esta fábrica?

g. ¡Cuánto han crecido tus niños!

1. Sí, muchísimo. Te lo agradezco mucho.

2. La traduzco yo.

3. Sí, ya tienen 12 años.

4. Sí, ya la conozco desde hace mucho tiempo.

5. Se producen ordenadores.

6. No es verdad. Conduzco con mucho cuidado.

7. Creo que pertenecen a Juana.

3. Setzen Sie den Infinitiv in der Klammer in die erforderliche Präsens-Form.

a. Yo (*conducir*) _____ de Málaga a Sevilla y tú hasta Córdoba.

b. Ese asunto (*carecer*) _____ de importancia.

c. En esta fiesta no (*yo-conocer*) _____ a nadie.

d. El camarero de este restaurante nos (*ofrecer*) _____ siempre un aperitivo.

e. ¿Tú (*pertenecer*) _____ a este club?

f. Te (*yo-agradecer*) _____ mucho tu ayuda.

4. Übersetzen Sie.

a. Ich kenne hier niemanden (*a nadie*).

b. Wer fährt, du oder ich?

c. Ich übersetze dir gern (*con mucho gusto*) diesen Brief.

d. Ich bleibe bis nächsten Samstag im Hotel.

e. Diese Bäume wachsen sehr langsam.

Wählen Sie die richtige Form.

Regelmäßige Verben

1. ¿Dónde (*vosotros*) ____, en casa o en una cafetería?
   a) ▢ desayunan
   b) ▢ desayunáis

2. ¿Ud. siempre ____ pipa?
   a) ▢ fuman
   b) ▢ fuma

3. (*Tú*) ____ demasiado café.
   a) ▢ bebes
   b) ▢ bebéis

4. (*Ellos*) ____ su casa en el campo.
   a) ▢ vendemos
   b) ▢ venden

5. (*Yo*) siempre ____ muchas cartas.
   a) ▢ recibo
   b) ▢ recibe

6. (*Nosotros*) nunca ____ postales de vacaciones.
   a) ▢ escribimos
   b) ▢ escribís

Verben der Gruppe e > ie, o > ue, e > i, -ía/-úa

7. Paolo ent____nde muy bien el español.
   a) ▢ -ie-
   b) ▢ -e-

8. Emp____zamos a trabajar a las ocho.
   a) ▢ -ie-
   b) ▢ -e-

9. Todos los sábados (*nosotros*) j____gamos al tenis.
   a) ▢ -ue-
   b) ▢ -u-

10. ¿Rec____rdáis esta película?
    a) ▢ -ue-
    b) ▢ -o-

11. ¿Para qué s____rve esto?
    a) ▢ -i-
    b) ▢ -ie-

12. Mañana contin____an el viaje.
    a) ▢ -ú-
    b) ▢ -u-

13. Camb____an dinero en el banco.
    a) ▢ -i-
    b) ▢ -í-

Die Verben ser, estar und hay

14. Estas señoras ____ de Suiza.
    a) ▢ soy
    b) ▢ son

15. Esta silla ____ de plástico.
    a) ▢ está
    b) ▢ es

16. Las gafas ____ encima de la mesa.
    a) ▢ están
    b) ▢ son

17. Mis padres ____ casados desde hace 20 años.
    a) ▢ son
    b) ▢ están

18. Este vino ____ a 15 euros la botella.
    a) ▢ está
    b) ▢ es

19. Suiza ____ un país montañoso.
    a) ▢ está
    b) ▢ es

20. María ___ en la terraza. ___ leyendo.
   a) ▢ está / Está
   b) ▢ está / Es

21. En nuestra calle ___ dos bares.
   a) ▢ están
   b) ▢ hay

22. El Museo de Historia no ___ aquí.
   a) ▢ está
   b) ▢ hay

23. ¿Cuántas tiendas ___ en el centro comercial?
   a) ▢ está
   b) ▢ hay

Das Verb ir + a / en

24. En verano (*yo*) ___ al lago a nadar.
   a) ▢ voy
   b) ▢ va

25. ¿Cómo vas al trabajo, ___ coche o ___ pie?
   a) ▢ a / en
   b) ▢ en / a

Unregelmäßige Verben

26. ¿(*Tú*) ___ mucho? – No, (*yo*) ___ solo los sábados.
   a) ▢ sales / salgo
   b) ▢ sales / sale

27. Ya es hora de comer. ¿(*Yo*) ___ la mesa?
   a) ▢ pongo
   b) ▢ pone

28. ¿(*Tú*) ___ a la fiesta? – No, (*yo*) ___ que trabajar.
   a) ▢ venís / tengo
   b) ▢ vienes / tengo

29. No entiendo esta frase.
   ¿Me la tradu___es al alemán?
   a) ▢ -c-
   b) ▢ -cz-

30. (*Yo*) cono___o muy bien la isla de Mallorca.
   a) ▢ -c-
   b) ▢ -zc-

Vergleichen Sie nun Ihre Lösungen mit dem Schlüssel auf S. 175. Wenn Sie die Aufgaben nicht richtig gelöst haben, wiederholen Sie noch einmal das betreffende Kapitel.
Diese Tabelle zeigt Ihnen, auf welches Kapitel sich die einzelnen Aufgaben beziehen.

Aufgabe	Kapitel	Aufgabe	Kapitel	Aufgabe	Kapitel	Aufgabe	Kapitel	Aufgabe	Kapitel
1	14	7	17	13	20	19	23	25	25
2	14	8	17	14	21	20	22/23	26	26
3	15	9	18	15	21	21	24	27	26
4	15	10	18	16	22	22	24	28	26
5	16	11	19	17	22	23	24	29	27
6	16	12	20	18	23	24	25	30	27

28 Está pintando el piso.
Er streicht gerade die Wohnung.

Está pintando

Juan kann nicht mit seinem Freund in die Bar gehen, Ana nennt den Grund dafür: Está pintando el piso. (*Er streicht gerade die Wohnung.*) Está pintando ist die Verlaufsform des Verbs pintar (*malen, streichen*). Man verwendet diese Form, um auszudrücken, was gerade im Moment des Sprechens geschieht.

Hola, Ana, ¿viene Juan esta tarde al bar?

Lo siento, Manolo, no puede, está pintando el piso.

Um die Verlaufsform zu bilden, benötigt man eine Form von estar und das Gerundium des Verbs.

 Um das Gerundium (spanisch gerundio) zu bilden, wird bei den Verben auf -ar die Endung -ando an den Wortstamm angehängt, Verben auf -er und -ir erhalten die Endung -iendo: habl**ar** → habl**ando**, com**er** → com**iendo**, escrib**ir** → escrib**iendo**.

(yo)	estoy	
(tú)	estás	
(él/ella/usted)	está	hablando
(nosotros/-as)	estamos	comiendo
(vosotros/-as)	estáis	escribiendo
(ellos/ellas/ustedes)	están	

 Folgende Verben haben ein unregelmäßiges Gerundium:
- Verben der Gruppe e > i:
  servir → s**i**rviendo, pedir > p**i**diendo.
- Verben der Gruppe e > ie und o > ue, die auf -ir enden:
  preferir → pref**i**riendo, dormir → d**u**rmiendo.
- Bei Verben, deren Stamm mit einem Vokal endet, wird -iendo zu -yendo:
  leer → le**yendo**, construir → constru**yendo**.
- Das Gerundium von ir lautet yendo.
- Ferner: decir → d**i**ciendo, poder → p**u**diendo, venir → v**i**niendo.

Das Gerundium wird im Deutschen durch einen Zusatz wie „gerade" oder durch die Konstruktion „(gerade) dabei sein etwas zu tun" wiedergegeben.
Estoy pintando las paredes. Ich streiche gerade die Wände. / Ich bin (gerade) dabei, die Wände zu streichen.

Gerundium und Verlaufsform   28

1. Wie lautet das Gerundium dieser Verben?

a. vivir _____   g. empezar _____
b. servir _____   h. venir _____
c. poder _____   i. dormir _____
d. cantar _____   j. ir _____
e. beber _____   k. subir _____
f. leer _____ .   l. construir _____

2. Die Sätze stehen im Präsens. Setzen Sie sie in die Verlaufsform.

Carmen lava la ropa.   → *Carmen está lavando la ropa.*

a. Pienso en ti.   → _____
b. Isabel lee una revista de moda.   → _____
c. Voy al trabajo.   → _____
d. Los chicos juegan al fútbol.   → _____
e. Comemos calamares a la plancha. → _____
f. Coges flores en el jardín.   → _____

3. Geben Sie an, womit die Bewohner eines Hauses gerade beschäftigt sind.

a. En la planta baja una chica (*telefoniert gerade*) _____ con su amiga.
b. En la 1ª planta un hombre (*bügelt gerade*) _____ los pantalones de su hijo.
c. En la 2ª planta un señor (*liest gerade*) _____ el periódico.
d. En la 3ª planta un señor (*spielt gerade*) _____ el piano.
e. En la 4ª planta dos niños (*schlafen gerade*) _____ .
f. En la 5ª planta una señora (*macht gerade*) _____ las camas.
g. En la 6ª planta un chico y una chica (*lernen gerade*) _____ .
h. En la 7ª planta un profesor (*korrigiert gerade*) _____ unos exámenes.

4. Übersetzen Sie, was diese Personen gerade tun.

a. Miguel macht gerade Hausaufgaben (*los deberes*).

_____

b. Ich lese gerade ein interessantes Buch.

_____

c. Luisa kommt gerade aus der Stadt.

_____

d. Was hört ihr gerade im Radio an?

_____

e. Der Kellner serviert gerade den Fisch.

_____

f. Wir warten gerade auf den Bus.

_____

29 Ya ha empezado.
Es hat schon angefangen.

Ha empezado

Ha empezado (*es hat angefangen*) ist das Perfekt (pretérito perfecto compuesto) des Verbs empezar.

 Das Perfekt wird mit einer Form des Hilfsverbs haber (*haben*) und dem Partizip des Verbs gebildet. Die Formen von haber lauten:

(yo)	he
(tú)	has
(él/ella/usted)	ha
(nosotros/-as)	hemos
(vosotros/-as)	habéis
(ellos/ellas/ustedes)	han

¡Ya ha empezado el número con los leones?

 Um das Partizip zu bilden, wird bei den Verben auf -ar die Endung -ado und bei den Verben auf -er und -ir die Endung -ido an den Stamm gehängt. Diese Endungen sind unveränderlich.
habl**ar** → habl**ado**, com**er** → com**ido**, dorm**ir** → dorm**ido**

Als Beispiel das Perfekt von hablar (*sprechen*):

(yo)	he	
(tú)	has	
(él/ella/usted)	ha	hablado
(nosotros/-as)	hemos	
(vosotros/-as)	habéis	
(ellos/ellas/ustedes)	han	

Im Deutschen wird das Perfekt mit dem Präsens von „haben" oder „sein" gebildet.
Has hablado mucho. *Du hast viel gesprochen.*
He ido a casa. *Ich bin nach Hause gegangen.*

 Das Partizip einiger Verben ist unregelmäßig:

abrir (*öffnen*) → abierto	morir (*sterben*) → muerto
cubrir (*bedecken*) → cubierto	poner (*setzen, legen*) → puesto
decir (*sagen*) → dicho	romper (*zerbrechen*) → roto
escribir (*schreiben*) → escrito	ver (*sehen*) → visto
hacer (*machen, tun*) → hecho	volver (*zurückkehren*) → vuelto

Auch die abgeleiteten Verben weisen ein unregelmäßiges Partizip auf, z. B.
descubrir → descubierto, describir → descrito, devolver → devuelto.

 Die Form von haber und das Partizip dürfen nie getrennt werden. Die Verneinung wird vorangestellt.
Hoy no he comido mucho. *Ich habe heute nicht viel gegessen.*
(Zum Gebrauch des Perfekts → Kapitel 33)

Perfekt 29

1. Ordnen Sie die Verben nach regelmäßigem und unregelmäßigem Partizip.

pagar

regelmäßiges Partizip

abrir

hacer

romper

comprar

comer

cubrir

unregelmäßiges Partizip

poner   decir   venir   volver   perder   conducir

2. Wie lautet das Perfekt?

a. (yo-hacer) _____

b. (nosotros-comer) _____

c. (ella-escribir) _____

d. (vosotros-poner) _____

e. (ellos-ver) _____

f. (tú-bailar) _____

g. (él-volver) _____

h. (ustedes-decir) _____

i. (ellas-dormir) _____

j. (yo-entender) _____

k. (tú-venir) _____

l. (usted-pedir) _____

3. Setzen Sie die Verben im Perfekt ein.

a. Esta mañana no (*llegar*) _____ el correo.

b. Hoy (*yo-olvidar*) _____ llamar al mecánico.

c. Este año (*nosotros-ir*) _____ a España.

d. ¿Por qué no (*tú-decir*) _____ la verdad?

e. César no (*jugar*) _____ nunca al fútbol.

f. Los niños (*romper*) _____ los juguetes.

g. ¿Qué películas de Almodóvar ya (*vosotros-ver*) _____?

4. Ergänzen Sie die Sätze wie im Beispiel mit dem Verb im Perfekt.

Normalmente no bebo champán, pero hoy *he bebido* una copa.

a. Normalmente Juan y Ana vuelven a casa a las cuatro de la tarde, pero hoy _____ a medianoche.

b. Normalmente hacemos gimnasia después del trabajo, pero hoy la _____ antes.

c. Normalmente tocas la guitarra muy bien, pero hoy _____ fatal.

d. Normalmente veis el telediario por la noche, pero hoy lo _____ al mediodía.

e. Normalmente compran en el centro comercial, pero esta semana _____ en la tienda de la esquina.

f. Normalmente la señora Martínez recibe una vez al mes correo de su hija, pero este mes _____ tres cartas.

30 Lo pasé muy bien.
Ich habe mich gut amüsiert.

Pasé

Ana gebraucht die Verbform pasé (*ich habe verbracht*). Dabei handelt es sich um den Indefinido (genauer: pretérito perfecto simple oder indefinido), eine weitere Zeit der Vergangenheit.

 Zur Bildung des Indefinido werden bei den regelmäßigen Verben die Indefinido-Endungen an den Verbstamm angehängt.

	hab**lar** *sprechen*	com**er** *essen*	escrib**ir** *schreiben*
(yo)	habl**é**	com**í**	escrib**í**
(tú)	habl**aste**	com**iste**	escrib**iste**
(él/ella/usted)	habl**ó**	com**ió**	escrib**ió**
(nosotros/-as)	habl**amos**	com**imos**	escrib**imos**
(vosotros/-as)	habl**asteis**	com**isteis**	escrib**isteis**
(ellos/ellas/ustedes)	habl**aron**	com**ieron**	escrib**ieron**

! Zur Erhaltung der Aussprache des Verbstamms treten bei einigen Verben in der 1. Person Singular orthografische Veränderungen auf:
pagar → pa**gu**é, empezar → empe**c**é, buscar → bus**qu**é.

⇨ Endet der Verbstamm auf einen Vokal, wird das i der Indefinido-Endungen -ió und -ieron zu y: leer → leyó/leyeron, construir → construyó/construyeron.

! Ein Verb im Indefinido kann im Deutschen mit dem Perfekt oder Imperfekt übersetzt werden.
Anoche bailé mucho. *Gestern Abend tanzte ich viel / habe ich viel getanzt.*

(Zum Gebrauch des Indefinido → Kapitel 33 und 35)

Indefinido (1): Regelmäßige Verben   30

1. Konjugieren Sie im Indefinido.

	Infinitiv	yo	tú	él/ella/ usted	nosotros/ -as	vosotros/ -as	ellos/ellas/ ustedes
a.	beber						
b.	buscar						
c.	comprar						
d.	llegar						
e.	leer						
f.	vivir						

2. Verbinden Sie die Elemente zu ganzen Sätzen.

a. El año pasado Juan
b. Anoche (*nosotros*)
c. El lunes pasado en el curso (*ellos*)
d. La semana pasada (*yo*)
e. En 2003 Luisa
f. Ayer (*tú*)
g. El fin de semana pasado (*vosotros*)

1. leyeron artículos de un periódico.
2. conoció a su novio Paco.
3. compró una nueva moto.
4. trabajaste hasta las nueve de la noche.
5 bebisteis solo agua mineral en la fiesta.
6. volvimos de las vacaciones en Austria.
7. visité a mi abuela.

3. Setzen Sie die Sätze in den Indefinido.

Hoy ha tomado un café con leche. → Ayer tomó un cortado.

a. Esta tarde las tiendas han cerrado a las 8. → Ayer _____ a las 10 de la noche.
b. Esta semana habéis comido mucho. → La semana pasada _____ poquísimo.
c. Este año Ana ha leído dos novelas policíacas. → El año pasado no _____ ninguna.
d. Siempre aparcamos el coche delante de la casa. → Ayer lo _____ en el garaje.
e. Normalmente saco fotos del paisaje. → En mi último viaje _____ sobre todo fotos de personas.

4. Setzen Sie das Verb in der Klammer in den Indefinido.

a. El sábado pasado (*yo-llegar*) _____ a la fiesta muy tarde.
b. Ayer Paco (*vender*) _____ su moto y (*comprar*) _____ un coche.
c. La semana pasada (*yo-escribir*) _____ una carta a mi amiga en Londres.
d. Los niños (*aprender*) _____ mucho sobre Picasso en la clase de arte.
e. ¿Dónde (*construir*) _____ ustedes su nueva casa, en el campo o en la ciudad?
f. ¿Qué (*tú-tomar*) _____, paella o pollo asado?
g. De 1990 a 1998 Juan y su familia (*vivir*) _____ en Buenos Aires.

31 ¿Qué hiciste anoche?
Was hast du gestern Abend gemacht?

Hiciste, fui, vimos

Jetzt erzählt Juan, wie er den Abend verbracht hat. Und auch er verwendet den Indefinido – fui (*ich ging*), vimos (*wir sahen*). Diese Formen sind unregelmäßig.

Zu den Verben mit einem unregelmäßigen Indefinido gehören u. a. ser (*sein*), ir (*gehen, fahren*), hacer (*tun, machen*), ver (*sehen*) und dar (*geben*). Die Indefinido-Formen von ser und ir sind gleich und nur aus dem Zusammenhang lässt sich erkennen, welches Verb gemeint ist.

	ser *sein* / ir *gehen, fahren*	hacer *tun, machen*	ver *sehen*	dar *geben*
(yo)	fui	hice	vi	di
(tú)	fuiste	hiciste	viste	diste
(él/ella/usted)	fue	hizo	vio	dio
(nosotros/-as)	fuimos	hicimos	vimos	dimos
(vosotros/-as)	fuisteis	hicisteis	visteis	disteis
(ellos/ellas/ustedes)	fueron	hicieron	vieron	dieron

	dormir *schlafen*	preferir *bevorzugen*	servir *(be)dienen*
(yo)	dormí	preferí	serví
(tú)	dormiste	preferiste	serviste
(él/ella/usted)	durmió	prefirió	sirvió
(nosotros/-as)	dormimos	preferimos	servimos
(vosotros/-as)	dormisteis	preferisteis	servisteis
(ellos/ellas/ustedes)	durmieron	prefirieron	sirvieron

! Bei Verben der Gruppe o > ue, die auf -ir enden, wird in der 3. Pers. Sg. und Pl. das Stamm-o zu u (z. B. dormir, morir). Bei Verben der Gruppe e > ie, die auf -ir enden, und der Gruppe e > i wird in der 3. Pers. Sg. und Pl. das Stamm-e zu i (z. B. preferir und sentir bzw. servir und pedir).

(Zum Gebrauch des Indefinido → Kapitel 33 und 35)

Indefinido (2): Unregelmäßige Verben   31

1. Bilden Sie den Indefinido zu den folgenden Präsens-Formen.

a. vas _____
b. sirvo _____
c. hacemos _____
d. eres _____
e. duerme _____

f. sienten _____
g. veo _____
h. da _____
i. duermo _____
j. pides _____

k. es _____
l. voy _____
m. prefiere _____
n. muere _____
o. sigue _____

2. Wie lautet das Verb im Präsens?

a. visteis _____
b. fuimos _____
c. dormí _____
d. fui _____
e. murieron _____

f. pidió _____
g. preferí _____
h. dimos _____
i. hiciste _____
j. vi _____

k. dieron _____
l. sintieron _____
m. serví _____
n. fueron _____
o. siguió _____

3. Welche der unten stehenden Verbformen gehört zu welchem Pronomen? Tragen Sie ein.

yo	tú	él/ella/ usted	nosotros/ -as	vosotros/ -as	ellos/ellas/ ustedes

hicisteis siguieron vimos prefirió dormisteis fue hizo fuiste fui
prefirieron fuimos dormí durmió fuisteis serví dieron murieron
seguiste preferiste

4. Übersetzen Sie das Verb in der Klammer mit dem Indefinido.

a. El fin de semana pasado (*wir sind gefahren*) _____ a la montaña.
b. Juan no (*tat*) _____ nada.
c. ¿Qué (*habt ihr bestellt*) _____?
d. Ana ya (*sah*) _____ la película el mes pasado.
e. (*Sie schliefen*) _____ hasta el mediodía.
f. Primero Juan y Ana (*gingen*) _____ a cenar, después Ana quiso dar un paseo.
g. Le (*ich gab*) _____ un beso a mi novia antes de irme al trabajo.
h. Ana (*wollte lieber*) _____ el traje azul.

75

32 ¿Dónde estuviste ayer?
Wo warst du gestern?

Estuviste

Estuviste (*du warst*) ist die Indefinido-Form des Verbs estar (*sein, sich befinden*).

REGEL Estar und einige andere Verben haben im Indefinido einen unregelmäßigen Verbstamm, die angehängten Endungen sind bei allen gleich.

(yo)	estuve	Ebenso:	andar → anduv-	-e
(tú)	estuviste		poder → pud-	-iste
(él/ella/usted)	estuvo		poner → pus-	-o
(nosotros/-as)	estuvimos		querer → quis-	-imos
(vosotros/-as)	estuvisteis		saber → sup-	-isteis
(ellos/ellas/ustedes)	estuvieron		tener → tuv-	-ieron
			venir → vin-	

Der Indefinido der Verben auf -ucir, z. B. producir (*produzieren*), lautet:

(yo)	produje	Ebenso:	conducir → conduj-	-e
(tú)	produjiste		introducir → introduj-	-iste
(él/ella/usted)	produjo		reducir → reduj-	-o
(nosotros/-as)	produjimos		traducir → traduj-	-imos
(vosotros/-as)	produjisteis		traer → traj-	-isteis
(ellos/ellas/ustedes)	produjeron		decir → dij-	-eron

⇨ Der Indefinido von hay (*es gibt*; Infinitiv haber) lautet hubo.

(Zum Gebrauch des Indefinido → Kapitel 33 und 35)

Indefinido (3): Unregelmäßige Verben 32

1. Wie lautet der Infinitiv?

a. quise _____

b. pusieron _____

c. pudo _____

d. condujo _____

e. estuviste _____

f. anduve _____

g. trajeron _____

h. dijo _____

i. tuvimos _____

j. vine _____

k. supiste _____

l. redujiste _____

2. Setzen Sie die Sätze in den Indefinido.

a. El camarero trae el menú. _____

b. Producen juguetes de madera. _____

c. Conduces muy bien. _____

d. No tengo ganas de salir. _____

e. Estamos toda la noche en casa. _____

f. No podemos ir a la fiesta. _____

g. No dicen la verdad. _____

3. Ergänzen Sie die Sätze mit einem der Verben im Indefinido.

a. ¿Dónde (vosotros) _____ de vacaciones el año pasado?

b. Mi madre _____ la mesa para la cena.

c. ¿A qué hora (tú) _____ ayer del trabajo?

d. (Nosotros) no _____ encontrar el camino.

e. El cartero te _____ un paquete de tu novia.

f. ¿Por qué no se lo (ustedes) _____?

g. Pedro _____ despacio y con mucho cuidado.

f. decir

a. estar   e. traer   g. conducir

b. poner

c. venir   d. poder

4. Geben Sie die Anwort auf Spanisch. Sie benötigen dazu den Indefinido.

a. ¿Qué hiciste ayer después de llamarme? – *Ich musste* (tener que) *zum Zahnarzt gehen.*

_____

b. ¿Vino Manuel ayer a tu fiesta? – *Nein, er konnte* (poder) *nicht.*

_____

c. ¿Has visto a Carmen esta semana? – *Ja, sie besuchte* (venir a ver) *mich gestern.*

_____

d. ¿Sabes que Miguel y María estuvieron de vacaciones en Canarias? – *Ja, sie brachten* (traer) *mir ein Souvenir* (recuerdo) *mit.*

_____

e. ¿Salió Juan con su novia ayer por la tarde? – *Nein, er war* (estar) *den ganzen Abend bei seinen Eltern.*

_____

77

33 ¿Has estado alguna vez en Latinoamérica?
Bist du schon einmal in Lateinamerika gewesen?

Has estado, fuimos

Die Verben, die die beiden in ihrem Dialog gebrauchen, stehen im Perfekt – has estado (*du bist gewesen*) – und im Indefinido – fuimos (*wir fuhren*). In welchen Fällen Sie das Perfekt verwenden und in welchen den Indefinido, wird nachfolgend erklärt.

Perfekt	Indefinido
Die Handlung steht in enger Beziehung zur Gegenwart.	Die Handlung hat zu einem bestimmten Zeitpunkt in der Vergangenheit stattgefunden und ist bereits abgeschlossen.
Häufige Zeitangaben: hoy (*heute*), esta semana (*diese Woche*), este año (*dieses Jahr*), alguna vez (*einmal*), muchas veces (*oft*), todavía no (*noch nicht*) oder ohne Zeitangabe, wenn der Zeitpunkt selbst unwichtig ist.	Häufige Zeitangaben: ayer (*gestern*), la semana pasada (*letzte Woche*), el año pasado (*letztes Jahr*), la última vez (*das letzte Mal*), en 2003 (*2003*) usw.
Hoy los niños no han ido al colegio. *Heute sind die Kinder nicht in die Schule gegangen.* No hemos ido nunca a Portugal. *Wir sind nie nach Portugal gefahren.*	¿Dónde pasaste tus últimas vacaciones? *Wo hast du deine letzten Ferien verbracht?* Estuve en Bilbao, en casa de mi abuela. *Ich war in Bilbao bei meiner Großmutter.*

(Zum Gebrauch von Indefinido und Imperfekt → Kapitel 35)

Gebrauch von Perfekt und Indefinido 33

1. Perfekt oder Indefinido? Entscheiden Sie sich für die richtige Zeitform.

a. ¿Por qué no (*has ido/fuiste*) _____ a la agencia de viajes todavía?

b. El año pasado mi abuelo (*ha cumplido/cumplió*) _____ 70 años.

c. ¿Por qué no nos (*habéis llamado/llamasteis*) _____ ayer?

d. Yo no (*he visto/vi*) _____ nunca a tu hermano.

e. Luis y Pedro (*han esquiado/esquiaron*) _____ en Sierra Nevada el invierno pasado.

f. ¿Ya (*habéis esquiado/esquiasteis*) _____ alguna vez en Sierra Nevada?

2. Wählen Sie aus den Zeitangaben die passende aus und ergänzen Sie die Sätze damit.

a. _____ no ha comido mucho.

b. No sé qué vamos a hacer esta noche porque Isabel
_____ no nos ha llamado.

c. _____ hemos pasado las vacaciones en el Caribe.

d. _____ la película empezó a las siete y media.

e. No han estado _____ en la montaña.

f. ¿Habéis aprendido mucho _____?

g. _____ he comprado el vino para la fiesta.

> aún   este verano
>
>   nunca
>
> anoche   todavía no
>
> en este curso   hoy

3. Welche Antwort passt zu welcher Frage? Verbinden Sie.

a. ¿Has estado alguna vez en Perú?

b. ¿Has visto alguna película de Almodóvar?

c. ¿Has comido alguna vez paella?

d. ¿Has estado alguna vez en un concierto al aire libre?

e. ¿Ya has leído la nueva novela de Rosa Montero?

1. Sí, el sábado pasado vi una en el Odeón.

2. Sí, el verano pasado Juan me regaló una entrada para un concierto de Bon Jovi.

3. Sí, en 2001 fui al lago Titicaca.

4. La compré ayer, pero aún no la he leído.

5. Sí, cené en un restaurante español el viernes pasado.

4. Übersetzen Sie.

a. Hast du Ana das Geschenk schon geschickt? – Nein, aber ich habe gestern eine CD für sie gekauft.

_____

b. In dieser Woche bin ich schon zwei Mal im Theater gewesen.

_____

c. Seid ihr schon einmal auf den Kanarischen Inseln gewesen? – Ja, wir waren (*ir a*) letztes Jahr auf Lanzarote.

_____

d. Hast du Pepe gesehen? – Ja, ich habe gestern Nachmittag mit ihm Tennis gespielt.

_____

34 Era la una de la noche, todo estaba tranquilo . . .
Es war ein Uhr nachts, alles war ruhig . . .

Era, estaba

In dem Krimi, den Ana liest, wird mit era (*es war*) und estaba (*es war*) die Situation für die weiteren Ereignisse beschrieben. Diese Verben stehen im Imperfekt (pretérito imperfecto), einer weiteren Zeit der Vergangenheit.

«Era la una de la noche, todo estaba tranquilo . . .»

Zur Bildung des Imperfekts werden die Imperfekt-Endungen an den Verbstamm angehängt.
Das Imperfekt der Verben mit der Endung -er und -ir ist gleich.

	hablar *sprechen*	comer *essen*	escribir *schreiben*
(yo)	hablaba	comía	escribía
(tú)	hablabas	comías	escribías
(él/ella/usted)	hablaba	comía	escribía
(nosotros/-as)	hablábamos	comíamos	escribíamos
(vosotros/-as)	hablabais	comíais	escribíais
(ellos/ellas/ustedes)	hablaban	comían	escribían

Nur drei Verben haben ein unregelmäßiges Imperfekt.

	ser *sein*	ir *gehen, fahren*	ver *sehen*
(yo)	era	iba	veía
(tú)	eras	ibas	veías
(él/ella/usted)	era	iba	veía
(nosotros/-as)	éramos	íbamos	veíamos
(vosotros/-as)	erais	ibais	veíais
(ellos/ellas/ustedes)	eran	iban	veían

Wenn Sie erzählen möchten, wie etwas früher war oder was Sie früher gewöhnlich getan haben, verwenden Sie das Imperfekt. Zum weiteren Gebrauch des Imperfekts und zum Gebrauch von Imperfekt und Indefinido → Kapitel 35.

Imperfekt **34**

1. Wie lautet die Imperfekt-Form der folgenden Verben?

a. (él-hablar) _____   f. (vosotros-estudiar) _____

b. (nosotros-ir) _____   g. (usted-dormir) _____

c. (tú-tener) _____   h. (nosotros-salir) _____

d. (ellos-vivir) _____   i. (ustedes-aprender) _____

e. (yo-ser) _____   j. (tú-ver) _____

2. María erzählt aus ihrer Kindheit. Setzen Sie die Verben in der Klammer ins Imperfekt.

María: Cuando era niña, . . .

a. _____ (*jugar*) con mi muñeca.

b. _____ (*ver*) en la tele dibujos animados de Walt Disney.

c. _____ (*ir*) de vacaciones con mis padres.

d. _____ (*tener*) muchos juguetes.

e. _____ (*leer*) libros sobre animales de la selva.

f. _____ (*construir*) castillos de arena en la playa.

3. Im Vergleich zu früher ist heute vieles anders. Setzen Sie die Verben in die richtige Zeit.

a. ¿Cómo vas al trabajo?

Antes (*ir*) _____ en autobús. Ahora (*ir*) _____ en coche.

b. ¿Vais al cine con frecuencia?

Antes (*ver*) _____ películas en el cine. Ahora (*ver*) _____ DVD en casa.

c. ¿Dónde te gusta pasar las vacaciones?

Antes las (*pasar*) _____ junto al mar. Ahora (*hacer*) _____ senderismo en la montaña.

d. ¿Dónde vivís?

Antes (*vivir*) _____ en la ciudad. Ahora (*tener*) _____ una casa en el campo.

e. ¿Sales mucho por la noche?

Antes (*ir*) _____ de copas todas las noches. Ahora solo (*salir*) _____ los sábados.

4. Übersetzen Sie.

a. Früher hat er viel geraucht.

_____

b. Früher haben wir in der Bar „La Paloma" gefrühstückt.

_____

c. Früher hat sie die Ferien bei ihrer Großmutter verbracht.

_____

d. Früher hat er nie Zeit gehabt.

_____

e. Früher habe ich abends ferngesehen.

_____

35 Antes me regalaba rosas, ayer no me dio ni siquiera un beso.
Früher schenkte er mir Rosen, gestern gab er mir nicht einmal einen Kuss.

Regalaba, dio

Die Verben, die Ana gebraucht, stehen im Imperfekt – regalaba (*er schenkte*) – und im Indefinido – dio (*er gab*). Nachfolgend lernen Sie die Regeln, wann Sie das Imperfekt und wann den Indefinido verwenden.

Antes de casarnos siempre me regalaba rosas rojas.

Ayer no me dio ni siquiera un beso.

 REGEL

Das Imperfekt wird gebraucht,	**Der Indefinido wird gebraucht,**
um Personen, Dinge oder Zustände in der Vergangenheit zu beschreiben: Aquel día llovía mucho. *An jenem Tag regnete es viel.* Mi abuela tenía el pelo gris. *Meine Großmutter hatte graue Haare.*	um über Ereignisse zu sprechen, die zu einem bestimmten Zeitpunkt in der Vergangenheit stattgefunden haben und schon abgeschlossen sind: Ayer fui al teatro. *Gestern war ich im/ging ich ins Theater.*
um Gewohnheiten oder sich wiederholende Handlungen in der Vergangenheit auszudrücken: De niño jugaba mucho con mis vecinos. *Als Kind habe ich viel mit meinen Nachbarn gespielt.*	um Handlungen in der Vergangenheit anzugeben, die aufeinander folgen: Primero fui al cine. Luego encontré a Marta. *Zuerst ging ich ins Kino. Dann traf ich Marta.*
um gleichzeitig ablaufende Handlungen in der Vergangenheit anzugeben: Mi marido escuchaba música mientras yo leía un libro. *Mein Mann hörte Musik, während ich ein Buch las.*	
um den Grund anzugeben: Como no tenía tiempo, no fui a la ciudad contigo. *Weil ich keine Zeit hatte, ging ich nicht mit dir in die Stadt.*	
um einen Wunsch höflich auszudrücken: Quería una blusa blanca. *Ich möchte/hätte gern eine weiße Bluse.*	

 Ist eine Handlung noch nicht abgeschlossen, während eine weitere Handlung eintritt, verwendet man für die erste nicht abgeschlossene Handlung das Imperfekt, für die hinzutretende Handlung den Indefinido.
Paco hacía sus deberes cuando su madre lo llamó. *Paco machte seine Hausaufgaben, als ihn seine Mutter rief.*

! Als „Entscheidungshilfe", ob Sie Imperfekt oder Indefinido verwenden, kann die Frage „was war?" (Imperfekt) bzw. „was geschah (danach)?" (Indefinido) dienen.

Gebrauch von Imperfekt und Indefinido 35

1. Imperfekt oder Indefinido? Entscheiden Sie sich für die richtige Vergangenheitsform.

a. Cuando (*era/fui*) _____ niña, (*visitaba/visité*) _____ a mi abuela todos los días.

b. Antes siempre (*íbamos/fuimos*) _____ en coche al trabajo.

c. ¿Qué (*hacías/hiciste*) _____ anoche cuando te (*llamaba/llamé*) _____?

d. El año pasado María y su novio (*pasaban/pasaron*) _____ las vacaciones en Grecia.

e. Como no (*había/hubo*) _____ mucha nieve, no (*podíamos/pudimos*) _____ esquiar.

f. Primero Juana (*hacía/hizo*) _____ las compras y luego (*iba/fue*) _____ al café.

g. De niño Juan (*tenía/tuvo*) _____ el pelo largo.

2. Laura schreibt ihrer Tante, was sie und ihre Freundin am ersten Tag ihrer Barcelona-Reise getan haben. Setzen Sie die Verben in Klammern in die richtige Zeitform (Präsens, Imperfekt oder Indefinido).

Querida tía Anita:

Ayer Isabel y yo (ir) _____ a Barcelona. (llegar) _____ al aeropuerto a las diez de la mañana. (llover) _____ mucho y por eso (tomar) _____ un taxi para ir al hotel. El hotel (estar) _____ en el centro. (tener) _____ siete plantas, (ser) _____ muy moderno, y todas las habitaciones (tener) _____ un balcón grande. Media hora más tarde, cuando ya no (llover) _____, (salir) _____ del hotel. (dar) _____ un paseo por las Ramblas y (visitar) _____ la catedral y el Barrio Gótico. Por la noche (ir) _____ al teatro. (ver) _____ una obra muy moderna. Después del teatro (ir) _____ a un bar, (tomar) _____ unas tapas y (beber) _____ cava. A las once (volver) _____ al hotel. Mañana (ir) _____ a la playa.

¡Hasta pronto!
Abrazos
Laura

3. All das geschah während Carmens Mittagsschlaf. Übersetzen Sie mit dem Indefinido.

Cuando Carmen dormía la siesta, . . .

a. rief ihre Freundin an. . . . _____.

b. läutete es an der Tür (*sonar el timbre de la puerta*). . . . _____.

c. kamen die Kinder nach Hause (*volver*). . . . _____.

d. machte auf der Straße jemand Lärm (*ruido*). . . . _____.

e. begann der Nachbar Klavier zu spielen. . . . _____.

36

Te había dicho que pidieras un folleto del hotel.
Ich hatte dich gebeten, nach einem Prospekt von dem Hotel zu fragen.

¿Vistas al mar? Te había dicho que pidieras un folleto del hotel.

Había dicho

Juan benutzt die Form había dicho (*ich hatte gebeten*), das Plusquamperfekt (pretérito pluscuamperfecto) des Verbs decir (*sagen, bitten*).

REGEL Das Plusquamperfekt wird mit dem Imperfekt des Hilfsverbs haber (*haben / sein*) und dem Partizip des Verbs gebildet. (Zur Bildung des Partizips → Kapitel 29)

(yo)	había	
(tú)	habías	
(él/ella/usted)	había	hablado
(nosotros/-as)	habíamos	
(vosotros/-as)	habíais	
(ellos/ellas/ustedes)	habían	

Im Deutschen wird das Plusquamperfekt mit dem Imperfekt von „haben" oder „sein" ausgedrückt:
Había hablado. *Er hatte gesprochen.*
Habían ido al trabajo. *Sie waren zur Arbeit gegangen.*

⇨ Mit dem Plusquamperfekt wird eine Handlung wiedergegeben, die vor einer anderen Handlung in der Vergangenheit stattfand und bereits abgeschlossen war, als diese einsetzte.
Te había dicho que pidieras un folleto del hotel. Pero no lo hiciste. *Ich hatte dich gebeten, nach einem Prospekt von dem Hotel zu fragen. Aber du hast es nicht getan.*
No pudimos dar un paseo porque había llovido. *Wir konnten nicht spazieren gehen, weil es geregnet hatte.*
Cuando llegué a casa, mi marido ya había cenado. *Als ich nach Hause kam, hatte mein Mann schon zu Abend gegessen.*

Plusquamperfekt 36

1. Ergänzen Sie die fehlenden Verbformen.

	a.	b.	c.	d.
Infinitiv	estudiar		abrir	
(yo)		había vuelto	había abierto	
(tú)	habías estudiado		habías abierto	
(él/ella/usted)			había abierto	había aprendido
(nosotros/-as)	habíamos estudiado	habíamos vuelto		habíamos aprendido
(vosotros/-as)	habíais estudiado		habíais abierto	
(ellos/ellas/ ustedes)		habían vuelto		

2. Vervollständigen Sie die folgenden Sätze mit dem Plusquamperfekt wie im Beispiel.

Cuando María llegó a casa, su marido ya (*preparar*) había preparado la cena.

a. Cuando María y Juan se fueron de vacaciones, todavía no (*comenzar*) _____ la temporada alta.

b. Cuando comenzó el mal tiempo, ya (*ellos-abandonar*) _____ la isla.

c. Cuando los padres volvieron del teatro, los niños todavía no (*terminar*) _____ los deberes.

d. Cuando Ana llegó, Juan ya se (*ir*) _____ .

e. Al entrar en el cajero automático, Juan se dio cuenta de que (*olvidar*) _____ la tarjeta de crédito. La (*dejar*) _____ en casa.

f. Cuando sonó el despertador, Ana ya se (*levantar*) _____ .

g. Cuando la policía llegó, los ladrones ya (*huir*) _____ .

3. Setzen Sie die Verben in der Klammer in die erforderliche Zeit (Plusquamperfekt, Imperfekt oder Indefinido).

a. Cuando (*ellos-llegar*) _____ a la estación, el tren ya (*salir*) _____ .

b. Ya (*él-esperar*) _____ media hora, cuando finalmente (*ella-venir*) _____ .

c. Todavía no (*nosotros-poner*) _____ la mesa, cuando (*llegar*) _____ nuestros amigos para cenar.

d. Ya (*yo-regar*) _____ las flores en el jardín, cuando (*empezar*) _____ a llover.

e. (*ellos-llegar*) _____ al cine, cuando la película ya (*comenzar*) _____ .

85

37 ¡Serán unas vacaciones estupendas!
Es wird ein toller Urlaub werden!

Serán

Die Form **serán** (*es werden sein*) ist das Futur I (Zukunft) des Verbs **ser** (*sein*).

Die Endungen des Futur I sind für alle Verbgruppen (auf **-ar**, **-er** und **-ir**) gleich. Sie werden in der Regel an den Infinitiv angehängt.

	hablar *sprechen*	comer *essen*	vivir *leben*
(yo)	hablar**é**	comer**é**	vivir**é**
(tú)	hablar**ás**	comer**ás**	vivir**ás**
(él/ella/usted)	hablar**á**	comer**á**	vivir**á**
(nosotros/-as)	hablar**emos**	comer**emos**	vivir**emos**
(vosotros/-as)	hablar**éis**	comer**éis**	vivir**éis**
(ellos/ellas/ustedes)	hablar**án**	comer**án**	vivir**án**

Einige Verben haben im Futur I einen unregelmäßigen Stamm, an den die regelmäßigen Endungen angehängt werden.

decir *sagen*	→	diré, dirás, dirá, diremos, diréis, dirán
haber *haben, sein* (Hilfsverb)	→	habré . . .
hacer *machen, tun*	→	haré . . .
poder *können*	→	podré . . .
poner *legen, stellen*	→	pondré . . .
querer *wollen*	→	querré . . .
saber *wissen*	→	sabré . . .
salir *(hin)ausgehen*	→	saldré . . .
tener *haben*	→	tendré . . .
venir *kommen*	→	vendré . . .

(Zum Gebrauch des Futurs → Kapitel 38)

Neben dem Futur I gibt es eine vollendete Form des Futurs, das so genannte Futur II. Mehr dazu in → Kapitel 40.

Zukunft (1): Futur I   37

1. Welche Verben haben im Futur I einen unregelmäßigen Verbstamm? Ordnen Sie zu.

regelmäßig

conocer   oír   escribir

dormir

decir   hacer

pensar

salir

saber   volver

poder

tener

tomar   poner   venir

unregelmäßig

2. Setzen Sie das Verb vom Präsens ins Futur I.

a. recibes _____   g. salís _____

b. pone _____   h. es _____

c. tienen _____   i. sabemos _____

d. encuentran _____   j. comienza _____

e. dice _____   k. hago _____

f. vamos _____   l. vienes _____

3. Setzen Sie die Sätze ins Präsens.

Hará mucho calor.   → _Hace mucho calor._

a. En agosto estaremos de vacaciones.   → _____

b. ¿A qué hora vendrás?   → _____

c. ¿Tomaréis el tren de las cuatro para ir a la ciudad? → _____

d. ¿Me escribirás una postal?   → _____

e. Saldré todas las noches.   → _____

f. No dirá nada.   → _____

g. Empezará sus estudios en Madrid.   → _____

4. Das werden Miguel und Teresa in den Ferien tun. Bilden Sie Sätze mit dem Futur I.

ir a la playa   → _Irán a la playa._

a. hacer excursiones   → _____

b. jugar al tenis   → _____

c. leer mucho   → _____

d. salir por la noche   → _____

e. escribir postales   → _____

f. comprar recuerdos   → _____

g. bucear en el mar   → _____

h. dormir la siesta en la playa → _____

38 ¿Qué vamos a hacer con ellos?
Was machen wir mit ihnen?

Vienen, vamos a hacer, vas a hacer

Ana und Juan sprechen über das kommende Wochenende und benutzen dabei zwei verschiedene Zeitformen:
- das Präsens – vienen (*sie kommen*),
- die Konstruktion ir + a + Infinitiv – vamos a hacer (*wir machen / wir werden machen*) bzw. vas a hacer (*du machst / du wirst machen*).

Das Futur zum Ausdruck der Zukunft haben Sie bereits kennen gelernt. Nachfolgend erklären wir Ihnen, wann Sie welche Zeitform für die Zukunft verwenden.

⇨ Das Futur I wird im Spanischen verwendet,
- um über **zukünftige Ereignisse oder Handlungen** zu sprechen:
  En agosto terminaré mis estudios. *Im August werde ich mein Studium beenden.*
- um **Vermutungen** zu äußern:
  Ella tendrá 40 años. *Sie wird wohl 40 Jahre alt sein.*
- um **Vorhersagen** auszudrücken:
  Mañana lloverá. *Morgen wird es regnen.*

⇨ Wird eine Zeitbestimmung genannt, kann die Zukunft – wie im Deutschen – auch mit dem Präsens wiedergegeben werden:
El próximo año vamos a Perú. *Nächstes Jahr fahren wir nach Peru.*

⇨ Absichten und Handlungen, die für die nahe Zukunft geplant sind und als unmittelbar bevorstehend empfunden werden, lassen sich auch mit dem Verb ir + a + Infinitiv zum Ausdruck bringen. Häufig wird diese Form als weniger formell empfunden und bevorzugt.
Vamos a pasar el próximo fin de semana en París. *Wir verbringen das nächste Wochenende in Paris.*
A partir de mañana voy a dejar de fumar. *Ab morgen höre ich auf zu rauchen.*

Zukunft (2): Verschiedene Zeitformen für die Zukunft 38

1. In den folgenden Sätzen werden die zukünftigen Handlungen und Ereignisse mit dem Präsens ausgedrückt. Ersetzen Sie das Präsens durch die Konstruktion ir + a + Infinitiv.

Mañana compro un vestido para la fiesta. →
Mañana voy a comprar un vestido para la fiesta.

a. El sábado vamos a la fiesta en casa de Felipe. →
_____

b. El año que viene mi abuelo cumple 80 años. →
_____

c. ¿Tenéis tiempo para ir al teatro la próxima semana? →
_____

d. Manuela sale con sus amigas el viernes por la noche. →
_____

e. ¿No trabajas mañana? →
_____

f. El próximo fin de semana están en casa. →
_____

g. ¿Me dejas tu diccionario para el examen? →
_____

2. Wie wird das Wetter? Benutzen Sie das Futur I für die Vorhersage.

a. En la costa meridional (*haber*) _____ cielos despejados.
b. En el norte del país (*llover*) _____ por la tarde.
c. En Levante (*soplar*) _____ vientos de componente norte.
d. (*Nevar*) _____ en la sierra a 1200 metros de altura.
e. En el interior del país (*estar*) _____ nuboso.

3. Was prophezeit das Horoskop für die kommende Woche? Übersetzen Sie das Verb in der Klammer mit dem Futur I in der 2. Person Singular.

a. Acuario: El jueves (*conocer*) _____ a una persona muy simpática.
b. Piscis: El martes (*recibir*) _____ una carta interesante.
c. Aries: ¡Cuidado! El fin de semana (*tener*) _____ una aventura peligrosa.
d. Tauro: El viernes (*perder*) _____ algo que te gusta mucho.
e. Geminis: El lunes (*encontrar*) _____ a un buen amigo de tu juventud.
f. Cáncer: (*Estar*) _____ muy nervioso el viernes y sábado.
g. Leo: El miércoles (*viajar*) _____ muy lejos por razones profesionales.
h. Virgo: El fin de semana (*tener*) _____ problemas de salud.
i. Libra: El sábado (*cometer*) _____ un gran error.
j. Escorpio: El domingo (*salir*) _____ con una persona importante.
k. Sagitario: (*Tener*) _____ dificultades con un colega el lunes.
l. Capricornio: El martes (*poder*) _____ ayudar a una persona que quieres mucho.

39 Podrías comprarme uno nuevo.
Du könntest mir ein neues kaufen.

Podrías

Ana benutzt das Konditional I – podrías (*du könntest*) – des Verbs poder (können), um einen Vorschlag zu äußern.

Sí, cariño, el coche es bastante viejo. Podrías comprarme uno nuevo.

 Die Endungen des Konditional I sind für alle Verbgruppen (auf -ar, -er und -ir) gleich. Bei den Verben, die das Konditional I regelmäßig bilden, werden sie an den Infinitiv angehängt.

	hablar *sprechen*	comer *essen*	vivir *leben*
(yo)	hablar**ía**	comer**ía**	vivir**ía**
(tú)	hablar**ías**	comer**ías**	vivir**ías**
(él/ella/usted)	hablar**ía**	comer**ía**	vivir**ía**
(nosotros/-as)	hablar**íamos**	comer**íamos**	vivir**íamos**
(vosotros/-as)	hablar**íais**	comer**íais**	vivir**íais**
(ellos/ellas/ustedes)	hablar**ían**	comer**ían**	vivir**ían**

▷ Die Verben, die im Futur einen unregelmäßigen Verbstamm haben, ändern diesen auch im Konditional. Die regelmäßigen Endungen werden daran angehängt.

decir *sagen*	→ diría...	querer *wollen*	→ querría...
haber *haben, sein* (Hilfsverb)	→ habría...	saber *wissen*	→ sabría...
hacer *machen, tun*	→ haría...	salir *(hin)ausgehen*	→ saldría...
poder *können*	→ podría...	tener *haben*	→ tendría...
poner *legen, stellen*	→ pondría...	venir *kommen*	→ vendría...

▷ Das Konditional I wird verwendet, um höfliche Bitten oder Vorschläge zu äußern, Ratschläge zu geben oder um auszudrücken, was man tun würde oder wie etwas sein könnte.
¿Podrías ayudarme? *Könntest du mir helfen?*
Yo en tu lugar compraría la casa. *Ich an deiner Stelle würde das Haus kaufen.*
¿Qué harías en esta situación? *Was würdest du in dieser Situation tun?*

▷ Im Deutschen wird das Konditional I in den meisten Fällen mit „würde" + Infinitiv wiedergegeben und nur in einigen Fällen mit einer eigenen Form.
Yo no lo haría. *Ich würde das nicht tun.*
Podríamos ir a la playa. *Wir könnten zum Strand gehen.*

(Zum Gebrauch des Konditional I in Bedingungssätzen → Kapitel 69)

Konditional I 39

1. Setzen Sie die Verben vom Infinitiv in die 1. Person Singular des Konditonal I.

a. invitar _____

b. salir _____

c. comer _____

d. ser _____

e. venir _____

f. escribir _____

g. poder _____

h. decir _____

i. escuchar _____

j. comenzar _____

k. hacer _____

l. tener _____

2. Was würden diese Personen tun, wenn sie im Lotto den Hauptgewinn ziehen würden?

yo – comprar un coche antiguo → *Yo compraría un coche antiguo.*

a. Felipe – no trabajar más → _____

b. nosotros – comprar una isla en el Caribe → _____

c. Juan y Ana – salir todas las noches → _____

d. Raquel – beber solo champán → _____

e. (tú) – dar una vuelta al mundo → _____

f. (vosotros) – ir a la luna → _____

g. usted – alquilar un castillo → _____

h. yo – no hacer nada y ahorrar el dinero → _____

3. Die Verben der folgenden Sätze stehen in verschiedenen Zeitformen.
Setzen Sie sie ins Konditional I.

Fueron a la ciudad en bicicleta. → *Irían a la ciudad en bicicleta.*

a. ¿Me haces un favor? → _____

b. ¿Os gusta ir al teatro? → _____

c. Eran las dos de la noche. → _____

d. ¿Me puedes ayudar? → _____

e. No dirá nada. → _____

f. ¿Podéis venir un poco antes? → _____

4. Übersetzen Sie.

a. Ich an deiner Stelle (*yo en tu lugar*) würde nicht so viel rauchen.

_____

b. Würdest du mir bei den Hausaufgaben (*con los deberes*) helfen?

_____

c. Könnten Sie mir bitte das Salz reichen?

_____

d. Er würde sehr gerne mit uns Tennis spielen, aber er hat keine Zeit.

_____

e. Würdest du das Auto verkaufen?

_____

40 Las habrá cogido el perro.
Der Hund wird sie genommen haben.

Habrá cogido

Ana spekuliert, wo Juans Pantoffeln sind. Sie benutzt dazu das Futur II – las habrá cogido (*er wird sie [wohl] genommen haben*).

 Das Futur II wird mit den Futur-Formen des Hilfsverbs haber und dem Partizip des Verbs gebildet. (→ Kapitel 29 und 37) Als Beispiel das Verb hablar (*sprechen*):

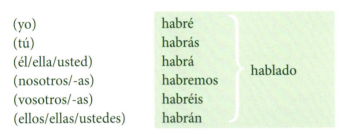

(yo)	habré	
(tú)	habrás	
(él/ella/usted)	habrá	hablado
(nosotros/-as)	habremos	
(vosotros/-as)	habréis	
(ellos/ellas/ustedes)	habrán	

Mit dem Futur II beschreibt man Handlungen, die vor anderen in der Zukunft stattfanden (Vorzeitigkeit). Außerdem werden mit dem Futur II Vermutungen über etwas ausgedrückt, was geschehen sein mag.
- Juan todavía no ha llegado. *Juan ist noch nicht gekommen.*
- ▲ ¿Qué habrá pasado? *Was wird passiert sein?*
- ❖ Se habrá quedado dormido. *Er wird wohl verschlafen haben.*

 Auch zum Konditional gibt es eine vorzeitige Form, das Konditional II. Es wird mit dem Konditional des Hilfsverbs haber und dem Partizip des Verbs gebildet. (→ Kapitel 29 und 39) Als Beispiel das Verb comer (*essen*):

(yo)	habría	
(tú)	habrías	
(él/ella/usted)	habría	comido
(nosotros/-as)	habríamos	
(vosotros/-as)	habríais	
(ellos/ellas/ustedes)	habrían	

Mit dem Konditional II wird ausgedrückt, was in der Vergangenheit hätte geschehen können, aber nicht geschehen ist. Es wird daher auch in irrealen Bedingungssätzen verwendet.
(→ Kapitel 69)
Si ella no hubiera estado enferma, habría ido a la fiesta. *Wenn sie nicht krank gewesen wäre, wäre sie zu der Party gegangen.*

Futur II / Konditional II 40

1. Die folgenden Verben stehen im Präsens. Setzen Sie sie ins Futur II.

a. bebes _____   f. abrimos _____

b. hace _____   g. van _____

c. escuchas _____ h. vuelvo _____

d. venís _____   i. escribe _____

e. veo _____   j. suben _____

2. Die Freunde warten auf Juan. Was mag wohl passiert sein? Übersetzen Sie unter Verwendung der Ausdrücke in den Klammern.

a. Er wird wohl verschlafen haben. (*quedarse dormido*)

_____

b. Er wird wohl den Bus verpasst haben. (*perder el autobús*)

_____

c. Er wird doch wohl keinen Unfall gehabt haben? (*tener un accidente*)

_____

d. Er wird wohl noch im Internet gesurft haben. (*navegar en internet*)

_____

e. Seine Uhr wird wohl stehen geblieben sein. (*su reloj – pararse*)

_____

3. Setzen Sie die Verben vom Präsens ins Konditional II.

a. comen _____   f. ponemos _____

b. digo _____   g. decide _____

c. puedes _____   h. pagáis _____

d. está _____   i. rompes _____

e. aprendo _____ j. cierran _____

4. Was hätten Sie getan, wenn Sie genug Zeit gehabt hätten? Übersetzen Sie. Die Ausdrücke in den Klammern helfen Ihnen dabei.

a. Ich hätte im Kino einen Film angesehen. (*ver una película en el cine*)

_____

b. Ich wäre mit dir in die Stadt gefahren. (*ir a la ciudad contigo*)

_____

c. Ich hätte einen Krimi gelesen. (*leer una novela policíaca*)

_____

d. Ich hätte Fußball gespielt. (*jugar al fútbol*)

_____

e. Ich hätte meiner Freundin einen Brief geschrieben. (*escribir una carta a mi novia*)

_____

TEST 3

Kapitel 28–40

Wählen Sie die richtige Form.

Gerundium

1. ¿Dónde está tu padre? – ___ en el jardín.
   a) ▢ Trabaja
   b) ▢ Está trabajando

2. ¿Qué haces por la mañana?
   a) ▢ Arreglo la casa.
   b) ▢ Estoy arreglando la casa.

3. ¿Cómo pasáis las vacaciones?
   – ___ mucho y ___ al tenis.
   a) ▢ Leemos / jugamos
   b) ▢ Estamos leyendo / jugando

4. ¿Los niños están en la cama ya?
   – Sí, ya ___.
   a) ▢ están durmiendo
   b) ▢ duermen

Vergangenheitszeiten
(Perfekt, Indefinido, Imperfekt, Plusquamperfekt)

5. Esta semana le he ___ tres cartas a mi novio.
   a) ▢ escribo
   b) ▢ escrito

6. ¿Por qué (usted) no me lo ___?
   a) ▢ han dicho
   b) ▢ ha dicho

7. ¿Qué (tú) ___ en la ciudad ayer?
   – No ___ nada.
   a) ▢ compraste / compró
   b) ▢ compraste / compré

8. Ayer empe___é a trabajar a las siete.
   a) ▢ -c-
   b) ▢ -z-

9. Ayer me ___ los libros.
   a) ▢ devolvió
   b) ▢ devuelto

10. ¿Cómo (vosotros) ___ al lago?
    a) ▢ fuisteis
    b) ▢ fuiste

11. (Él) le ___ a su novia un ramo de rosas.
    a) ▢ traigo
    b) ▢ trajo

12. ¿Cuándo ___ en España por última vez?
    a) ▢ estuviste
    b) ▢ has estado

13. Ya es hora de comer, pero todavía (ella) no ___ la mesa.
    a) ▢ puso
    b) ▢ ha puesto

14. Ayer ___, pero hoy no ___ nada.
    a) ▢ trabajó / hizo
    b) ▢ trabajó / ha hecho

15. El año pasado (yo) ___ a Granada.
    a) ▢ fui
    b) ▢ he ido

16. Antes siempre ___ al trabajo en bicicleta, ahora ___ en coche.
    a) ▢ iba / va
    b) ▢ ha ido / va

17. Cuando ___ niña, ___ mucho con nuestro perro.
    a) ▢ era / jugó
    b) ▢ era / jugaba

18. (Tú) no ___ en casa, cuando (yo) te ___.
    a) ▢ estabas / llamé
    b) ▢ estuviste / llamé

19. Como (yo) no ___ tiempo, (yo) no ___ a correr contigo.
    a) ▢ tenía / fui
    b) ▢ tenía / fue

20. Ya ___ salido, cuando ___.
   a) ☐ habíamos / vino
   b) ☐ habíamos / viene

21. Cuando ___ a la estación, el tren ya ___.
   a) ☐ habíamos llegado / salió
   b) ☐ llegamos / había salido

Futur und Konditional

22. En mi horóscopo se dice que (*yo*) ___ mucha suerte el lunes.
   a) ☐ tendrá
   b) ☐ tendré

23. No ___ a la piscina mañana.
   a) ☐ íbamos
   b) ☐ iremos

24. ¿Tú sabes cuántos años tiene?
   – No sé, ___ 30 años.
   a) ☐ tendrá
   b) ☐ tiene

25. Tengo calor. ¿___ abrir la ventana, por favor?
   a) ☐ Podías
   b) ☐ Podrías

26. Yo en tu lugar no lo ___.
   a) ☐ harás
   b) ☐ haría

27. Yo no ___ el vaso sobre el televisor.
   a) ☐ podría
   b) ☐ pondría

28. No ha llegado todavía. ¿Qué le ___?
   a) ☐ ha pasado
   b) ☐ habrá pasado

29. ¿Me lo ___ dicho, si lo hubieras sabido?
   a) ☐ habrías
   b) ☐ habías

30. Si lo hubiéramos sabido, ___ a tu fiesta de cumpleaños.
   a) ☐ habríamos ido
   b) ☐ habremos ido

Vergleichen Sie nun Ihre Lösungen mit dem Schlüssel auf S. 178. Wenn Sie die Aufgaben nicht richtig gelöst haben, wiederholen Sie noch einmal das betreffende Kapitel. Diese Tabelle zeigt Ihnen, auf welches Kapitel sich die einzelnen Aufgaben beziehen.

Aufgabe	Kapitel	Aufgabe	Kapitel	Aufgabe	Kapitel	Aufgabe	Kapitel	Aufgabe	Kapitel
1	28	7	30	13	33	19	35	25	39
2	28	8	30	14	33	20	36	26	39
3	28	9	30	15	33	21	36	27	39
4	28	10	31	16	34	22	37/38	28	40
5	29	11	32	17	35	23	37/38	29	40
6	29	12	33	18	35	24	37/38	30	40

41 Mi marido tiene que peinarse.
Mein Mann muss sich kämmen.

Peinarse

Peinarse (*sich kämmen*) ist ein reflexives Verb. Der Mann kämmt nicht jemand anderen (no peina a otra persona), sondern sich selbst (se peina).

Reflexive Verben bestehen aus dem Reflexivpronomen und der konjugierten Form des Verbs. Ein spanisches reflexives Verb muss im Deutschen nicht ebenfalls reflexiv sein, z. B. llamarse (*heißen*, wörtlich: *sich rufen*).

Todavía no estamos listos. Mi marido tiene que peinarse.

	lavar**se**	sich waschen
(yo)	**me** lavo	ich wasche mich
(tú)	**te** lavas	du wäschst dich
(él/ella/usted)	**se** lava	er/sie wäscht sich, Sie waschen sich
(nosotros/-as)	**nos** lavamos	wir waschen uns
(vosotros/-as)	**os** laváis	ihr wascht euch
(ellos/ellas/ustedes)	**se** lavan	sie/Sie waschen sich

⇨ Das Reflexivpronomen steht vor der konjugierten Form des Verbs.
Juan se levanta todos los días a las 7. *Juan steht jeden Tag um 7 Uhr auf.*

⇨ Bei der Verlaufsform wird das Reflexivpronomen an das Gerundium angehängt oder dem konjugierten Verb vorangestellt.
Juan está duchándose. oder: Juan se está duchando. *Juan duscht sich gerade.*

⇨ Enthält ein Satz ein konjugiertes Verb und einen Infinitiv, wird das Reflexivpronomen an den Infinitiv angehängt. Man kann es aber auch dem konjugierten Verb voranstellen.
Mañana quiero levantarme más tarde. oder: Mañana me quiero levantar más tarde.
Morgen will ich später aufstehen.

⇨ Das Reflexivpronomen wird an den bejahten Imperativ angehängt, dabei fällt in der 1. Person Plural das -s der Endung und in der 2. Person Plural das -d der Endung weg. (→ Kapitel 45)
¡Levántate! *Steh auf!* ¡Levántese! *Stehen Sie auf!*
¡Levantémonos! *Stehen wir auf!* ¡Levántense! *Stehen Sie auf!*
¡Levantaos! *Steht auf!*

Reflexive Verben **41**

1. Wie lautet das fehlende Reflexivpronomen? Tragen Sie es ein.

a. ___ levanto

b. no ___ duchasteis

c. estás lavándo___

d. ___ llama

e. ¡despiérta___!

f. quieren quedar___

g. ¡acostémo___

h. ___ acordáis

i. ___ callamos

j. voy a marchar___

k. acostumbrar___

l. ___ acuestan

2. Bilden Sie Sätze in der richtigen Zeit.

a. Ayer *(yo-levantarme)* _____ a las siete.

b. Todavía no *(nosotros-acostumbrarse)* _____ a la vida en este país.

c. ¡*(vosotros-lavarse)* _____ las manos!

d. Mañana *(él-quedarse)* _____ en casa.

e. El otro día *(yo-perderse)* _____ en el bosque.

f. Esta noche vamos a *(acostarse)* _____ después de las noticias.

g. ¡*(tú-no marcharse)* _____ tan pronto!

3. In den folgenden Sätzen sind die Wörter durcheinander geraten. Ordnen Sie sie.

a. temprano todos Nos días levantamos los muy. → _____

b. quedo en me Esta noche casa. → _____

c. ¿? Por podéis no qué os decidir → _____

d. Antes sobre viajar de a el México se había país informado.

→ _____

e. vacaciones ya no Los niños Mallorca en se acuerdan de las.

→ _____

f. ¿? cambiado Ya ropa has de te → _____

g. que vida a la país acostumbrarte en este Tienes. → _____

4. Welche Antwort gehört zu welcher Frage? Verbinden und übersetzen Sie.

a. Miguel, ¿te afeitas todos los días?

b. Luisa, ¿qué haces si tienes tiempo libre?

c. ¿Venís al cine con nosotros?

d. ¿Te gusta esta blusa?

e. ¿A qué hora sueles acostarte?

f. ¡Qué lástima que tengas que irte ya!

1. Nein, wir bleiben *(quedarse)* zu Hause.
_____

2. Ja, sehr. Ich nehme *(llevarse)* sie.
_____

3. Nein, nur einmal in der Woche.
_____

4. Normalerweise gehe ich zwischen 11 und 12 Uhr zu Bett.
_____

5. Ich treffe mich mit Isabel in der Stadt und wir gehen in ein Café.
_____

6. Ja, es ist spät und morgen muss ich früh aufstehen.
_____

42 La Sagrada Familia fue construida por Gaudí.
Die Sagrada Familia wurde von Gaudí erbaut.

Fue construida

Auch im Spanischen gibt es Aktiv- und Passivsätze. Ein Aktivsatz gibt an, dass jemand etwas tut – Gaudí construyó la Sagrada Familia. (*Gaudí hat die Sagrada Familia erbaut.*). Im Passiv geschieht mit einer Person oder Sache etwas – La Sagrada Familia fue construida por Gaudí. (*Die Sagrada Familia wurde von Gaudí erbaut.*).

REGEL Das Passiv wird mit einer Form von ser und dem Partizip des Verbs gebildet. Das Partizip richtet sich in Geschlecht und Zahl nach dem Subjekt des Satzes, also der Person oder Sache, mit der etwas geschieht. Es wird generell seltener als im Deutschen verwendet.

	ser	Partizip	*gewaschen werden*
(yo)	soy	lavado/-a	*ich werde gewaschen*
(tú)	eres	lavado/-a	*du wirst gewaschen*
(él/ella/usted)	es	lavado/-a	*er/sie wird gewaschen, Sie werden gewaschen*
(nosotros/-as)	somos	lavados/-as	*wir werden gewaschen*
(vosotros/-as)	sois	lavados/-as	*ihr werdet gewaschen*
(ellos/ellas/ustedes)	son	lavados/-as	*sie/Sie werden gewaschen*

Zur Bildung der anderen Passivzeiten wird ser in die entsprechende Zeit gesetzt:
Él fue lavado. *Er wurde gewaschen.* / Él será lavado. *Er wird gewaschen werden.*

▷ Der Urheber wird mit por angegeben:
El niño es lavado por su madre. *Der kleine Junge wird von seiner Mutter gewaschen.*

▷ Bei der Umformung eines Aktivsatzes in einen Passivsatz wird das direkte Objekt des Aktivsatzes zum Subjekt des Passivsatzes.
El cocinero prepara la comida. *Der Koch bereitet das Essen zu.*
La comida es preparada por el cocinero. *Das Essen wird vom Koch zubereitet.*

▷ Ein Passivsatz wird häufig mit se + 3. Person (Aktiv) gebildet. Dieses reflexive Passiv (pasiva refleja) wird im Deutschen mit dem Passiv oder mit „man" übersetzt.
Se vende vino. *Es wird Wein verkauft. / Man verkauft Wein.*
Se alquilan apartamentos. *Es werden Apartments vermietet. / Man vermietet Apartments.*

▷ An die Stelle des Passivs kann auch ein **Aktivsatz in der 3. Person Plural** treten.
Informaron a todos los clientes. *Alle Kunden wurden informiert. / Sie informierten alle Kunden.*

Passiv: *ser* + Partizip und *se* + Verb im Aktiv — 42

1. Geben Sie das Partizip in der richtigen Form an.

a. Esta película ya ha sido (*visto*) _____ por mucha gente.

b. Estos cuadros fueron (*pintado*) _____ por Picasso.

c. La fiesta de Nochevieja será (*organizado*) _____ por nuestros vecinos.

d. Estos tapices han sido (*hecho*) _____ a mano.

e. La sinfonía inacabada fue (*compuesto*) _____ por Schubert.

f. Las sillas y el sofá fueron (*diseñado*) _____ por mi hermana.

g. La corbata ha sido (*envuelto*) _____ por Luisa.

2. Setzen Sie die Sätze ins Passiv.

　La madre lava al niño. → *El niño es lavado por la madre.*

a. Mi abuela plantó rosas y claveles. → _____

b. Teresa ya había escrito la carta. → _____

c. La editorial "Libros" publicará la novela. → _____

d. Luisa ha envuelto el regalo. → _____

3. Setzen Sie das Verb in der Klammer ins Passiv (Zeit: Indefinido).

a. La tarde del sábado (*robar*) _____ un coche en el centro de Barcelona.

b. El ladrón (*detener*) _____ un día más tarde.

c. Ayer (*elegir*) _____ el nuevo presidente de la república.

d. Esta novela es un éxito, en un día (*vender*) _____ mil ejemplares.

e. Una nueva ley (*votar*) _____ por el parlamento.

f. El traje de novia (*diseñar*) _____ por un diseñador muy famoso.

g. América (*descubrir*) _____ por Colón.

4. Übersetzen Sie mit dem Passiv, bei den Sätzen a., b. und c. zusätzlich mit dem **pasiva refleja**.

a. Das Haus ist noch nicht verkauft worden.

_____

_____

b. Wann wird der Oscar (*los Oscar*) verliehen (*entregar*)?

_____

_____

c. Im nächsten Jahr werden die Wände gestrichen (*werden*).

_____

_____

d. Die Glühbirne (*bombilla*) wurde von Edison erfunden (*inventar*).

_____

99

43 ¡Trae la pelota!
Bring den Ball!

Trae

Der Mann befiehlt dem Hund mit der Imperativ-Form – trae (*bring*) – des Verbs traer (*bringen*), den Ball zu bringen.

Für Anweisungen, Befehle, Bitten und Ratschläge verwendet man den Imperativ. Die Formen des bejahten Imperativs lauten:

Anrede	hablar *sprechen*	comer *essen*	escribir *schreiben*
tú	habla *sprich*	come *iss*	escribe *schreib*
usted	hable *sprechen Sie*	coma *essen Sie*	escriba *schreiben Sie*
nosotros/-as	hablemos *sprechen wir*	comamos *essen wir*	escribamos *schreiben wir*
vosotros/-as	hablad *sprecht*	comed *esst*	escribid *schreibt*
ustedes	hablen *sprechen Sie*	coman *essen Sie*	escriban *schreiben Sie*

! Bei Verben, die den bejahten Imperativ regelmäßig bilden, stimmt der Imperativ der 2. Person Singular (tú) mit der 3. Person Indikativ Präsens (él/ella/usted) überein. Für den Imperativ der 2. Person Plural (vosotros/-as) wird das r der Infinitiv-Endung durch d ersetzt. Für usted und ustedes sowie nosotros/-as werden die Formen des Subjuntivo verwendet (→ Kapitel 46–50).

Einige Verben bilden den bejahten Imperativ unregelmäßig:

	tú	usted	nosotros/-as	vosotros/-as	ustedes
decir	di	diga	digamos	decid	digan
hacer	haz	haga	hagamos	haced	hagan
ir	ve/vete	vaya	vayamos/vamos	id	vayan
poner	pon	ponga	pongamos	poned	pongan
salir	sal	salga	salgamos	salid	salgan
ser	sé	sea	seamos	sed	sean
tener	ten	tenga	tengamos	tened	tengan
venir	ven	venga	vengamos	venid	vengan

In der Umgangssprache wird für die 2. Person Plural anstelle des Imperativs häufig der Infinitiv gebraucht.
¡Hablad más despacio! = ¡Hablar más despacio! *Sprecht langsamer!*

Bei ir wird für tú meistens nicht ve, sondern die reflexive Form vete gebraucht, und in der 1. Person Plural wird häufig vamos anstatt vayamos verwendet.

Imperativ (1): bejaht — 43

1. Wie lautet die Anrede zu diesen Imperativen? 1 = tú, 2 = usted, 3 = vosotros/-as, 4 = ustedes

a. mire ___
b. pon ___
c. mirad ___
d. escribe ___
e. conduzcan ___
f. sal ___
g. decid ___

h. devuelve ___
i. corra ___
j. sean ___
k. duerma ___
l. pida ___
m. ven ___
n. diga ___

o. vengan ___
p. haz ___
q. empezad ___
r. haga ___
s. termina ___
t. elija ___
u. llamen ___

2. Nachfolgend einige Ratschläge für Ihre Gesundheit. Setzen Sie die Infinitive in den Imperativ zu tú und usted.

	tú	usted
a. dormir mucho		
b. comer verduras		
c. tomar vitaminas		
d. hacer deporte		
e. descansar		
f. ir de vacaciones		
g. desayunar con tranquilidad		

3. Ordnen Sie zu und setzen Sie das Verb in den Imperativ für tú.

a. Tengo mucho calor.
b. Ya es hora de cenar.
c. No te entiendo.
d. Ya son las nueve.
e. ¿Tienes hambre?
f. Hay mucho tráfico aquí.
g. Necesito tu ayuda.

1. ¡(empezar) _____ a trabajar!
2. ¡(tomar) _____ otro trozo de pastel!
3. ¡(abrir) _____ la ventana, por favor!
4. ¡(conducir) _____ con cuidado!
5. ¡(venir) _____ aquí, por favor!
6. ¡(poner) _____ la mesa, por favor!
7. ¡(hablar) _____ más despacio, por favor!

4. Übersetzen Sie.

a. Schließt die Tür!
b. Zünde (encender) die Kerzen (velas) an!
c. Nehmen Sie (usted) noch eine Orange!
d. Lass uns Tennis spielen!
e. Sprich langsamer!
f. Geh nach Hause!
g. Kommen Sie (ustedes) mit uns!

44 ¡No seas pesimista!
Sei nicht pessimistisch!

No seas

No seas (*sei nicht*) ist der verneinte Imperativ der 2. Person Singular des Verbs ser (*sein*).

 Für den verneinten Imperativ werden die Formen des Subjuntivo verwendet (→ Kapitel 46–50).

Anrede	hablar	comer	escribir
tú	no hab**les** *sprich nicht*	no com**as** *iss nicht*	no escrib**as** *schreibe nicht*
usted	no hab**le** *sprechen Sie nicht*	no com**a** *essen Sie nicht*	no escrib**a** *schreiben Sie nicht*
nosotros/-as	no habl**emos** *sprechen wir nicht*	no com**amos** *essen wir nicht*	no escrib**amos** *schreiben wir nicht*
vosotros/-as	no habl**éis** *sprecht nicht*	no com**áis** *esst nicht*	no escrib**áis** *schreibt nicht*
ustedes	no habl**en** *sprechen Sie nicht*	no com**an** *essen Sie nicht*	no escrib**an** *schreiben Sie nicht*

! Auch bei den Verben, die im bejahten Imperativ in einigen Formen unregelmäßig sind, stimmt der verneinte Imperativ mit dem Subjuntivo überein. Als Beispiel das Verb hacer (*tun, machen*):

(tú)	(usted)	(nosotros/-as)	(vosotros/-as)	(ustedes)
no hagas	no haga	no hagamos	no hagáis	no hagan

Imperativ (2): verneint 44

1. Verneinen Sie die bejahten Imperativsätze.

a. ¡Apaga la luz! _____

b. ¡Limpiad los zapatos! _____

c. ¡Pon la mesa! _____

d. ¡Haz lo que él te dice! _____

e. ¡Pagad la cuenta! _____

f. ¡Empezad! _____

g. ¡Abra la puerta! _____

2. Bilden Sie Sätze mit dem verneinten Imperativ.

No debes beber tanto alcohol. → *¡No bebas tanto alcohol!*

a. No debes dormir tan poco. → _____

b. No deben comer tanta carne. → _____

c. No debes volver tarde. → _____

d. No debe ir siempre en coche. → _____

e. No debéis salir esta noche. → _____

f. No debe llamar tan tarde. → _____

3. Wählen Sie das geeignete Mittel gegen die Beschwerden aus. Benutzen Sie die usted-Form des Imperativs.

Me duele la cabeza. (no trabajar tanto) → *¡No trabaje tanto!*

a. Me duelen los ojos. → _____

b. Me duelen las piernas. → _____

c. Me duele la espalda. → _____

d. Me siento muy cansado. → _____

e. Me duelen las muelas. → _____

no trabajar tanto en el jardín   no comer tantos dulces   no llevar zapatos con tacón

no leer sin gafas   no acostarse tan tarde

4. Übersetzen Sie die Ratschläge.

a. Geht nicht nach Mitternacht zu Bett!

_____

b. Trinken Sie (*usted*) nicht so viel Alkohol!

_____

c. Rauch nicht so viele Zigaretten!

_____

d. Geht nicht jeden Abend in die Diskothek!

_____

e. Arbeiten Sie (*ustedes*) nicht so viel!

_____

45 ¡Dame la tarjeta telefónica!
Gib mir die Telefonkarte!

Dame

Dame (*gib mir*) ist der bejahte Imperativ von dar (*geben*) in Verbindung mit einem indirekten Objektpronomen (me).

¡Cariño, dame, por favor, la tarjeta telefónica que tienes en el bolso!

REGEL Für den **bejahten Imperativ** gilt:

⇨ Objektpronomen werden angehängt.
¡Llámame! *Ruf mich an!*

⇨ Enthält ein Satz ein direktes und ein indirektes Objektpronomen, wird beim Anhängen das indirekte Pronomen dem direkten vorangestellt.
¡Explíquenoslo, por favor! *Erklären Sie es uns bitte!*

! Vor lo, la, los und las werden die indirekten Objektpronomen le und les zu se.
¡Dáselo! *Gib es ihm/ihr/ihnen!*

⇨ Reflexive Verben hängen das Reflexivpronomen ebenfalls an den Imperativ an. Dabei fällt bei nosotros/-as und vosotros/-as das s bzw. d der Endung vor dem Reflexivpronomen weg.
¡Lavémonos! *Waschen wir uns!*
¡Levantaos! *Steht auf!*
! Eine Ausnahme bildet das Verb irse (*weggehen*):
¡Idos! *Geht weg!*

! Achten Sie auf das Akzentzeichen, das bei vielen Verben im bejahten Imperativ mit angehängtem Pronomen zur Erhaltung der Betonung gesetzt werden muss.

⇨ Beim **verneinten Imperativ** werden die Pronomen dem Verb vorangestellt. Auch hier gilt: Das indirekte Objektpronomen wird dem direkten vorangestellt. Le und les werden vor lo, la, los und las ebenfalls zu se.
¡No la abras! *Öffne sie nicht!* (z. B. la puerta = *die Tür*)
¡No se lo digas! *Sag es ihm/ihr/ihnen nicht!*

(Zu den Objektpronomen siehe auch → Kapitel 54–56)

104

Imperativ (3): Stellung des Pronomens beim Imperativ · 45

1. Verneinen Sie.

a. ¡Escríbeles una postal! _____

b. ¡Ponte la chaqueta! _____

c. ¡Llamadme! _____

d. ¡Díselo! _____

e. ¡Pruébate el jersey! _____

f. ¡Acuéstate antes de las diez! _____

g. ¡Hazlo! _____

h. ¡Levantaos! _____

2. Bilden Sie den bejahten Imperativ.

a. ¡No me llames! _____

b. ¡No la abráis! _____

c. ¡No os sentéis allí! _____

d. ¡No lo hagáis! _____

e. ¡No los vendas! _____

f. ¡No se muevan! _____

g. ¡No las compre! _____

h. ¡No se lo digas! _____

3. Ordnen Sie jeder Frage die richtige Antwort im Imperativ zu.

a. ¿Puedo abrir la ventana?   1. ¡Cómansela!

b. ¿Puedo probarme esta falda?   2. ¡Pruébalo!

c. ¿Podemos comernos la tortilla?   3. ¡Pregúnteme!

d. ¿Puedo usar su teléfono?   4. ¡Pruébesela!

e. ¿Puedo probar este pastel?   5. ¡Úselo!

f. ¿Puedo hacerle una pregunta?   6. ¡Ábrela!

4. Ersetzen Sie die unterstrichenen Wörter durch die entsprechenden Pronomen. Achten Sie auf die Akzente.

¡Repite la frase!   → ¡Repítela!

a. ¡No invitéis a Paco!   → _____

b. ¡Devuélvele el libro a Miguel! → _____

c. ¡No alquiléis esta casa!   → _____

d. ¡Ponte el abrigo!   → _____

e. ¡Lavaos las manos!   → _____

f. ¡No beban esa agua!   → _____

g. ¡Regale las flores a su suegra! → _____

46 ¿Quieres que te ayudemos?
Möchtest du, dass wir dir helfen?

Ayudemos

Mit dem Präsens des Subjuntivo des Verbs ayudar (*helfen*) bieten die Freunde ihre Hilfe an. Der Subjuntivo ist Thema dieses und der folgenden Kapitel. Oft wird der Subjuntivo im Deutschen mit „Konjunktiv" wiedergegeben. Da sich der spanische Subjuntivo aber sehr vom deutschen Konjunktiv unterscheidet, behalten wir im Folgenden den spanischen Begriff bei.

 Das Präsens Subjuntivo eines Verbs wird durch Anhängen der Subjuntivo-Endungen an den Verbstamm gebildet. Die Verben auf -ar erhalten dabei in den Endungen statt des -a ein -e und die auf -er und -ir statt des -e bzw. -i ein -a.

	hablar *sprechen*	comer *essen*	escribir *schreiben*
(yo)	hable	coma	escriba
(tú)	hables	comas	escribas
(él/ella/usted)	hable	coma	escriba
(nosotros/-as)	hablemos	comamos	escribamos
(vosotros/-as)	habléis	comáis	escribáis
(ellos/ellas/ustedes)	hablen	coman	escriban

! Zur Erhaltung der Aussprache des Verbstamms ändert sich im Präsens des Subjuntivo in einigen Verbformen die Schreibweise:

pagar → pague
buscar → busque
coger → coja
cruzar → cruce

Subjuntivo (1): Präsens-Formen der regelmäßigen Verben 46

1. Wie lautet der Subjuntivo zu den folgenden Indikativ-Formen?

a. tomas _____

b. bebemos _____

c. habláis _____

d. vives _____

e. escribe _____

f. buscan _____

g. llegamos _____

h. vendo _____

i. compro _____

j. subís _____

k. reciben _____

l. lees _____

2. Wie lautet das Verb im Indikativ?

a. aprendas _____

b. canten _____

c. paguemos _____

d. existan _____

e. corráis _____

f. escriba _____

g. llame _____

h. toques _____

i. venda _____

j. crucen _____

k. recojas _____

l. decidamos _____

3. Bilden Sie Sätze wie im Beispiel.

Quiero correr todas las mañanas. *(Auch du sollst jeden Morgen joggen.)*

→ *Quiero que tú también corras todas las mañanas.*

a. Quiero leer este libro. *(Auch du sollst dieses Buch lesen.)* →

_____

b. Quiero adelgazar. *(Auch du sollst abnehmen.)* →

_____

c. Quiero comer menos chocolate. *(Auch du sollst weniger Schokolade essen.)* →

_____

d. Quiero llevar una vida más sana. *(Auch du sollst gesünder leben.)* →

_____

e. Quiero llegar puntual. *(Auch du sollst pünktlich kommen.)* →

_____

4. Setzen Sie den Infinitiv in der Klammer in die entsprechende Form des Subjuntivo.

a. No quiero que *(tú-vender)* _____ nuestro coche.

b. Es posible que no *(nosotros-llegar)* _____ antes de las ocho.

c. No creo que *(ella-vivir)* _____ todavía en esta ciudad.

d. Es necesario que *(ellos-aprender)* _____ español.

e. Me alegro de que me *(tú-acompañar)* _____ al concierto.

f. Estamos contentos de que *(Ud.-cenar)* _____ con nosotros el sábado.

g. Nos encanta que os *(gustar)* _____ nuestro perro.

47 Espero que te diviertas con ellos.
Ich hoffe, du hast Spaß mit ihnen.

Te diviertas

Te diviertas ist die 2. Person Singular Präsens Subjuntivo des Verbs divertirse (*sich amüsieren*).

 Die Verben der Gruppe e > ie und o > ue (→ Kapitel 17 und 18) verändern ihre Stammvokale in den stammbetonten Formen (1., 2., 3. Person Singular und 3. Person Plural) auch im Präsens des Subjuntivo. Außerdem ist bei den Verben dieser Gruppen, die auf -ir enden, der Stammvokal in der 1. und 2. Person Plural ebenfalls verändert (e wird zu i bzw. o zu u).

	-ar/-er: e > ie pensar *denken*	-ar/-er: o > ue poder *können*	-ir: e > ie sentir *fühlen*	-ir: o > ue dormir *schlafen*
(yo)	piense	pueda	sienta	duerma
(tú)	pienses	puedas	sientas	duermas
(él/ella/usted)	piense	pueda	sienta	duerma
(nosotros/-as)	pensemos	podamos	sintamos	durmamos
(vosotros/-as)	penséis	podáis	sintáis	durmáis
(ellos/ellas/ustedes)	piensen	puedan	sientan	duerman

Die Verben der Gruppe e > i (→ Kapitel 19) übernehmen den veränderten Stammvokal in allen Formen des Präsens Subjuntivo.

	servir *(be)dienen*
(yo)	sirva
(tú)	sirvas
(él/ella/usted)	sirva
(nosotros/-as)	sirvamos
(vosotros/-as)	sirváis
(ellos/ellas/ustedes)	sirvan

47 Subjuntivo (2): Unregelmäßige Verben e > ie, o > ue, e > i

1. Tragen Sie die fehlenden Subjuntivo-Formen ein.

	Infinitiv	yo	tú	él/ella/ usted	nosotros/ -as	vosotros/ -as	ellos/ellas/ ustedes
a.	volver		vuelvas	vuelva		volváis	
b.		empiece	empieces		empecemos		
c.	seguir	siga			sigamos		sigan
d.	dormir		duermas			durmáis	duerman
e.			entiendas		entendamos		
f.	contar	cuente		cuente			cuenten
g.		prefiera	prefieras				prefieran

2. Ordnen Sie die Verben nach der Endung ihres Infinitivs und geben Sie diesen an.

-ar	-er	-ir

adquiera   almorcemos   calientes   cerréis   comiences   duelan   durmamos   entiendas
lleva   muevas   perdáis   pueda   recuerde   siga   sintamos   sirva

3. Welche Sätze gehören zusammen? Verbinden Sie.

a. Quiero que vuelvas del trabajo antes.

b. Luis nunca cierra la puerta,

c. ¿Por qué no lees esta novela?

d. Me gusta mucho el invierno.

e. ¿Compraron esa casa en el campo?

f. No sé dónde está mi paraguas.

1. A mí no. No me gusta que nieve tanto.

2. Sí. Pero es necesario que renueven los baños.

3. No puedo. Tengo mucho que hacer.

4. Lo tengo yo. ¿Quieres que te lo devuelva?

5. aunque su madre le pide que lo haga.

6. No creo que me guste.

4. Übersetzen Sie das Verb in der Klammer mit dem Präsens des Subjuntivo.

a. Quiere que los niños (*schlafen*) _____ más.

b. Es posible que (*er kehrt zurück*) _____ antes de las nueve.

c. Nos alegramos de que nos (*ihr könnt*) _____ ayudar.

d. No creo que este ordenador (*kostet*) _____ menos de 1000 euros.

48 Cuando venga mamá, ...
Wenn Mama kommt, ...

> Cuando venga mamá, le decimos que ha sido el pájaro.

Venga

Venga ist die (unregelmäßige) Subjuntivo-Form des Verbs venir (*kommen*).

 Die Verben, deren 1. Person Singular im Präsens Indikativ unregelmäßig ist, übernehmen diese Unregelmäßigkeit **in allen Formen** des Präsens Subjuntivo, d. h. der Wortstamm leitet sich von der 1. Person Singular Präsens Indikativ ab, z. B. venir: (yo) vengo → venga.

	venir *kommen*	Ebenso:
(yo)	veng**a**	hacer → haga..., poner → ponga...,
(tú)	veng**as**	salir → salga..., tener → tenga...,
(él/ella/usted)	veng**a**	saber → sepa..., caer → caiga...,
(nosotros/-as)	veng**amos**	traer → traiga..., oír → oiga...,
(vosotros/-as)	veng**áis**	construir → construya..., decir → diga...
(ellos/ellas/ustedes)	veng**an**	Verben auf -acer/-ecer/-ocer/-ucir: conocer → conozca...

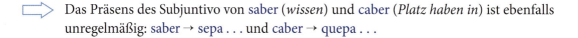 Das Präsens des Subjuntivo von saber (*wissen*) und caber (*Platz haben in*) ist ebenfalls unregelmäßig: saber → sepa... und caber → quepa...

Im Präsens des Subjuntivo unregelmäßig sind auch folgende Verben:

	estar *sein, sich befinden*	ir *gehen, fahren*	haber *(Hilfsv.) haben, sein*	ser *sein*
(yo)	esté	vaya	haya	sea
(tú)	estés	vayas	hayas	seas
(él/ella/usted)	esté	vaya	haya	sea
(nosotros/-as)	estemos	vayamos	hayamos	seamos
(vosotros/-as)	estéis	vayáis	hayáis	seáis
(ellos/ellas/ustedes)	estén	vayan	hayan	sean

Das Präsens des Subjuntivo von haber wird zur Bildung des Perfekts des Subjuntivo verwendet: has hablado → hayas hablado. Haya ist auch das Präsens des Subjuntivo zu hay (*es gibt*): Es posible que haya un atasco. *Es ist möglich, dass es einen Stau gibt.*
Wie ser wird auch ver (*sehen*) konjugiert, also: vea, veas, ...

Subjuntivo (3): Verben mit verändertem Wortstamm 48

1. Indikativ oder Subjuntivo? Ordnen Sie die Verben zu.

sé · conocen · quepáis · salís · conozca · pongan · **Indikativ** · caigo · **Subjuntivo** · tengo · venimos · salga · sepan · pones · seas · tengáis · sois · venga · vayan · haya

2. Geben Sie den Infinitiv der Verben an.

a. vengamos _____

b. estéis _____

c. construya _____

d. salgas _____

e. vayan _____

f. sea _____

g. oigamos _____

h. pongan _____

i. conduzca _____

j. tengáis _____

k. haya _____

l. traiga _____

3. Bilden Sie Sätze wie im Beispiel.

Luisa – hacer las compras → *Quiero que Luisa haga las compras.*

a. Enrique – no salir esta noche → Quiero que _____

b. vosotros – hacer deporte → Quiero que _____

c. tú – venir a la fiesta → Quiero que _____

d. ellos – ir en tren → Quiero que _____

e. el camarero – traer las bebidas → Quiero que _____

f. Carmen – poner la mesa → Quiero que _____

g. vosotros – tener mucha paciencia → Quiero que _____

4. Übersetzen Sie den Ausdruck in der Klammer mit dem Präsens des Subjuntivo.

a. Espero que (*du Zeit hast*) _____.

b. Ella quiere que (*wir nicht so viel Lärm machen*) _____.

c. No nos gusta que (*er so viel fernsieht*) _____.

d. Es una pena que (*du krank bist*) _____.

e. No creo que (*du meinen Bruder kennst*) _____.

f. Se alegra de que (*ihr am Samstag kommt*) _____.

g. Es posible que (*wir zu Fuß gehen*) _____.

49 Ahora es necesario que trabaje las piernas.
Jetzt müssen Sie Ihre Beine trainieren.

Es necesario que trabaje

Während mit dem Indikativ Tatsachen oder wirkliche Handlungen wiedergegeben werden, verwendet man den Subjuntivo, um z. B. Wünsche, Forderungen, Meinungen oder Zweifel auszudrücken. Meistens geschieht dies in einem Satzgefüge aus Haupt- und Nebensatz – der Hauptsatz enthält ein Verb des Wünschens, Forderns, Zweifelns usw. im Indikativ, das Verb des davon abhängigen Nebensatzes steht im Subjuntivo.

REGEL Folgende Gruppen von Verben und Ausdrücken erfordern den Subjuntivo:
- Verben und Ausdrücke der **Willensäußerung** (Wunsch, Bitte, Aufforderung, Rat, Verbot):
  Quiero que me ayudes. *Ich möchte, dass du mir hilfst.*
  Te prohíbo que salgas esta noche. *Ich verbiete dir, dass du heute Abend ausgehst.*
- Verben und Ausdrücke der **Gefühlsäußerung** (Freude, Bedauern, Ärger, Erstaunen, Gefallen, Angst, Hoffnung):
  Me alegro de que me acompañes. *Ich freue mich, dass du mich begleitest.*
  Sentimos mucho que estés enfermo. *Wir bedauern sehr, dass du krank bist.*
- Verben und Ausdrücke des **Zweifels** und der **Unsicherheit** sowie verneinte Verben und Ausdrücke der **Meinungsäußerung und des Denkens**:
  Dudo que tengas razón. *Ich bezweifle, dass du Recht hast.*
  No creo que ella sea puntual. *Ich glaube nicht, dass sie pünktlich ist.*
  ! **Aber:** Creo que ella es puntual. *Ich glaube, dass sie pünktlich ist.*
  No estoy seguro de que ella vuelva hoy. *Ich bin nicht sicher, dass sie heute zurückkommt.*
  ! **Aber:** Estoy seguro de que ella vuelve hoy. *Ich bin sicher, dass sie heute zurückkommt.*
  (No creo/No estoy seguro de que = der Sprecher ist sich unsicher. Creo/Estoy seguro de que = der Sprecher ist sich sicher.)
- **Unpersönliche Ausdrücke**, die eine Notwendigkeit, einen Zweifel, eine Vermutung, ein Gefühl usw. ausdrücken:
  Es necesario que aprendas español. *Es ist notwendig, dass du Spanisch lernst.*
  Es una pena que no conozcas a mi hermana. *Es ist schade, dass du meine Schwester nicht kennst.*
  ! **Aber:** Es seguro que ella vuelve hoy. *Es ist sicher, dass sie heute zurückkommt.*
  (= Es besteht kein Zweifel daran.)

! Ist das Subjekt im Haupt- und Nebensatz gleich, steht der Infinitiv.
Quiero ir al cine esta noche. *Ich möchte heute Abend ins Kino gehen.*

Subjuntivo (4): Gebrauch nach bestimmten Verben und Ausdrücken 49

1. Isabel und Paco sind umgezogen. Geben Sie mit dem Präsens des Subjuntivo an, was ihnen an ihrem neuen Zuhause gefällt.

   Les gusta que . . .

   a. el salón (*ser*) _____ grande y (*dar*) _____ al sur.

   b. el supermercado (*estar*) _____ muy cerca.

   c. (*tener*) _____ un jardín con árboles y flores.

   d. en el jardín (*florecer*) _____ rosas hermosas.

   e. (*haber*) _____ cerca un parque infantil.

   f. sus padres (*vivir*) _____ en el mismo pueblo.

   g. sus hijos (*poder*) _____ ir al colegio a pie.

2. Verbinden Sie zu sinnvollen Sätzen.

   a. Estoy seguro de que   1. le traiga flores.

   b. Esta tarde queremos   2. ir a la playa.

   c. Sentimos mucho que tu abuelo 3. no te lo haya dicho.

   d. Espera que su novio   4. aprendáis inglés.

   e. Es posible que yo   5. esté en el hospital.

   f. Es fundamental que vosotros 6. nos vemos esta noche.

3. Ergänzen Sie im zweiten Satz das Verb im Indikativ oder Subjuntivo.

   a. ¿Habéis cerrado las ventanas?

   Sí, estamos seguros de que las (*hemos cerrado/hayamos cerrado*) _____.

   b. ¿Qué tal el examen de Antonio?

   Me alegro mucho de que lo (*ha aprobado/haya aprobado*) _____.

   c. ¿Con quién va a salir Miguel esta noche?

   Espera que Teresa (*sale/salga*) _____ con él.

   d. ¿Vas a la fiesta de Isabel?

   Sí, pero creo que (*llegaré/llegue*) _____ un poco más tarde.

   e. ¿Te gusta Inglaterra?

   No, no mucho. No me gusta que (*llueve/llueva*) _____ tanto.

4. Übersetzen Sie.

   a. Es ist möglich, dass wir keine Zeit haben.

   _____

   b. Er möchte, dass du ihn heute Abend anrufst.

   _____

   c. Sie ist sicher, dass er ihre Schwester kennt.

   _____

   d. Wir bedauern sehr, dass du heute krank bist.

   _____

50 Lo que tú quieras.
Was du willst.

Lo que tú quieras

Juan überlässt Ana die Entscheidung, was sie am Abend tun werden – lo que tú quieras (*was du willst*). Quieras (Infinitiv querer) steht im Präsens des Subjuntivo. Es folgen nun weitere Ausdrücke und Wendungen, nach denen ebenfalls der Subjuntivo steht.

- Wenn man anderen die Entscheidung überlässt:
  ¿Cuándo vamos a la ciudad? *Wann fahren wir in die Stadt?* – Cuando tú quieras. *Wann du willst.*
- Bei guten **Wünschen**:
  ¡Que te mejores! *Gute Besserung!*
- Zur Wiedergabe von **Bitten** und **Befehlen**:
  Dile que venga. *Sag ihm, er soll kommen.*
- Zur Angabe von **Absicht** oder **Zweck** nach para que:
  Te lo he dicho para que lo sepas. *Ich habe es dir gesagt, damit du es weißt.*
- Nach bestimmten **Konjunktionen** wie z. B. cuando (*wenn, sobald*), mientras (*solange*), aunque (*wenn auch*), antes de que (*bevor*), después de que (*nachdem*), hasta que (*bis, solange*), **wenn sich der Hauptsatz auf zukünftige Handlungen oder Ereignisse bezieht.**
  Cuando vuelva, cenamos. *Wenn/Sobald er heimkommt, essen wir zu Abend.* (= Es ist nicht sicher, wann er heimkommt.)
  Hasta que no me confirmen el viaje, no pagaré nada. *Solange sie mir die Reise nicht bestätigen, werde ich nichts zahlen.* (= Der Zeitpunkt für die Bestätigung ist unbekannt.)
- Nach Ausdrücken der **Vermutung** wie quizá(s) und tal vez (*vielleicht*). Hier kann auch der Indikativ stehen, doch wird die Unsicherheit durch den Subjuntivo verstärkt.
  Quizá(s) vengan mañana. *Vielleicht kommen sie morgen.*
- In **Relativsätzen**, wenn diese einen **Wunsch** oder eine **Forderung** enthalten:
  Se busca secretaria que hable español. *Es wird eine Sekretärin gesucht, die Spanisch spricht.*
  Aber: Tengo una secretaria que habla español. *Ich habe eine Sekretärin, die Spanisch spricht.*

Subjuntivo (5): Weiterer Gebrauch 50

1. Überlassen Sie Ihrem Partner die Entscheidung, was Sie wann und wo tun werden.

¿Tomamos vino o cerveza? → *Lo que tú quieras.*

a. ¿Qué cenamos hoy, pescado o pollo? → _____

b. ¿Vamos a la playa en coche o en bicicleta? → _____

c. ¿Me llamas por la mañana o por la noche? → _____

d. ¿Desayunamos en la terraza o en el comedor? → _____

e. ¿Me pongo la blusa roja o la azul? → _____

2. Verbinden Sie die guten Wünsche mit der deutschen Übersetzung.

a. ¡Que lo pases bien!   1. Viel Spaß!

b. ¡Que te diviertas!   2. Hoffentlich geht alles gut für dich!

c. ¡Ojalá que todo te salga bien!   3. Mach's gut!

d. ¡Que te mejores!   4. Es lebe das Brautpaar!

e. ¡Vivan los recién casados!   5. Gute Besserung!

3. Setzen Sie eine der unten stehenden Konjunktionen in die Lücken ein.

a. Trabaja doce horas al día _____ sus hijos puedan estudiar.

b. Vamos a la playa _____ haga frío.

c. _____ no recibas mi llamada, no hagas nada.

d. Solo vas a salir _____ hayamos cenado.

e. _____ Juan termine sus estudios, va a buscar trabajo en Suiza.

aunque   después de que   hasta que   para que   cuando

4. Übersetzen Sie.

a. ¿Cuándo vemos el DVD? – Wann immer du Lust hast (*tener ganas*).

_____

b. ¿Te gusta esta casa? – Nein. Ich will in einem Haus wohnen (*vivir*), das einen großen Garten hat.

_____

c. ¿Puedo dar una fiesta? – Ja, klar! Aber mach das Haus sauber (*limpiar*), bevor wir zurückkommen.

_____

d. ¿Vamos a la ciudad? – Ja. Nachdem ich diesen Anruf beendet habe, fahren wir.

_____

51 Me aconsejó que me quedara en la cama.
Er hat mir geraten, im Bett zu bleiben.

Quedara

Der Arzt hat Juan geraten im Bett zu bleiben – que me quedara en la cama (*dass ich im Bett bleiben soll*). Um seinen Freunden das mitzuteilen, verwendet er me quedara, das Imperfekt des Subjuntivo von quedarse (*bleiben*).

REGEL Die Verbformen des Imperfekts des Subjuntivo leiten sich von der 3. Person Plural des Indefinido ab. An die Stelle der Endung -ron treten die entsprechenden Subjuntivo-Endungen.

	hablar *sprechen* 3. Pers. Pl. Indefinido = hablaron	comer *essen* 3. Pers. Pl. Indefinido = comieron	escribir *schreiben* 3. Pers. Pl. Indefinido = escribieron
(yo)	hablara	comiera	escribiera
(tú)	hablaras	comieras	escribieras
(él/ella/usted)	hablara	comiera	escribiera
(nosotros/-as)	habláramos	comiéramos	escribiéramos
(vosotros/-as)	hablarais	comierais	escribierais
(ellos/ellas/ustedes)	hablaran	comieran	escribieran

➡ Auch die unregelmäßigen Verben bilden das Imperfekt des Subjuntivo nach diesem Schema.
estar → estuvieron → estuviera, estuvieras, …
poner → pusieron → pusiera, pusieras, …
venir → vinieron → viniera, vinieras, …
Die Formen des Imperfekts des Subjuntivo von ir (*gehen, fahren*) und ser (*sein*) sind gleich:
ir/ser → fueron → fuera, fueras, …

➡ Für das Imperfekt des Subjuntivo gibt es eine zweite Form auf -se. Ein Bedeutungsunterschied zwischen diesen beiden Formen besteht nicht.

(yo)	hablase	comiese	escribiese
(tú)	hablases	comieses	escribieses
(él/ella/usted)	hablase	comiese	escribiese
(nosotros/-as)	hablásemos	comiésemos	escribiésemos
(vosotros/-as)	hablaseis	comieseis	escribieseis
(ellos/ellas/ustedes)	hablasen	comiesen	escribiesen

➡ Das Imperfekt des Subjuntivo des Hilfsverbs haber lautet hubiera, hubieras usw. Es wird verwendet, um das Plusquamperfekt des Subjuntivo zu bilden.
Temimos que hubiera tenido un accidente. *Wir befürchteten, dass er einen Unfall gehabt hatte.*

Imperfekt des Subjuntivo (1): Bildung der Verbformen 51

1. Ergänzen Sie die fehlenden Verbformen des Imperfekts des Subjuntivo.

	Infinitiv	yo	tú	él/ella/ usted	nosotros/ -as	vosotros/ -as	ellos/ellas/ ustedes
a.	beber		bebieras		bebiéramos	bebierais	
b.	tener	tuviera	tuvieras				tuvieran
c.			dijeras	dijera		dijerais	
d.	llamar	llamara			llamáramos		llamaran
e.			volvieras		volviéramos	volvierais	
f.	ser	fuera		fuera			fueran
g.		viviera	vivieras			vivierais	

2. Wie lauten die Verbformen?

Infinitiv	3. Pers. Pl. Indefinido	1. Pers. Sg. Imperfekt des Subjuntivo
a. conocer	_____	_____
b. saber	_____	_____
c. vender	_____	_____
d. comprar	_____	_____
e. ir	_____	_____
f. pedir	_____	_____
g. decir	_____	_____

3. Setzen Sie das Verb in der Klammer in das Imperfekt des Subjuntivo.

a. Las chicas temían que su padre no las (*dejar*) _____ salir.

b. Sería mejor que no (*tú-decir*) _____ nada a nadie.

c. Os pedí que me (*ayudar*) _____ con mi trabajo.

d. Estaba prohibido que los niños (*jugar*) _____ en el patio.

e. Sentimos mucho que usted no (*poder*) _____ venir aquella noche.

f. No le gustaba que (*tú-conducir*) _____ tan rápido.

4. Geben Sie mit dem Imperfekt des Subjuntivo an, worüber sich María freuen würde.

A María le alegraría que . . . (*wenn ich sie anrufen würde*) → la llamara/llamase.

a. (*wenn du gut kochen könntest*) → _____

b. (*wenn wir ins Kino gingen*) → _____

c. (*wenn ihr Mann eine andere Arbeit hätte*) → _____

d. (*wenn Paco ihr Blumen schenkte*) → _____

e. (*wenn wir heute Abend ausgingen*) → _____

52 Preferiría que jugáramos a algo menos arriesgado.
Mir wäre es lieber, wenn wir etwas weniger Riskantes spielen würden.

Preferiría que jugáramos

Das Verb im Hauptsatz steht im Konditional – preferiría (*mir wäre es lieber*), jugáramos ist das Imperfekt des Subjuntivo von jugar (*spielen*).

Das Imperfekt des Subjuntivo wird nach allen Verben und Ausdrücken verwendet, nach denen auch das Präsens des Subjuntivo stehen muss (→ Kapitel 49 und 50). Steht das Verb im Hauptsatz im Präsens, im Perfekt oder im Futur I, ist für den Nebensatz das Präsens oder Perfekt des Subjuntivo erforderlich.
Quiero que me ayudes. *Ich will, dass du mir hilfst.*
Me has rogado que te llame. *Du hast mich gebeten, dass ich dich anrufe.*

Erscheint das Verb im Hauptsatz in einer Zeitform der Vergangenheit – Imperfekt, Indefinido, Plusquamperfekt – oder im Konditional, steht das Verb im Nebensatz im Imperfekt oder Plusquamperfekt des Subjuntivo.
Quería que me ayudaras. *Ich wollte, dass du mir halfst/hilfst.*
Me rogaste que te llamara. *Du hast mich gebeten, dass ich dich anriefe/anrufe.*

Im Deutschen klingt eine Vergangenheitsform oder ein Konjunktiv im Nebensatz etwas schwerfällig. Deshalb wird das Imperfekt des Subjuntivo häufig mit dem Präsens übersetzt, ohne dass sich an der spanischen Zeitenfolge etwas ändert.

⇨ Das Imperfekt des Subjuntivo wird **häufig auch nach ¡ojalá!** verwendet, wenn die Erfüllung des Wunsches eher unwahrscheinlich ist:
¡Ojalá viniera! *Hoffentlich kommt er!*

⇨ Wenn das Verb im Hauptsatz zwar im Präsens steht, der Nebensatz jedoch einen Bezug zur Vergangenheit hat (Vorzeitigkeit), wird ebenfalls das Imperfekt des Subjuntivo verwendet.
Perdona que no te llamara ayer. *Entschuldige, dass ich dich gestern nicht angerufen habe.*
! Aber: Perdona que te llame tan tarde. *Entschuldige, dass ich dich so spät anrufe.*

⇨ Das Imperfekt des Subjuntivo wird auch in irrealen Bedingungssätzen verwendet. (→ Kapitel 69)

Imperfekt des Subjuntivo (2): Gebrauch 52

1. Ergänzen Sie mit dem Verb im Imperfekt des Subjuntivo.

a. Nos alegró que usted (*venir*) _____ a la fiesta.

b. Quiso que tú lo (*hacer*) _____ .

c. Nos pidieron que nosotros les (*ayudar*) _____ .

d. Sintió mucho que vosotros no (*tener*) _____ tiempo.

e. La madre deseaba que su hija (*volver*) _____ enseguida.

f. Te lo dije solo para que tú también lo (*saber*) _____ .

g. Me sorprendió que los niños no (*dormir*) _____ más.

2. Formen Sie den Satz wie im Beispiel um.

Quiero que me llames. → Quería que *me llamaras/llamases.*

a. No creo que vuelva a comer caracoles. →

No creía que _____ .

b. Dudan que el tren llegue a tiempo.

Dudaban que _____ .

c. Te lo explico para que sepas hacerlo tú mismo.

Te lo expliqué para que _____ .

d. Temo que la película ya haya empezado.

Temí que _____ .

e. A los padres no les gusta que los niños coman tantas golosinas.

A los padres no les gustó que _____ .

3. Geben Sie die Wünsche mit ¡Ojalá! im Imperfekt des Subjuntivo wieder.

a. ¡Ojalá (*tocarme la lotería*) _____ !

b. ¡Ojalá (*tú-acompañarme a la discoteca*) _____ !

c. ¡Ojalá (*nosotros-ir a Patagonia*) _____ !

d. ¡Ojalá (*él-aprender a esquiar*) _____ !

e. ¡Ojalá (*funcionar el ordenador*) _____ !

4. Übersetzen Sie.

a. Carmen wollte, dass wir ihre Mutter kennen lernten.

_____

b. Sie suchten eine Sekretärin, die Spanisch sprach.

_____

c. Es wäre besser, wenn du die Rechnung bezahlen würdest.

_____

d. Er war nicht sicher, ob sie ihn sehen wollte.

_____

TEST 4 — Kapitel 41–52

Wählen Sie die richtige Form.

Reflexive Verben

1. Todos los días tengo que levantar____ a las seis.
   a) me
   b) se

2. ¿Cómo ____ llamas?
   a) te
   b) tú

3. ¡Niños, lava____ las manos! Vamos a comer.
   a) os
   d) se

4. ¿Dónde está Isabel? – Está ____.
   a) duchándose
   b) duchándole

5. No podemos acostumbrar____ a la vida en el campo.
   a) os
   b) nos

Passiv

6. Esta paella ____ preparada por el mejor cocinero de toda España.
   a) fue
   b) fui

7. En esta región ____ fruta y verdura.
   a) se cultiva
   b) se cultivan

8. Ese apartamento ya ____ alquilado.
   a) es
   b) está

9. Estos cuadros ____ ____ por Dalí.
   a) fueron / pintado
   b) fueron / pintados

Imperativ

10. ¿Tienes hambre? Pues, ¡____ otro bocadillo!
    a) tomas
    b) toma

11. Hay mucho tráfico. ¡____ con más cuidado! (usted)
    a) conduzca
    b) conduce

12. ¡Qué frío! ¡No ____ todas las ventanas!
    a) abras
    b) abres

13. Aquel abrigo es mío. ¡____, por favor!
    a) démelo
    b) démela

14. No tengo ganas de lavar los platos. ¡____ tú!
    a) hazlo
    b) hágalo

Subjuntivo

15. Tengo mucho trabajo, y es posible que ____ muy tarde.
    a) vuelva
    b) vuelvo

16. Me alegro de que ya no ____ enfermo.
    a) esté
    b) estén

17. Creo que ____ la verdad.
    a) dice
    b) diga

18. No quieres que ____ la calle con el semáforo en rojo.
    a) crucen
    b) cruzan

120

TEST 4

Kapitel 41–52

19. Buscamos a una persona que ___ inglés
    e italiano.
    a) ▢ hablé
    b) ▢ hable

20. ¿No crees que Paco ___ venir?
    a) ▢ pueda
    b) ▢ podrá

21. Aunque no ___ mucho tiempo, te ayudo
    a limpiar la casa.
    a) ▢ tengo
    b) ▢ tenía

22. Cenamos cuando papá ___ de la oficina.
    a) ▢ vuelva
    b) ▢ ha vuelto

23. Esperaré hasta que ___.
    a) ▢ lleguen
    b) ▢ llegan

24. No conozco a nadie que ___ de mecánica.
    a) ▢ sabe
    b) ▢ sepa

25. ¿Dónde vamos a desayunar, en la terraza
    o en el comedor? – ___
    a) ▢ Donde tú quieras.
    b) ▢ Donde tú querrías.

26. Tenía un jefe que ___ muy simpático.
    a) ▢ fuera
    b) ▢ era

27. ¡Ojalá te ___ la lotería!
    a) ▢ tocara
    b) ▢ toque

28. No quería que la ___ en casa.
    a) ▢ llamen
    b) ▢ llamaran

29. Te pidieron que ___ puntual.
    a) ▢ fueras
    b) ▢ eras

30. Sentíamos mucho que vuestro abuelo
    ___ muerto.
    a) ▢ había
    b) ▢ hubiera

Vergleichen Sie nun Ihre Lösungen mit dem Schlüssel auf S. 181. Wenn Sie die Aufgaben
nicht richtig gelöst haben, wiederholen Sie noch einmal das betreffende Kapitel.
Diese Tabelle zeigt Ihnen, auf welches Kapitel sich die einzelnen Aufgaben beziehen.

Aufgabe	Kapitel	Aufgabe	Kapitel	Aufgabe	Kapitel	Aufgabe	Kapitel	Aufgabe	Kapitel
1	41	7	42	13	45	19	50	25	50
2	41	8	42	14	45	20	49	26	52
3	41	9	42	15	47	21	50	27	52
4	41	10	43	16	48	22	50	28	52
5	41	11	43	17	49	23	50	29	52
6	42	12	44	18	48	24	50	30	52

53

Yo también quiero uno.
Ich will auch eins.

Yo

Yo (*ich*) ist ein Subjektpronomen.

REGEL Die spanischen Subjektpronomen lauten:

Singular		Plural	
yo	ich	nosotros	wir (maskulin)
tú	du	nosotras	wir (feminin)
él	er	vosotros	ihr (maskulin)
ella	sie	vosotras	ihr (feminin)
usted	Sie (Höflichkeitsform)	ellos	sie (maskulin)
		ellas	sie (feminin)
		ustedes	Sie (Höflichkeitsform)

⇨ Im Plural unterscheidet man in der 1. und 2. Person zwischen maskulinen (nosotros und vosotros) und femininen (nosotras und vosotras) Subjektpronomen. Handelt es sich um eine gemischte Gruppe maskuliner und femininer Personen, benutzt man die maskuline Form. Das gilt auch für ellos (für maskuline sowie für maskuline und feminine Substantive gemeinsam) und ellas (nur für feminine Substantive).

⇨ Die höfliche Anrede für eine Einzelperson ist usted – abgekürzt Ud. oder Vd. –, für mehrere Personen ustedes – abgekürzt Uds. oder Vds. In Lateinamerika werden mehrere Personen mit ustedes anstatt mit vosotros/-as angeredet, auch wenn man sich duzt.

⇨ In Verbindung mit einem Verb wird das Subjektpronomen in der Regel nicht gebraucht, da sich meistens schon an der Endung des Verbs erkennen lässt, um welche Person es sich handelt. Nur wenn man eine Person hervorheben oder Verwechslungen vermeiden will, benutzt man das Subjektpronomen.
<u>Yo</u> soy Juan, y ¿cómo te llamas <u>tú</u>? <u>Ich</u> *bin Juan und wie heißt* <u>du</u>?
Es periodista. Ohne Kontext weiß man nicht, wer periodista (*Journalist/-in*) ist – él (*er*), ella (*sie*) oder Ud. (*Sie*). Mit dem Subjektpronomen wird klar, wer gemeint ist: Él es periodista./Ella es periodista./Ud. es periodista.

Subjektpronomen 53

1. Verbinden Sie die deutschen und spanischen Subjektpronomen miteinander.

a. du

b. wir (Isabel, Laura und Miguel)

c. ich

d. sie (María)

e. sie (Herr und Frau Martínez)

f. ihr (Teresa und Pedro)

g. Sie (Herr Moreno)

h. er

i. wir (Luisa und María)

j. sie (Frau Martínez und Frau González)

l. ihr (María und Carmen)

m. Sie (Frau und Herr Sánchez)

1. yo

2. él

3. ustedes

4. nosotros

5. nosotras

6. usted

7. vosotras

8. ellas

9. tú

10. ella

11. vosotros

12. ellos

2. Ersetzen Sie die Substantive und Namen durch die Subjektpronomen.

el profesor   él

a. la mujer   _____

b. el camarero   _____

c. Marta y yo   _____

d. el Sr. y la Sra. Romero   _____

e. mis tías   _____

f. tú y Paco   _____

g. Carmen y José   _____

h. los estudiantes   _____

3. Geben Sie jeweils hinter dem Satz an, welches der unten stehenden Subjektpronomen dem Verb entspricht.

a. La señora García vive en Barcelona. Trabaja en un banco. (_____)

b. Carmen y Marta están en la ciudad. Compran un regalo para su madre. (_____)

c. ¿Van a España en verano? (_____)

d. Este es el Sr. García. Es ingeniero. (_____)

e. Tocáis el piano muy bien. (_____)

f. Pablo y yo somos estudiantes. Estudiamos Informática. (_____)

g. Sra. Martínez, ¿tiene tiempo para escribir una carta? (_____)

h. ¿Dónde vives? (_____) – Vivo en Colonia desde hace tres años. (_____)

tú   yo   vosotros   ellas   él

ustedes   usted   nosotros   ella

54 Lo hemos encontrado en el jardín.
Wir haben ihn im Garten getroffen.

Lo hemos encontrado

Mit dem Pronomen lo (*ihn*) beziehen sich die Kinder auf ihren neuen Freund.

 Um ein bereits genanntes direktes Objekt (= Akkusativobjekt auf die Frage „wen?" oder „was?") nicht noch einmal zu wiederholen, setzt man an seine Stelle das entsprechende direkte Objektpronomen. Für die 3. Person lauten die direkten Objektpronomen:

	maskulin	feminin	
Singular	lo	la	Compro <u>el libro</u>. → <u>Lo</u> compro. *Ich kaufe <u>das Buch</u>. → Ich kaufe <u>es</u>.* Compro <u>la revista</u>. → <u>La</u> compro. *Ich kaufe <u>die Zeitschrift</u>. → Ich kaufe <u>sie</u>.*
Plural	los	las	Compro <u>los libros</u>. → <u>Los</u> compro. *Ich kaufe <u>die Bücher</u>. → Ich kaufe <u>sie</u>.* Compro <u>las revistas</u>. → <u>Las</u> compro. *Ich kaufe <u>die Zeitschriften</u>. → Ich kaufe <u>sie</u>.*

⇨ Das direkte Objektpronomen steht **vor** dem konjugierten Verb. An einen Infinitiv oder ein Gerundium kann es angehängt werden. An den bejahten Imperativ wird es immer angehängt (→ Kapitel 45). Achten Sie beim Schreiben auf den Akzent.
Quiero comprar <u>este libro</u>. *Ich möchte dieses Buch kaufen.*
<u>Lo</u> quiero comprar. oder Quiero comprar<u>lo</u>. *Ich möchte es kaufen.*
Está buscando <u>sus gafas</u>. *Er sucht seine Brille.*
<u>Las</u> está buscando. oder Está buscándo<u>las</u>. *Er sucht sie.*
¡Abre <u>la puerta</u>! → ¡Ábre<u>la</u>! *Öffne die Tür! → Öffne sie!*

⇨ Für die 1. und 2. Person Singular und Plural lauten die direkten Objektpronomen me (*mich*), te (*dich*), nos (*uns*) und os (*euch*).

⇨ Das direkte Objektpronomen lo kann sich auch auf einen ganzen Sachverhalt beziehen und wird dann im Deutschen mit „es" wiedergegeben.
Pedro va a casarse. ¿Ya **lo** sabes? *Pedro heiratet. Weißt du **es** schon?*

⇨ Beginnt der Satz zur Hervorhebung mit einem direkten Objekt, wird dieses mit dem direkten Objektpronomen noch einmal aufgenommen. Das gilt sowohl für Sachen als auch für den Akkusativ bei Personen, der mit der Präposition a angeschlossen wird.
Los libros los compro yo. *Die Bücher kaufe ich.*
A él lo hemos encontrado en el jardín. *Ihn haben wir im Garten getroffen.*

Direkte Objektpronomen (Akkusativ) 54

1. Ersetzen Sie das direkte Objekt (im Satz unterstrichen) durch das Pronomen.
   Bei einigen Sätzen gibt es zwei Möglichkeiten.

Queremos comprar el coche azul. → *Queremos comprarlo. / Lo queremos comprar.*

a. Alquilaron el piso. → _____

b. Vamos a pasar las vacaciones en Italia. → _____

c. He comprado la revista para mi madre. → _____

d. No podemos comprar la casa en el campo. → _____

e. ¿Ya has devuelto los libros? → _____

f. ¿Por qué no tomáis la paella? → _____

2. Verbinden Sie die beiden Sätze, die zueinander passen.

a. ¿Te gusta mi jersey?   1. ¿Te gusta? Lo hice yo.

b. ¿Quién ha visto mis gafas?   2. ¿Quieres que te los explique?

c. Esta novela es muy interesante.   3. No, solo me costó 500 euros.

d. ¿Fue caro tu ordenador nuevo?   4. Sí, mucho. ¿Dónde lo compraste?

e. ¡Que pastel más rico!   5. ¿No las encuentras?

f. No entiendo estos ejercicios.   6. ¿Sí? Yo no la he leído todavía.

3. ¿Quién trae qué? – Wer bringt was mit? Juan liest Ana die Liste vor,
   die er für seine Party zusammengestellt hat. Bilden Sie Sätze wie im Beispiel.

vino – Miguel → *El vino lo trae Miguel.*

a. aperitivos – José y Teresa → _____

b. cerveza – Manuel → _____

c. agua mineral – Luis → _____

d. servilletas – Laura → _____

e. pan y queso – Isabel y Sandra → _____

f. tortilla y fruta – Paco y Carmen → _____

4. Übersetzen Sie.

a. Gefallen Ihnen diese Blumen? Ich habe sie gestern auf dem Markt gekauft.

_____

b. Antonio hat viel für die Prüfung (*examen*) gelernt. Ich bin sicher, dass er sie bestehen
   (*aprobar*) wird. _____

c. Weißt du, wo meine Handschuhe (*guantes*) sind? – Nein. Vielleicht (*a lo mejor*) hast du sie
   verloren. _____

d. Dieser Film gefällt mir überhaupt nicht (*nada*). Hast du ihn gesehen?

_____

e. Du hast meinen Brief noch nicht bekommen? Ich habe ihn vor fünf Tagen (*hace cinco días*)
   abgeschickt (*enviar*).

55 ¿Te traigo una bebida?
Soll ich dir etwas zum Trinken mitbringen?

Te traigo

Te (*dir*) ist das unbetonte indirekte Objektpronomen (= Dativobjekt auf die Frage „wem?").

Im Spanischen unterscheidet man zwischen betonten und unbetonten indirekten Objektpronomen. Sie lauten:

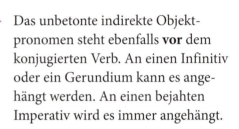

Voy al chiringuito. ¿Te traigo una bebida?

No te molestes, ya voy yo.

betont	unbetont	
a mí	me	*mir*
a ti	te	*dir*
a él	le	*ihm*
a ella	le	*ihr*
a usted	le	*Ihnen (Sg.)*
a nosotros/-as	nos	*uns*
a vosotros/-as	os	*euch*
a ellos	les	*ihnen (m.)*
a ellas	les	*ihnen (f.)*
a ustedes	les	*Ihnen (Pl.)*

▷ Das unbetonte indirekte Objektpronomen steht ebenfalls **vor** dem konjugierten Verb. An einen Infinitiv oder ein Gerundium kann es angehängt werden. An einen bejahten Imperativ wird es immer angehängt.

Les podríamos regalar un viaje. *Wir könnten ihnen eine Reise schenken.*
oder: **Podríamos regalarles un viaje.**
Te estoy escribiendo una carta. *Ich schreibe dir gerade einen Brief.*
oder: **Estoy escribiéndote una carta.**
¡Dame tu diccionario, por favor! *Gib mir bitte dein Wörterbuch!*

▷ Das betonte indirekte Objektpronomen dient der Hervorhebung und wird stets mit der Präposition **a** verwendet (siehe auch → Kapitel 57). Steht es am Satzanfang, muss immer das entsprechende unbetonte Objektpronomen folgen.
A mí me gustan mucho los perros. *Ich mag Hunde sehr gern.*

! Diese Regel gilt auch bei einem Namen oder dem Fragewort **quién** am Satzanfang.
A Ana le gusta nadar. *Ana schwimmt gern.*
¿A quién le toca? *Wer ist der Nächste?*

! Eine Eigenart der spanischen Sprache ist, dass das unbetonte indirekte Objektpronomen oft auch dann zusätzlich verwendet wird, wenn das indirekte Objekt nicht betont ist, d. h. am Ende des Satzes steht. Im Deutschen wird in einem solchen Satz kein Pronomen verwendet.
Le devolvió el libro **a Paco**. *Er gab Paco das Buch zurück.*

Im Unterschied zu einem unbetonten Pronomen kann ein betontes aber auch alleine stehen.
A mí me encanta el flamenco. ¿Y **a ti**? *Mir gefällt Flamenco sehr. Und dir?*

Betonte und unbetonte indirekte Objektpronomen (Dativ)   55

1. Ergänzen Sie das unbetonte indirekte Objektpronomen.

Voy a regalar_le_ flores a mi abuela.

a. Miguel va a enviar____ un paquete a su novia.

b. ¿Cuándo vas a devolver____ el dinero a Carmen?

c. Quiere vender____ su coche viejo a su hermano.

d. El niño ____ ha mostrado el dibujo a su madre.

e. El profesor ____ está explicando la lección a las alumnas.

f. Tienes que decir ____ la verdad a los amigos.

2. Setzen Sie das unbetonte indirekte Objektpronomen ein.

a. A Juan _____ regalamos un libro de informática.

b. A nosotros _____ gusta mucho bailar.

c. A mí no _____ gusta nada ir a los toros.

d. A Isabel y Teresa _____ interesa la literatura moderna.

e. A vosotros _____ dejamos nuestras bicicletas para la excursión.

f. ¿A usted _____ encanta tocar la guitarra?

3. Ordnen Sie die Wörter.

a. Le Paco devolvió a el libro.   → _____

b. dice A la verdad ellas les siempre.   → _____

c. A mí CD me un regalaron.   → _____

d. ¿? Por nos no qué nada quieres decir. → _____

e. amigos sus Les a siempre e-mails escriben. → _____

4. Übersetzen Sie.

a. Wir können euch den Weg nicht erklären.

_____

b. Gib mir bitte die Zeitung!

_____

c. Warum gefällt euch diese Musik nicht?

_____

d. Hast du ihm die Bücher schon zurückgegeben?

_____

e. Morgen wird sie mir ihre neue Wohnung zeigen.

_____

56 Me encantaría prestártelos.
Ich würde sie dir gern leihen.

Te los

Te (*dir*) ist das indirekte unbetonte Objektpronomen (Dativ, auf die Frage „wem?"), los (*sie = die 1000 Euro*) das direkte unbetonte Objektpronomen (Akkusativ, auf die Frage „wen?" oder „was?").

 Gibt es in einem Satz zwei unbetonte Objektpronomen, so steht das indirekte vor dem direkten. Das indirekte Objektpronomen der 3. Person Singular und Plural – le und les – wird vor den direkten Objektpronomen der 3. Person – lo, la, los, las – zu se.
Te presto 1000 euros. → **Te los** presto. *Ich leihe dir 1000 Euro.* → *Ich leihe sie dir.*
Le doy las flores a mi novia. → **Se las** doy. *Ich gebe meiner Freundin die Blumen.* →
Ich gebe sie ihr.

 An einen Infinitiv, ein Gerundium und an den bejahten Imperativ werden die indirekten und direkten Objektpronomen ebenfalls in dieser Reihenfolge angehängt.
No quiere prestar(les) el coche a sus amigos. → No **se lo** quiere prestar. / No quiere prestár**selo**.
Er will seinen Freunden das Auto nicht leihen. → *Er will es ihnen nicht leihen.*

Te estoy escribiendo una carta. → **Te la** estoy escribiendo. / Estoy escribiéndo**tela**.
Ich schreibe dir gerade einen Brief. → *Ich schreibe ihn dir gerade.*

¡Dá**melo**! *Gib es mir!*
¡Díga**selo**! *Sagen Sie es ihm/ihr/ihnen!*

Direkte und indirekte unbetonte Objektpronomen 56

1. Ergänzen Sie mit den unten stehenden Pronomen.

a. Esta blusa me gusta. ¿_____ puedo probar?

b. Compramos un CD para Pepe. ¿Cuándo vamos a regalár_____?

c. ¿Sabes qué me pasó el otro día? – No. ¡Cuénta_____!

d. Estos zapatos me quedan grandes. ¿_____ puede cambiar por un número más pequeño?

e. ¿Ya compraste una postal para tu tía? – Sí, pero no _____ he escrito todavía.

f. ¿Me compras un helado? – Claro, _____ compro.

me los   selo   se la   te lo   melo   me la

2. Geben Sie die Antwort auf Spanisch.

a. ¿Puedo probarme esta blusa?
   Ja, probieren Sie sie an!   _____

b. ¿Ya te he devuelto el dinero?
   Nein, aber gib es mir sofort zurück!   _____

c. ¿Queréis que os contemos un secreto?
   Ja, erzählt es uns!   _____

d. ¿Puedo comprarme esta falda?
   Ja, kauf ihn dir!   _____

3. Verbinden Sie die Frage mit der passenden Antwort.

a. ¿Esta falda le queda bien?   1. Sí, claro, voy a mostrárselo.

b. ¿Sabes dónde está mi paraguas?   2. Sí, enseguida se la traigo.

c. ¿Me muestra Ud. su ordenador?   3. Sí, me la llevo.

d. ¿Ya han recibido la carta?   4. No, todavía estoy buscándolas.

e. ¿Podría traerme otra cerveza?   5. Mañana te lo daré.

f. ¿Has encontrado tus gafas?   6. No. Tal vez lo has olvidado en el metro.

g. ¿Cuándo me devuelves el libro?   7. No, todavía no se la he escrito.

4. Ordnen Sie die Wörter zu ganzen Sätzen und ersetzen Sie anschließend das Dativ- und Akkusativobjekt durch die jeweiligen Pronomen.

a. mañana nos Esta un comprado coche hemos nuevo. →

_____

b. ¿? esta probarme chaqueta Puedo →

_____

c. sus les Ayer un regalo envió a padres. →

_____

d. ¿? verdad Me dijiste la →

_____

e. vecinos Les la vendieron a sus casa. →

_____

129

57 Estas flores son para ti.
Diese Blumen sind für dich.

Para ti

Ti (*dich, dir*) ist ein betontes Objektpronomen. Es wird in Verbindung mit Präpositionen verwendet, hier mit **para** (*für*).

 In Verbindung mit einer Präposition werden die betonten Objektpronomen verwendet. Sie lauten:

(yo)	mí	z. B.:	para mí
(tú)	ti		para ti
(él)	él		para él
(ella)	ella		para ella
(usted)	usted		para usted
(nosotros/-as)	nosotros/-as		para nosotros/-as
(vosotros/-as)	vosotros/-as		para vosotros/-as
(ellos)	ellos		para ellos
(ellas)	ellas		para ellas
(ustedes)	ustedes		para ustedes

Mit Ausnahme der 1. und 2. Person Singular stimmen die betonten Objektpronomen mit den Subjektpronomen überein.

! In Verbindung mit der Präposition **con** sagt man **conmigo** (*mit mir*), **contigo** (*mit dir*).

! Nach **según** (*gemäß, nach*) und **entre** (*zwischen*) steht auch in der 1. und 2. Person Singular das Subjektpronomen.
Según tú, esta película es aburrida. *Deiner Meinung nach ist dieser Film langweilig.*
Entre tú y yo no hay ningún problema. *Zwischen dir und mir gibt es kein Problem.*

Objektpronomen nach Präpositionen 57

1. Ersetzen Sie die unterstrichenen Wörter durch das entsprechende Objektpronomen.

Estas flores son para <u>mi hermana mayor</u>. → *Estas flores son para ella.*

a. Recibió un regalo de <u>sus padres</u>. → _____

b. Vivimos al lado de <u>Teresa</u>. → _____

c. Haremos el viaje sin <u>Paco y María</u>. → _____

d. ¿Por qué no vas a la playa con <u>tus amigos</u>? → _____

e. Anoche hablaron mucho sobre <u>sus hijas</u>. → _____

f. El perro siempre corre delante de <u>su dueño</u>. → _____

2. Verbinden Sie die Sätze.

a. ¿De quién estáis hablando?

b. ¿Vas a bailar con Ana o conmigo?

c. ¿Por qué llegas tan tarde a casa?

d. ¿Conoces a Juan?

e. ¿Cuándo hiciste esta tarta tan rica?

f. ¿Ya sabes con quién vas a salir?

1. Con ella, es una gran bailarina.

2. Sí, claro, siempre juego al tenis con él.

3. No. ¿Podría salir contigo?

4. Mi colega está enferma y tengo que trabajar por ella.

5. Anoche, entre mi madre y yo.

6. De ti.

3. Ordnen Sie die Wörter.

a. de Hablamos mucho usted. → _____

b. Ha para los comprado juguetes ella. → _____

c. mucho películas A mí gustan las románticas me. → _____

d. ¿? no conmigo Por hablado qué has → _____

e. sin Nunca a la van montaña ti. → _____

4. Übersetzen Sie.

a. Mit wem fährst du in die Stadt, mit Luisa oder mit mir?

_____

b. Es steht niemand hinter (*detrás de*) ihm.

_____

c. Ist dieses Buch für Paco? – Ja, es ist für ihn.

_____

d. Hat sie schon mit dir gesprochen?

_____

e. Zwischen dir und mir gibt es viele Unterschiede.

_____

58 Mi mujer y mis hijos han ido a la costa.
Meine Frau und meine Kinder sind ans Meer gefahren.

Mi, mis

Mi (*mein/e*) und mis (*meine*) sind Possessivbegleiter. Mit ihnen wird Besitz oder Zugehörigkeit ausgedrückt.

Die **Possessivbegleiter** richten sich wie Adjektive in Geschlecht und Zahl nach dem Bezugswort. Sie werden zusammen mit einem Substantiv benutzt. Man unterscheidet unbetonte Formen, die vor dem Substantiv stehen, und betonte, die ihm nachgestellt werden.

Mi mujer y mis hijos han ido a la costa.

Unbetonte Formen

| Possessivbegleiter (ein Besitztum) || Possessivbegleiter (mehrere Besitztümer) ||
maskulin	feminin	maskulin	feminin
mi coche	mi casa	mis coches	mis casas
tu coche	tu casa	tus coches	tus casas
su coche	su casa	sus coches	sus casas
nuestro coche	nuestra casa	nuestros coches	nuestras casas
vuestro coche	vuestra casa	vuestros coches	vuestras casas
su coche	su casa	sus coches	sus casas

Betonte Formen

| Possessivbegleiter (ein Besitztum) || Possessivbegleiter (mehrere Besitztümer) ||
maskulin	feminin	maskulin	feminin
un coche mío	una casa mía	coches míos	casas mías
un coche tuyo	una casa tuya	coches tuyos	casas tuyas
un coche suyo	una casa suya	coches suyos	casas suyas
un coche nuestro	una casa nuestra	coches nuestros	casas nuestras
un coche vuestro	una casa vuestra	coches vuestros	casas vuestras
un coche suyo	una casa suya	coches suyos	casas suyas

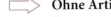

Ohne Artikel gibt der betonte Possessivbegleiter den Besitzer an.
Esta moto es mía. *Dieses Motorrad gehört mir.*
Mit dem unbestimmtem Artikel wird er verwendet, wenn eines von vielen gemeint ist.
Teresa es una amiga mía. *Teresa ist eine Freundin von mir.* (= Ich habe mehrere.)

Die **Possessivpronomen** richten sich nach dem Bezugswort. Ihre Formen stimmen mit den betonten Possessivbegleitern überein. Sie stehen mit dem bestimmten Artikel, aber ohne Substantiv.
En vuestro jardín hay muchos árboles. *In eurem Garten gibt es viele Bäume.*
En **el nuestro** no. *In unserem nicht.*

Possessivbegleiter und -pronomen 58

1. Wem gehören diese Gegenstände? Bilden Sie Sätze wie im Beispiel.

yo / el abrigo gris → *El abrigo gris es mío.*

a. ella / la bolsa de cuero → _____

b. nosotros / las maletas → _____

c. tú / los CDs → _____

d. él / el paraguas → _____

e. ustedes / los guantes → _____

f. ellos / las fotos → _____

g. vosotros / las bicicletas → _____

2. Verbinden Sie Frage und Antwort miteinander.

a. ¿Estas llaves son de Teresa?   1. Son míos.

b. ¿Este bolígrafo es tuyo?   2. Sí, son suyos.

c. ¿Estos juguetes son de los niños?   3. Sí, son suyas.

d. ¿De quién es este pañuelo?   4. No, no es mía. Creo que es de María.

e. ¿De quién son estos guantes?   5. Sí, es mío.

f. ¿Esta bolsa es suya?   6. Es tuyo, te lo regalé.

3. Bringen Sie die Wörter in die richtige Reihenfolge.

a. de suyas Esas son ahí gafas. → _____

b. nuestra buena Carmen es una amiga. → _____

c. ¿? mi visto a gato Has → _____

d. allí Aquel de coche nuestro es. → _____

e. cara que la mía Su ha sido falda más. → _____

f. Tus mejores son fotos las mías que. → _____

g. son no sus guantes Estos. → _____

4. Übersetzen Sie.

a. Gehört die schwarze Tasche (*bolsa*) dir? – Nein, meine ist braun.

_____

b. Juan und Paco sind gute Freunde von mir.

_____

c. Ist dieses Wörterbuch deins oder meins?

_____

d. Wem gehören diese Handschuhe (*guantes*)? – Sie gehören Ana.

_____

e. Euer Haus ist moderner als unseres.

_____

59 Me encanta este coche.
Ich liebe dieses Auto.

Este, aquel

Este (*diese/-r/-s*) und aquel (*diese/-r/-s dort, jene/-r/-s*) sind Demonstrativa.

 Demonstrativa weisen auf Personen oder Sachen hin. Man unterscheidet zwischen Demonstrativbegleitern und Demonstrativpronomen. Die Demonstrativbegleiter lauten:

	maskulin	feminin	
Singular Plural	este estos	esta estas	Este/-os/-a/-as weisen auf Personen oder Sachen hin, die sich in unmittelbarer Nähe des Sprechenden befinden; sie werden oft zusammen mit dem Ortsadverb aquí (*hier*) benutzt.
Singular Plural	ese esos	esa esas	Ese/-os/-a/-as weisen auf Personen oder Sachen hin, die sich in der Nähe des Gesprächspartners befinden; sie werden oft zusammen mit dem Ortsadverb ahí (*da*) benutzt.
Singular Plural	aquel aquellos	aquella aquellas	Aquel/aquellos/aquella/aquellas weisen auf Personen oder Sachen hin, die sich weder in der Nähe des Sprechenden noch des Gesprächspartners befinden; sie werden oft zusammen mit dem Ortsadverb allí (*dort*) benutzt.

➡ Die Demonstrativbegleiter richten sich wie Adjektive in Geschlecht und Zahl nach dem Substantiv, auf das sie sich beziehen, und sind diesem vorangestellt.
Esta mesa es de madera. *Dieser Tisch ist aus Holz.*

➡ Die Demonstrativpronomen stimmen in ihrer Form mit den Demonstrativbegleitern überein.
¿Qué libro es más interesante, este o ese? *Welches Buch ist interessanter, dieses oder das da?*
Außerdem gibt es noch die „neutralen" Formen esto (*dies, das*), eso (*das*) und aquello (*das, jenes*). Sie beziehen sich auf etwas, das nicht näher genannt wird:
¿Qué es esto? *Was ist das hier?*
Eso no me gusta. *Das gefällt mir nicht.*

Ausdrücke mit eso: Eso es. (*Genau!*), por eso (*deshalb*), a eso de las dos (*ungefähr um zwei Uhr*).

Demonstrativbegleiter und -pronomen 59

1. Ergänzen Sie die richtige Form von este, ese und aquel.

este: _____ semana, _____ chicos, _____ parques, _____ plazas,

_____ restaurante, _____ jerséis, _____ ciudad, _____ días, _____ mes,

_____ vacaciones

ese: _____ vaso, _____ falda, _____ noticias, _____ caminos,

_____ artículo, _____ botella, _____ vestido, _____ flores,

_____ coches, _____ botas

aquel: _____ fotos, _____ calle, _____ bares, _____ pantalón,

_____ gafas de sol, _____ mesa, _____ hospitales, _____ mujer,

_____ libro, _____ frutas

2. Kreuzen Sie den Demonstrativbegleiter an, der dem deutschen Wort in der Klammer entspricht.

a. (*Dieser*) película es muy aburrida.

▨ esta   ▨ esa

b. (*Die da*) blusa no me gusta.

▨ aquella   ▨ esa

c. (*Das dort*) casa es muy vieja.

▨ aquella   ▨ esa

d. ¿Vamos a (*das dort*) restaurante?

▨ aquel   ▨ aquello

e. (*Diese*) señora es mi vecina.

▨ esa   ▨ esta

f. (*Diese da*) flores son muy hermosas.

▨ esas   ▨ estas

3. Setzen Sie in den Plural.

a. Esta bolsa es de cuero. → _____

b. Aquella ventana está muy sucia. → _____

c. No conocemos a ese señor. → _____

d. Aquel jersey es de lana. → _____

e. Esa tienda cierra a las siete. → _____

f. Este CD se vende muy bien. → _____

4. Setzen Sie die Demonstrativbegleiter oder -pronomen entsprechend den Angaben ein (→ = beim Sprechenden, →→ = beim Gesprächspartner, →→→ = weder beim Sprechenden noch beim Gesprächspartner).

a. (→) _____ falda no me gusta. (→→→) _____ sí.

b. Vivimos en (→→→) _____ edificio.

c. ¿Cuánto cuestan las blusas? – ¿Cuáles, (→→→)_____ o (→→) _____?

d. ¿Puedo probarme (→) _____ blusa? – ¿(→→) _____?

e. (→→→) _____ chicos que están jugando al fútbol son de mi clase.

f. ¿Me das un poco de (→→) _____ queso, por favor?

60 ¿Necesita algo más?
Brauchen Sie noch etwas?

Algo, nada, todo

Diese Wörter sind Indefinita (unbestimmte Fürwörter). Indefinita beziehen sich auf eine nicht näher beschriebene Person oder Sache.

REGEL Bei den Indefinita unterscheidet man zwischen indefiniten Begleitern, die wie ein Adjektiv zusammen mit einem Substantiv stehen und sich in Geschlecht und Zahl nach diesem richten, und indefiniten Pronomen, von denen sich einige zwar auch in Geschlecht und Zahl nach dem Bezugswort richten, die aber alleine stehen. Nachfolgend eine Auswahl der häufigsten Indefinita.

➡ **Alguien** (*jemand*) und **nadie** (*niemand*) stehen für Personen und sind unveränderlich.
Anoche alguien me llamó. *Gestern Abend rief mich jemand an.*
No hay nadie. *Es ist niemand da.* (Doppelte Verneinung → Kapitel 68)

➡ **Algo** (*etwas*) und **nada** (*nichts*) stehen für Sachen und sind unveränderlich.
¿Quieres algo? *Möchtest du etwas?*
No, no quiero nada. *Nein, ich möchte nichts.* (Doppelte Verneinung → Kapitel 68)

➡ **Alguno/-a/-os/-as** (*irgendeiner*) und **ninguno/-a/-os/-as** (*keiner*) richten sich in Geschlecht und und Zahl nach ihrem Bezugswort. Vor einem maskulinen Substantiv werden alguno und ninguno zu algún bzw. ningún verkürzt. Ninguno + de + Substantiv/Pronomen entspricht nadie.
¿Tienes alguna idea? *Hast du irgendeine Idee?*
No, no tengo ninguna. *Nein, ich habe keine (einzige).*
Ninguno (de ellos) había hecho los deberes. *Keiner (von ihnen) hatte die Hausaufgaben gemacht.*

➡ **Cada** (*jeder*) ist unveränderlich und wird nur im Singular gebraucht. **Cada uno/una** (*jeder*) steht ohne Substantiv.
Cada día se siente más sola. *Jeden Tag fühlt sie sich einsamer.*
Cada uno sabe lo que debe hacer. *Jeder weiß, was er zu tun hat.*

➡ **Todo/-a/-os/-as** + bestimmter Artikel + Substantiv wird wie folgt verwendet:
todo el día y toda la noche *der ganze Tag und die ganze Nacht*
todos los días y todas las noches *alle Tage und alle Nächte / jeder Tag und jede Nacht*

➡ **Demasiado** (*zu viel*), **mucho** (*viel*) und **poco** (*wenig*) richten sich in Geschlecht und Zahl nach ihrem Bezugswort. Sie werden mit und ohne Substantiv verwendet.
Hay demasiada gente aquí. *Es sind zu viele Leute hier.*
Hoy día demasiados tienen coche. *Heutzutage haben zu viele ein Auto.*

Indefinita **60**

1. Setzen Sie in die Lücken eines der Indefinita ein.

a. ¿Por qué no me ayuda _____?

b. No puedo contar con _____ de
mis compañeros de trabajo.

c. _____ día te lo diré.

d. Se levanta _____ los días
a las siete y media.

e. ¿Ha llamado _____?

algún	ninguno
todos	
alguien	nadie

2. Verbinden Sie Frage und Antwort miteinander.

a. ¿Quieres algo de comer?

b. ¿Todavía no hay nadie?

c. ¿Se fueron todos?

d. ¿Tienes alguna idea para este proyecto?

e. ¿Quién estaba invitado a esa fiesta?

1. Sí, todos menos mi hermana y yo.

2. No, ninguna.

3. Sí, he desayunado poco hoy.

4. Muchísima gente.

5. Sí, algunos ya han llegado.

3. Setzen Sie die richtige Form von todo ein.

a. Va al gimnasio _____ los viernes.

b. No he comido nada en _____ el día.

c. _____ las casas fueron destruidas por el terremoto.

d. ¿Le crees _____ lo que dice?

e. Leyó _____ la noche.

4. Ordnen Sie die Wörter zu einem sinnvollen Satz.

a. la Por casa mañana nadie no hay en. → _____

b. ¿? Ya de Teresa algo cumpleaños has para el comprado → _____

c. muy bien español hablan Algunos. → _____

d. nadie apetece le esta ver A película. → _____

e. ¿? la ciudad alguien con Te en has encontrado → _____

5. Übersetzen Sie.

a. Einige Romane (*novela*) von Isabel Allende gefallen mir, andere nicht.

_____

b. Jemand hat mir einen Blumenstrauß (*un ramo de flores*) geschickt.

_____

c. Keiner von euch kann mir bei dieser Arbeit helfen.

_____

137

61 ¿Por qué no te tomas un día libre?
Warum nimmst du dir nicht einen Tag frei?

¿Por qué?

Por qué (*warum*) ist ein Fragewort; es leitet eine Frage ein. Nachfolgend eine Liste der gebräuchlichsten spanischen Fragewörter.

¿Cómo?	Wie?	Spanische Fragewörter tragen immer einen Akzent auf der betonten Silbe.
¿Cuál?/¿Cuáles?	Welche/-r/-s?	
¿Cuándo?	Wann?	
¿Cuánto/-a/-os/-as?	Wie viel/-e?	Am Anfang einer spanischen Frage steht ein umgekehrtes Fragezeichen. Wenn die eigentliche Frage innerhalb eines Satzes beginnt, kann dieses umgekehrte Fragezeichen auch mitten im Satz stehen.
¿Dónde?	Wo?	
¿Adónde?/¿A dónde?	Wohin?	
¿De dónde?	Woher?	
¿Por qué?	Warum?	
¿Qué?	Was?/Was für ein?	
¿Quién?/¿Quiénes?	Wer?	Y tú, ¿cómo estás? *Und wie geht es dir?*

⇨ **¿Cuál?** und **¿Cuáles?** wird anstelle eines Substantivs verwendet, wenn man aus einer Menge gleicher Dinge eine Auswahl trifft.
Tengo helado de fresa y de café, ¿cuál quieres? *Ich habe Erdbeer- und Mokkaeis, welches möchtest du?*

! **Aber:** Bei ungleichen Dingen sagt man ¿Qué?
¿Qué quieres, café o té? *Was möchtest du, Kaffee oder Tee?*

⇨ Mit **qué** + Substantiv wird der adjektivische Gebrauch von „welche/-r/-s" ausgedrückt.
¿Qué helado quieres? *Welches Eis möchtest du?*

⇨ Die Endung von **¿cuánto?** (*wie viel?*) richtet sich nach dem Substantiv, das folgt: ¿Cuánto dinero? (*Wie viel Geld?*), ¿Cuánta gente? (*Wie viele Leute?*), ¿Cuántos años? (*Wie viele Jahre?*), ¿Cuántas semanas? (*Wie viele Wochen?*).
Bei einem Verb steht ¿cuánto?: ¿Cuánto ganas? *Wie viel verdienst du?*

⇨ **¿Quién?** steht bei der Frage nach einer Person, mit **¿Quiénes?** fragt man nach mehreren Personen.
¿Quién fue Pablo Picasso? *Wer war Pablo Picasso?*
¿Quiénes son estas señoras? *Wer sind diese Frauen?*

⇨ Fragewörter können auch mit einer Präposition benutzt werden, z. B.:
¿De quién estáis hablando? *Über wen sprecht ihr gerade?*
¿Para qué sirve esto? *Wozu dient das?*

⇨ Fragewörter behalten in einer indirekten Frage den Akzent.
No sé cómo llegué aquí. *Ich weiß nicht, wie ich hierher gekommen bin.*

Fragewörter 61

1. Verbinden Sie Frage und Antwort.

a. ¿Qué haces esta noche?

b. ¿Adónde vais?

c. ¿Qué van a tomar?

d. ¿Por qué no compras la chaqueta?

e. ¿Cómo va al trabajo?

f. ¿Para quién son estas flores?

g. ¿Cuántos días libres tienes?

1. En coche.

2. Diez.

3. Pollo asado con patatas fritas.

4. Son para mi novia.

5. Me quedo en casa.

6. Es demasiado cara.

7. Vamos al teatro.

2. Setzen Sie das passende Fragewort ein.

a. ¿_____ tenéis tiempo para ir al cine con nosotros?

b. ¿_____ sirve esta máquina?

c. ¿_____ está la estación del metro más cercana?

d. ¿_____ estás hablando?

e. ¿_____ eres?

f. ¿_____ siempre llegas tarde?

g. ¿_____ cuesta este ordenador?

¿de dónde?   ¿por qué?

¿para qué?

¿dónde?   ¿cuánto?

¿con quién?

¿cuándo?

3. Wie lautet die Frage zu den folgenden Antworten? Die Gesprächspartner siezen sich.

a. ¿_____? Me llamo Miguel Santos.

b. ¿_____? Soy de Valencia.

c. ¿_____? Trabajo en un banco.

d. ¿_____? Tengo 36 años.

e. ¿_____? Sí, tengo tres hijos, dos hijos y una hija.

f. ¿_____? Sí, van al colegio los tres.

g. ¿_____? Mi mujer se llama Isabel.

4. ¿Qué?, ¿Cuál? oder ¿Cuáles? Setzen Sie das richtige Fragewort ein.

a. ¿_____ toma Ud., vino o cerveza?

b. Tenemos helado de fresa y de chocolate. ¿_____ quieres?

c. ¿_____ de estas señoras es tu abuela?

d. ¿_____ hacéis esta noche?

e. ¿_____ de estos libros ya has leído?

f. ¿_____ es la cerveza sin alcohol, esta o esa?

g. Hay tortilla y gazpacho. ¿_____ quieres probar primero?

62 Es una receta que he encontrado en una revista.
Es ist ein Rezept, das ich in einer Zeitschrift gefunden habe.

Que

Que ist ein Relativpronomen. Ein Relativpronomen leitet einen Relativsatz ein. Aufgabe eines Relativsatzes ist es, ein Wort im Hauptsatz näher zu erklären.

> **REGEL** **Que** (*der/die/das*) bezieht sich auf **Personen und Sachen im Singular und Plural**.
> Los libros que están en la mesa son míos. *Die Bücher, die auf dem Tisch liegen, gehören mir.*

> **Que** wird auch **nach kurzen Präpositionen** wie a, de, en, con gebraucht.
> Los juguetes con que juegan son nuevos. *Die Spielsachen, mit denen sie spielen, sind neu.*
> **!** **Aber:** Als Akkusativ einer Person steht que ohne die Präposition a.
> La señora que ves allí es mi madre. *Die Frau, die du dort siehst, ist meine Mutter.*

> **Quien** und **quienes** (*der/die*) werden nur für Personen verwendet, besonders nach Präpositionen. Quien kann mit der Präposition a für den Akkusativ stehen.
> Los chicos a quienes ves allí son mis primos. *Die Jungen, die du dort siehst, sind meine Cousins.*

> **El/la/los/las + que** (*der-/diejenige, welche/-r*) wird für Personen und Sachen, häufig nach Präpositionen und zur Unterscheidung verwendet. Der bestimmte Artikel richtet sich in Geschlecht und Zahl nach dem Bezugswort.
> Aquella es la casa detrás de la que he aparcado mi coche. *Das ist das Haus, hinter dem ich mein Auto geparkt habe.*

> **El/la cual** und **los/las cuales** (*der-/diejenige, welche/-r*) werden wie el que usw. verwendet. Es gibt jedoch eine Pluralform.
> Las chicas con las cuales habló son sus nietas. *Die Mädchen, mit denen sie sprach, sind ihre Enkelinnen.*

> **Lo que** und **lo cual** bezieht sich auf etwas Unbestimmtes oder einen ganzen Satz („das, was"):
> No sé lo que me ha dicho. *Ich weiß nicht, was er mir gesagt hat.*

> **Cuyo/-a/-os/-as** (*dessen/deren*) stimmen in Geschlecht und Zahl mit dem folgenden Substantiv überein.
> La señora cuyos hijos son gemelos es mi profesora. *Die Frau, deren Söhne Zwillinge sind, ist meine Lehrerin.*

> Auch **como** (*wie*), **cuando** (*wann*) und **donde** (*wo*) können einen Relativsatz einleiten.
> La casa donde vivimos es muy moderna. *Das Haus, in dem wir wohnen, ist sehr modern.*
> ¿Recuerdas aquel verano cuando fuimos a Suiza? *Erinnerst du dich an jenen Sommer, als wir in der Schweiz waren?*

(Zum Gebrauch des Subjuntivo in Relativsätzen → Kapitel 50)

Relativpronomen 62

1. Ergänzen Sie cuyo/-a/-os/-as.

a. La chica _____ madre es cantante de ópera va a mi clase.

b. En nuestro pueblo vive un señor _____ hija es ministra.

c. ¿Te acuerdas de la pareja inglesa en _____ casa pasamos las vacaciones?

d. La señora _____ hijas estudian en Nueva York es vecina nuestra.

e. Tiene un móvil nuevo _____ número ha olvidado.

f. Cerraron la fábrica _____ productos tanto te gustaban.

2. Verbinden Sie zu vollständigen Sätzen.

a. Vive en Madrid,   1. sobre el que siempre duerme el gato es muy cómodo.

b. El bosque   2. con quienes hablaste son de Bogotá.

c. La chica   3. donde vivimos está cerca de Bilbao.

d. El sofá   4. en el que suelen correr está lejos de su casa.

e. El pueblo   5. lo cual significa que conoce bien la ciudad.

f. Las chicas   6. que está hablando con el profesor es María.

3. Wählen Sie aus den unten stehenden Relativpronomen das passende aus.

a. El perro _____ siempre saco a pasear es de nuestro vecino.

b. Los jóvenes _____ juego al tenis estudian Informática.

c. Todos _____ saben bailar flamenco no tienen que pagar por las bebidas.

d. Los niños _____ compré los juguetes son mis sobrinos.

e. La ciudad _____ vivimos está cerca de la frontera.

f. El agua es un alimento _____ no podemos vivir.

los que   que   sin el cual   con quienes   donde   para los que

4. Übersetzen Sie. Manchmal sind verschiedene Relativpronomen möglich.

a. Das italienische Restaurant, in dem wir jeden Sonntag zu Mittag essen, heißt „La Pizza".

_____

b. Er glaubt alles, was sie sagt.

_____

c. Das Auto, das er letzte Woche gekauft hat, ist ein Seat.

_____

d. 1990 ist das Jahr, in dem meine Eltern geheiratet haben.

_____

e. Die beiden Herren, die ich immer an der Bushaltestelle treffe, arbeiten in einer Bank.

_____

f. Das Unternehmen, für das er arbeitet, sucht eine Sekretärin.

_____

141

63 ¿Crees que ha sido una buena idea ir en coche?
Glaubst du, es war eine gute Idee mit dem Auto zu fahren?

En coche

In diesem und in den folgenden Kapiteln geht es um Präpositionen (= Verhältniswörter).

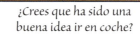

¿Crees que ha sido una buena idea ir en coche?

Die Präposition **a** wird verwendet
- **zur Angabe des indirekten Objekts (Dativ) bei Personen und Dingen:**
  Teresa escribió a su amiga Isabel.
  Teresa hat ihrer Freundin Isabel geschrieben.
  Todavía no le he añadido sal al arroz. *Ich habe noch kein Salz in den Reis getan.*
- **zur Angabe des direkten Objekts (Akkusativ) bei Personen:**
  Vi a mi profesor en el metro. *Ich sah meinen Lehrer in der U-Bahn.*
- **zur Angabe der Richtung** (auf die Frage „wohin?"):
  Van a Bilbao. *Sie fahren nach Bilbao.*
- **zur Angabe der Uhrzeit:**
  El teatro empieza a las ocho. *Das Theater beginnt um acht Uhr.*
- **zur Angabe der Art und Weise:**
  paella a la valenciana *Paella nach Valencia-Art*
  escribir a mano *mit der Hand schreiben*
- **nach Verben und in Wendungen wie:**
  empezar a hacer algo (*anfangen, etwas zu tun*), llegar a (*ankommen in*), jugar al tenis (*Tennis spielen*), a casa (*nach Hause*), a casa de Paco (*zu Paco*)

! A + el wird zu al zusammengezogen: Voy **al** cine. *Ich gehe ins Kino.*

Die Präposition **en** wird verwendet
- **zur Angabe des Ortes** (auf die Frage „wo?"):
  Estamos en la ciudad. *Wir sind in der Stadt.*
- **bei Verkehrsmitteln:**
  en coche o en tren *mit dem Auto oder mit dem Zug*

Aber: a pie *zu Fuß*
- **bei Zeitangaben:**
  en 2004 (*im Jahr 2004*), en primavera (*im Frühling*), en mayo (*im Mai*), en las vacaciones (*in den Ferien*), en este momento (*in diesem Augenblick*)
- **zur Angabe der Sprache:**
  en alemán *auf Deutsch*
- **nach Verben und in Wendungen wie:**
  entrar en (*eintreten in*), pensar en (*denken an*), en casa (*zu Hause*), en casa de Paco (*bei Paco*)

Präpositionen (1): *a, en* 63

1. A oder en? Tragen Sie die richtige Präposition ein.

a. El año pasado estuvieron _____ Barcelona.

b. _____ Teresa le gustan mucho los calamares _____ la plancha.

c. Cuando están _____ Ibiza, nunca van _____ la playa.

d. Todavía no he llamado _____ Enrique.

e. _____ verano vamos _____ pasar las vacaciones _____ Portugal.

f. ¿Cómo vas _____ la oficina, _____ pie o _____ bicicleta?

g. _____ verano las piscinas ya abren _____ las ocho de la mañana.

2. Welches ist die passende Antwort? Verbinden Sie.

a. ¿Adónde vais esta noche?   1. En coche.

b. ¿Dónde están los niños?   2. En Madrid.

c. ¿Cómo vamos a la ciudad?   3. En junio.

d. ¿Cuándo viajan Uds. a España?   4. A mis padres y a mi hermano.

e. ¿Qué vas a hacer el sábado?   5. Voy a jugar al tenis.

f. ¿A quién le has escrito ya postales?   6. En el jardín.

g. ¿Dónde está el Museo del Prado?   7. Vamos a la discoteca.

3. Ergänzen Sie mit a oder en und antworten Sie auf Spanisch.

a. ¿Cómo fue usted _____ Toledo? – (*Zuerst mit dem Flugzeug, dann mit dem Bus.*)

_____

b. ¿_____ qué hora sale el tren? – (*Um Punkt zehn Uhr.*)

_____

c. ¿Todavía vivís _____ el centro? – (*Nein, jetzt haben wir ein Haus auf dem Land.*)

_____

d. ¿Los niños están _____ casa? – (*Nein, sie spielen gerade im Park Fußball.*)

_____

4. Übersetzen Sie.

a. Warum gehst du nicht zu Fuß?

_____

b. Mitten auf dem Platz gibt es einen wunderschönen Brunnen (*una fuente*).

_____

c. Wir fahren lieber mit dem Auto.

_____

d. Früher besuchte María ihre Großmutter jeden Tag.

_____

e. Um 8 Uhr morgens gehen die Kinder in die Schule.

_____

64 ¡Qué maravilla sentir el suave rumor de las olas!
Wie wunderbar, das sanfte Wogen der Wellen zu spüren!

El rumor de las olas

Mit der Präposition de wird u. a. Zugehörigkeit ausgedrückt. Hier der weitere Gebrauch.

 Die Präposition **de** wird verwendet
- **zur Angabe von Besitz und Zugehörigkeit:**
  El perro de Miguel se llama Barry. *Miguels Hund heißt Barry.*
- **zur Angabe von Ursprung und Herkunft:**
  Estas naranjas son de Valencia. *Diese Orangen sind aus Valencia.*
- **zur Angabe des Materials:**
  La blusa es de seda. *Die Bluse ist aus Seide.*
- **bei Mengenangaben:**
  un litro de vino tinto *ein Liter Rotwein*, una caja de galletas *eine Schachtel Kekse*
- **zur Angabe einer Eigenschaft:**
  artículos de buena calidad *Artikel von guter Qualität*
- **in Verbindung mit der Uhrzeit und zur Angabe der Tageszeit:**
  a las ocho de la mañana *um acht Uhr morgens*
  de día/de noche *tagsüber/nachts*
- **in Verbindung mit anderen Präpositionen:**
  delante de la casa *vor dem Haus*
- **zur Identifikation von Personen:**
  la señora de la falda negra *die Frau mit dem schwarzen Rock*
- **bei Vergleichen mit Zahlen:**
  más de 100 euros *mehr als 100 Euro*
- **zur Wiedergabe deutscher zusammengesetzter Substantive:**
  una fábrica de coches *eine Autofabrik*, un bocadillo de jamón *ein Schinkenbrötchen*
- **zur Angabe der Art und Weise:**
  de una vez *auf einmal*, de repente *plötzlich*
- **nach Verben und in Wendungen wie:**
  terminar de hacer algo *aufhören, etwas zu tun*, dejar de hacer algo *es lassen, etwas zu tun*, ir de vacaciones *in Urlaub fahren*, ir de compras *einkaufen gehen*

! De + el wird zu del zusammengezogen: Esta es la oficina **del** jefe. *Das ist das Büro des Chefs.*

Präpositionen (2): *de* 64

1. Aus welchem Material sind die folgenden Gegenstände? Ordnen Sie zu.

a. una mesa (*aus Holz*)
b. un jersey (*aus Wolle*)
c. un vaso (*aus Kristallglas*)
d. una caja (*aus Plastik*)
e. un anillo (*aus Gold*)
f. una camiseta (*aus Baumwolle*)
g. un collar (*aus Silber*)
h. una hoja (*aus Papier*)

1. de oro
2. de papel
3. de algodón
4. de plata
5. de madera
6. de cristal
7. de lana
8. de plástico

2. Sie zeigen Freunden ein Foto Ihrer Familie und erklären, wer die einzelnen Personen sind. Formen Sie die Sätze wie im Beispiel um.

El señor que lleva barba es mi tío. → *El señor de la barba . . .*

a. La señora que lleva una blusa blanca es mi madre. → _____
b. El chico que lleva bigote es mi primo Luis. → _____
c. La chica que tiene el pelo largo y rizado es mi hermana. → _____
d. La mujer que está a la derecha es mi suegra. → _____
e. La chica que lleva gafas de sol es mi prima. → _____
f. La mujer que tiene un bebé en los brazos es mi tía Carmen. → _____
g. El señor que fuma pipa es mi tío Alberto. → _____
h. La niña que tiene una muñeca es mi sobrina Luisa. → _____

3. Ordnen Sie die Wörter zu einem Satz.

a. Carmen Ayer la nueve noche a las salió de. → _____
b. Granada de Molina señora La es. → _____
c. de van no año Este vacaciones. → _____
d. chaqueta la señora mi negra de es jefa La. → _____
e. El es coche del azul señor García. → _____
f. sobrino es niño El de pelota Manuel la mi. → _____

4. Übersetzen Sie den Einkaufszettel. Schreiben Sie die Zahlen und Mengenangaben aus.

a. 100 g Schinken _____
b. 3 Flaschen Rotwein _____
c. $^{1}/_{2}$ kg Tomaten _____
d. 1 Schachtel Schokoladenkekse _____
e. 1 Liter Milch _____
f. 2 Dosen Mais _____
g. 1 Paket Zucker _____
h. $^{1}/_{4}$ Liter Weißwein _____

65 Quedamos delante del cine.
Wir haben uns vor dem Kino verabredet.

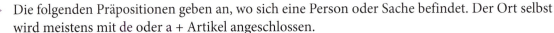

¡Ana, dónde estás? Quedamos delante del cine a las siete y veinte.

Delante de

Delante de ist eine zusammengesetzte Präposition.

 Die spanische und deutsche Bedeutung der folgenden Präpositionen stimmen weitgehend überein:
- con *mit*
  Tomo siempre té con limón. *Ich trinke immer Tee mit Zitrone.*
  „mit mir" = conmigo, „mit dir" = contigo, „mit sich" = consigo
- sin *ohne*
  Muchas personas están sin trabajo. *Viele Leute sind ohne Arbeit.*
- desde *seit* (Zeitpunkt) / desde hace *seit* (Zeitspanne)
  Estamos casados desde enero. *Wir sind seit Januar verheiratet.*
  Estamos casados desde hace dos años. *Wir sind seit zwei Jahren verheiratet.*
- hasta *bis* (örtlich und zeitlich)
  hasta mañana *bis morgen*
  hasta el semáforo *bis zur Ampel*
- desde/de ... hasta/a ... *von ... bis ...* (örtlich und zeitlich)
  desde/de Madrid hasta/a Toledo *von Madrid bis Toledo*
  Trabajo desde/de las 8 hasta/a las 5. *Ich arbeite von 8 bis 5 Uhr.*
- hacia *gegen* (örtlich und zeitlich)
  hacia las cinco *gegen 5 Uhr*
  hacia el norte *gegen/Richtung Norden*
- sobre *über, auf*
  hablar sobre un tema *über ein Thema sprechen*
  sobre la mesa *auf dem Tisch*

Die folgenden Präpositionen geben an, wo sich eine Person oder Sache befindet. Der Ort selbst wird meistens mit de oder a + Artikel angeschlossen.
- mit de: debajo de (*unter*), encima de (*über, auf*), en el centro de (*in der Mitte von*), delante de (*vor*), detrás de (*hinter*), enfrente de (*gegenüber*), dentro de (*in, innerhalb von*), fuera de (*außerhalb von*), al lado de (*neben*), a la derecha de (*rechts von/rechts neben*), a la izquierda de (*links von/links neben*), cerca de (*nahe bei/in der Nähe von*), lejos de (*weit weg/entfernt von*)
- mit a: junto a (*neben*)
- ohne weitere Präposition: en (*in, auf*), sobre (*auf*), entre (*zwischen*)

 • Mit den Präpositionen antes (*vor*) und después (*nach*) geben Sie eine Zeit an.
antes de cenar / antes de la cena *vor dem Abendessen*
después de desayunar / después del desayuno *nach dem Frühstück*

Präpositionen (3): weitere Präpositionen 65

1. In Felipes Zimmer herrscht ein großes Durcheinander. Wo befinden sich die Gegenstände? Verbinden Sie.

a. las gafas (*unter dem Sofa*)   1. detrás del armario
b. un zapato (*auf dem Computer*)   2. en el suelo
c. una revista (*hinter dem Schrank*)   3. en la caja de galletas
d. un jersey (*unter der Lampe*)   4. al lado de la mantequilla
e. un vaso de leche (*auf dem Fußboden*)   5. debajo del sofá
f. un peine (*neben der Butter*)   6. en el ordenador
g. un CD (*in der Keksschachtel*)   7. debajo de la lámpara

2. Tragen Sie von den unten stehenden Präpositionen die passende ein.

a. ¿Dónde está el gato? – Está durmiendo _____ el sofá.
b. ¿Cuántos kilómetros hay _____ Córdoba _____ Sevilla?
c. ¡Vamos a tomar un café! _____ de la discoteca hay una cafetería nueva.
d. _____ cinco meses vivimos _____ de Madrid.
e. La casa de Enrique está _____ a la oficina donde trabaja.

cerca   a la izquierda   desde/de   sobre   junto   desde hace   hasta/a

3. Verbinden Sie.

a. ¿Dónde están mis gafas?   1. Después de cenar.
b. ¿Quieres ir conmigo a la ciudad?   2. En tren. Vivimos cerca de la estación.
c. ¿Cuándo vamos a casa de Laura?   3. Hablamos sobre la Patagonia.
d. ¿Te has levantado temprano hoy?   4. Sí, me encanta ir de compras.
e. La clase de Geografía fue muy interesante.   5. Las has puesto encima de la mesa.
f. ¿Cómo vas al centro?   6. Sí, antes de las cinco.

4. Übersetzen Sie.

a. Frau Sánchez, trinken Sie den Kaffee mit oder ohne Zucker?

_____

b. Carmen und Manuel treffen sich um 8 Uhr vor dem Theater.

_____

c. Seit wann gehst du ins Fitness-Studio (*gimnasio*)? – Seit August letzten Jahres.

_____

d. Nach dem Spanischkurs sind wir in die Bar gegenüber gegangen.

_____

e. Früher spielten die Kinder immer hinter dem Haus.

_____

f. Rechts neben dem Museum befindet sich ein großer Park.

_____

66 Es perfecta para salir por la noche.
Sie ist ideal zum (abends) Ausgehen.

Para, por

Die beiden Präpositionen por und para machen uns oft Schwierigkeiten, zumal sie häufig beide mit „für" wiedergegeben werden. Hier einige Hinweise zum korrekten Gebrauch.

> Mira, Isabel, ¿te gusta mi nueva blusa?

> Sí, es perfecta para salir por la noche.

 Die Präposition **para** wird verwendet
- **zur Angabe des Zwecks und der Absicht:**
  Estudio español para trabajar en España. *Ich lerne Spanisch, um in Spanien zu arbeiten.*
- **zur Angabe der Richtung und des Ziels:**
  El tren para Madrid sale a las 10. *Der Zug nach Madrid fährt um 10 Uhr ab.*
- **zur Angabe des Empfängers:**
  Estas flores son para mi madre. *Diese Blumen sind für meine Mutter.*
- **zur Angabe der Menge:**
  Alquilan una casa para 4 personas. *Sie mieten ein Haus für 4 Personen.*
- **zur Angabe der Zeit:**
  Han reservado la mesa para las 8. *Sie haben den Tisch für 8 Uhr reserviert.*
- **zur Angabe einer Meinung:**
  Para mí es importante hacer mucho deporte. *Für mich ist es wichtig viel Sport zu treiben.*

 Die Präposition **por** wird verwendet
- **zur Angabe der Ursache und des Grundes:**
  Llegó tarde por el tráfico. *Er kam wegen des Verkehrs zu spät.*
- **zur ungefähren Ortsangabe oder zur Angabe eines Durchgangsortes:**
  Doy un paseo por el bosque. *Ich mache einen Spaziergang durch den Wald.*
  El tren pasa por Aranjuez. *Der Zug fährt über Aranjuez.*
- **zur Angabe des Mittels und der Art und Weise:**
  Te lo diré por teléfono. *Ich werde es dir am Telefon sagen.*
- **zur Angabe des Urhebers beim Passiv:**
  La Casa Millá fue construida por Gaudí. *Die Casa Millá wurde von Gaudí erbaut.*
- **für Zeitangaben:**
  ¿Cuándo vienes, por la tarde o por la noche? *Wann kommst du, am Nachmittag oder am Abend?*
- **zur Angabe des Preises:**
  ¿Cuánto pagaste por esta blusa? *Wie viel hast du für diese Bluse gezahlt?*
- **in der Bedeutung „zugunsten von" oder „anstelle von":**
  Hago el trabajo por ti. *Ich erledige die Arbeit für dich.*
- **in Wendungen wie:**
  por ejemplo (*zum Beispiel*), por eso (*deshalb*), por favor (*bitte*), por fin (*schließlich*), por lo menos (*zumindest*), por supuesto (*selbstverständlich*), por primera vez (*zum ersten Mal*)

Präpositionen (4): *para, por* 66

1. Setzen Sie para oder por ein.

a. Estudio español _____ trabajar en Argentina.

b. Si tienes tiempo, pasa _____ mi casa.

c. Esta carta no es _____ mí, es _____ mi vecino.

d. La Rioja es famosa _____ su vino tinto.

e. Fueron al campo _____ el fin de semana.

f. Pagamos diez mil euros _____ el coche.

g. Los lunes _____ la tarde no tiene que trabajar.

h. No salimos de casa _____ el frío.

2. Beenden Sie die Sätze mit einem der Elemente.

a. Compró el reproductor de DVD _____.

b. Necesitamos una alfombra _____.

c. Voy a enviarte la carta _____.

d. Alquilaron el apartamento _____.

e. Este cuadro fue pintado _____.

f. No sé cuándo sale el avión _____.

para el salón

por Miró

por 100 euros

para el fin de semana

para Caracas

por e-mail

3. Wie lautet die Antwort? Verbinden Sie.

a. ¿Este regalo es para mí?

b. ¿Cuándo vais a cenar esta noche?

c. ¿Quién construyó esta pirámide?

d. ¿Puede Ud. confirmarlo por escrito?

e. ¿Por qué has comprado este sacacorchos?

f. ¿Hacéis deporte?

g. ¿Qué autobús va al aeropuerto?

1. Fue construida por los mayas.

2. Lo necesito para abrir la botella de vino.

3. Sí, es para tu cumpleaños.

4. Sí, mucho. Es bueno para la salud.

5. He reservado una mesa para las nueve.

6. Para ir al aeropuerto, tome el número cinco.

7. Por supuesto. Voy a enviarle un e-mail.

4. Übersetzen Sie.

a. Wir sind gekommen, um dir zu helfen.

_____

b. Auf unserer Reise durch Spanien sind wir auch durch Gerona gefahren.

_____

c. Ich habe diese Uhr für 30 Euro gekauft.

_____

d. Für wen sind diese Blumen? – Sie sind für meine Tante.

_____

e. Um wie viel Uhr fährt der Zug nach Salamanca ab?

_____

67 Aunque como menos, no adelgazo.
Obwohl ich weniger esse, nehme ich nicht ab.

Aunque

Aunque (*obwohl*) ist eine Konjunktion (= Bindewort). Konjunktionen verbinden Sätze oder Satzteile miteinander.

 Konjunktionen, nach denen der **Indikativ** steht:

y (*und*), e vor i- und hi-	Me gustan los gatos **y** los perros. *Ich mag Katzen und Hunde.* Hablo español **e** inglés. *Ich spreche Spanisch und Englisch.*
o (*oder*), u vor o- oder ho-	¿Tomamos vino **o** cerveza? *Trinken wir Wein oder Bier?* ¿Quieres siete **u** ocho? *Willst du sieben oder acht?*
pero (*aber*)	Me gustaría ir al cine, **pero** no tengo tiempo. *Ich würde gerne ins Kino gehen, aber ich habe keine Zeit.*
sino (*sondern*)	No van a Tenerife **sino** a La Gomera. *Sie fahren nicht nach Teneriffa, sondern nach La Gomera.*
porque (*da, weil*)	No fui **porque** hacía mucho frío. *Ich ging nicht hin, weil es sehr kalt war.*
como (*da, weil*)	**Como** llovía, no vino. *Da es regnete, kam er nicht.*

 Konjunktionen, nach denen der **Subjuntivo** steht:

para que (*um zu*)	Peter estudia español **para que** su novia peruana le entienda. *Peter lernt Spanisch, damit seine peruanische Freundin ihn versteht.*
sin que (*ohne dass*)	Abandonamos la fiesta **sin que** nadie se diera cuenta. *Wir verließen die Party, ohne dass es jemand merkte.*

Nach einigen Konjunktionen steht der **Indikativ oder** der **Subjuntivo**. Mit dem **Indikativ** wird ein gegenwärtiger Sachverhalt oder ein Ereignis, das in der Gegenwart oder Vergangenheit tatsächlich geschieht bzw. geschehen ist, wiedergegeben. Ist der Zeitpunkt ungewiss und bezieht sich auf die Zukunft, verwendet man den **Subjuntivo**. Zu diesen Konjunktionen gehören:
aunque (mit Indikativ: *obwohl*; mit Subjuntivo: *wenn auch*), cuando (mit Indikativ: *[immer] wenn, als*; mit Subjuntivo: *sobald*), mientras (mit Indikativ: *während*; mit Subjuntivo: *solange*).
Aunque llueve, vamos a la playa. *Obwohl es regnet, fahren wir zum Strand.* (= Tatsache ist, dass es regnet und wir trotzdem zum Strand fahren.)
Aunque llueva, vamos a la playa. *Auch wenn es regnet, fahren wir zum Strand.* (= Es ist nicht sicher, ob es überhaupt regnen wird.)

Konjunktionen 67

1. Übersetzen Sie die Konjunktion in der Klammer.

a. Este artículo es interesante (*und*) _____ informativo.

b. Luis no juega al tenis (*sondern*) _____ al squash.

c. (*Sobald*) _____ mi ordenador funcione, te envío un e-mail.

d. El profesor les explicó la gramática (*damit*) _____ pudieran hacer los ejercicios.

e. Te ayudo (*obwohl*) _____ no tengo tiempo.

f. ¿Quieres otro bocadillo (*oder*) _____ otro pastel?

2. Indikativ oder Subjuntivo? Kreuzen Sie die richtige Verbform an.

a. No voy a la montaña en invierno, porque no _____ esquiar.

    sé

    sepa

b. Aunque mañana _____ mucho calor, no irán al lago.

    haga

    hace

c. Cuando Teresa _____ niña, siempre jugaba al fútbol con su hermano.

    era

    fuera

d. Compro muchas verduras para que _____ preparar una ensalada muy rica.

    podemos

    podamos

e. Hasta que no _____ , no empezamos.

    vuelva

    vuelve

3. Übersetzen Sie.

a. Da es schon sehr spät war, gingen wir nach Hause.

_____

b. Auch wenn ich Zeit hätte, würde ich nicht kommen.

_____

c. Die Väter gingen mit ihren Söhnen und Töchtern in den Zoo.

_____

d. Ich werde es dir sagen, sobald ich es weiß.

_____

e. Möchtest du lieber das Essen machen oder dich um die Kinder kümmern?

_____

68 No se siente absolutamente nada.
Man spürt überhaupt nichts.

No ... nada

Mit der Konstruktion no ... nada (*nichts*) wird im Spanischen eine Verneinung ausgedrückt.

Die Verneinung wird im Spanischen gewöhnlich mit no ausgedrückt. No bedeutet sowohl „nein" als auch „nicht". In der Regel steht no vor dem konjugierten Verb.
No tengo tiempo. *Ich habe keine Zeit.*
No has abierto la puerta. *Du hast die Tür nicht geöffnet.*

➡ Sind dem konjugierten Verb Pronomen vorangestellt, tritt no vor die Pronomen.
No te lo he dicho todavía. *Ich habe es dir noch nicht gesagt.*

➡ Im Spanischen gibt es die doppelte Verneinung. Dazu wird no mit einem anderen Verneinungswort kombiniert.
No he visto a nadie. *Ich habe niemanden gesehen.*
No entfällt, wenn das andere Verneinungswort vor das konjugierte Verb oder die Pronomen gesetzt wird.
No te lo diré nunca. **Aber:** Nunca te lo diré. *Ich werde es dir nie sagen.*

Verneinungswörter sind z. B. nada (*nichts*), nadie (*niemand*), ninguno/-a/-os/-as (*kein/-e*), ya no (*nicht mehr*), todavía no/aún no (*noch nicht*), ni siquiera (*nicht einmal*), jamás (*nie*), no más que (*nur*), no ... sino (*nicht ... sondern*), tampoco (*auch nicht*).

! Kombinierte Verneinungswörter werden im Deutschen häufig positiv übersetzt.
No he dicho nada a nadie. *Ich habe niemandem etwas gesagt.*
Se fue sin decir nada. *Er ging, ohne etwas zu sagen.*

➡ No ... ni oder no ... ni ... ni bedeutet „weder ... noch".
No hablo inglés ni francés. oder: No hablo ni inglés ni francés. *Ich spreche weder Englisch noch Französisch.*
Ni kann auch am Satzanfang stehen, wobei dann no entfällt.
Ni tú ni yo hemos ganado el premio. *Weder du noch ich haben den Preis gewonnen.*

➡ No kann auch vor andere Wörter treten und diese verneinen.
No todo lo que dices es correcto. *Nicht alles, was du sagst, ist richtig.*

152

Verneinung 68

1. Antworten Sie auf Spanisch.

a. ¿Has estado alguna vez en Ibiza? – (*Nein, noch nie.*)
_____

b. ¿Ha llamado alguien? – (*Nein, niemand.*) _____

c. ¿Juan, sabes cómo funciona este ordenador? – (*Nein, ich verstehe nichts von Computern.*)
_____

d. ¿Dónde desayunas, en casa o en un bar? – (*Ich frühstücke nie.*)
_____

e. ¿Cómo tomas el café? – (*Ich trinke keinen Kaffee.*)
_____

2. Ordnen Sie die Wörter zu einem Satz.

a. este En nunca país nieva no. → _____

b. visto a hemos No nadie. → _____

c. no compras hecho Todavía he las. → _____

d. barco América Nunca a iría en. → _____

e. nada no Hoy comido han. → _____

f. al gimnasio voy no Ya. → _____

3. Tragen Sie jeweils das passende Verneinungswort in die Satzlücken ein.

a. _____ han estado en Ecuador.

b. _____ hay _____ en casa.

c. Mi padre tiene 66 años y _____ trabaja.

d. _____ queda _____ botella de agua mineral.

e. ¿Cuántos chicos hay en tu curso? – _____.
   Somos solamente chicas.

f. _____ nos trajeron _____, _____
   flores _____ vino.

> no   no
> ni   nada   no   nadie
> nunca   ya no   ninguno
> ni   ninguna

4. Übersetzen Sie.

a. Warum hast du mich nie angerufen?
_____

b. Wir sind nicht mit dem Auto, sondern mit der U-Bahn in die Stadt gefahren.
_____

c. Warum hat er dir nie etwas geschenkt?
_____

d. Er mag weder Hunde noch Katzen.
_____

e. Sie hat den Brief noch nicht geschrieben und wird ihn auch nie schreiben.
_____

69 Si fuera rico, estudiaría Enología.
Wenn ich reich wäre, würde ich Weinkunde studieren.

Si fuera ..., estudiaría ...

Die Verben in diesem Bedingungssatz stehen im Imperfekt des Subjuntivo (Nebensatz: fuera) und im Konditional I (Hauptsatz: estudiaría).

Man unterscheidet reale, potenzielle und irreale Bedingungssätze.

Ein Bedingungssatz ist real, wenn die Bedingung in der Gegenwart oder Zukunft erfüllt werden kann. Die Bedingung wird mit si eingeleitet. Das Verb im si-Satz steht im Präsens Indikativ, das Verb im Hauptsatz im Präsens Indikativ (→ Kapitel 14–27), Futur I (→ Kapitel 37–38) oder Imperativ (→ Kapitel 43–45).
Si tengo tiempo, te ayudo. *Wenn ich Zeit habe, helfe ich dir.*
Si tengo tiempo, te ayudaré. *Wenn ich Zeit habe, werde ich dir helfen.*
Si tienes tiempo, ¡ayúdame! *Wenn du Zeit hast, hilf mir!*

Ein Bedingungssatz gilt als potenziell, wenn sich die Bedingung im Augenblick nicht verwirklichen lässt oder ihre Erfüllung eher unwahrscheinlich ist. Das Verb im si-Satz steht im Imperfekt des Subjuntivo (→ Kapitel 51), das Verb im Hauptsatz im Konditional I (→ Kapitel 39).
Si tuviera tiempo, te ayudaría. *Wenn ich Zeit hätte, würde ich dir helfen.*

Irreal ist ein si-Satz, der eine Bedingung enthält, die nicht mehr erfüllbar ist, weil die Möglichkeit dazu schon vergangen ist. In diesem Fall steht das Verb im si-Satz im Plusquamperfekt des Subjuntivo (→ Kapitel 51), das Verb im Hauptsatz im Konditional II (→ Kapitel 40).
Si hubiera tenido tiempo, te habría ayudado. *Wenn ich Zeit gehabt hätte, hätte ich dir geholfen.*

Bedingungssätze 69

1. **Die folgenden Sätze enthalten reale Bedingungen. Setzen Sie das spanische Verb in der richtigen Form ein und übersetzen Sie den deutschen Ausdruck in der Klammer.**

a. Si me (*tú-dar*) _____ tu número de teléfono,
   (*rufe ich dich an*) _____.

b. Yo os (*ayudar*) _____ en el jardín,
   (*wenn ihr mir in der Küche helft*) _____.

c. Si (*nosotros-tomar*) _____ el avión,
   (*kommen wir früher an*) _____.

d. Si no (*ella-tener*) _____ que trabajar el sábado,
   (*kommt sie*) _____.

e. Si usted (*preferir*) _____ ir a la ópera,
   (*gehe ich mit Ihnen*) _____.

2. **Es ist eher unwahrscheinlich, dass sich die Bedingungen der folgenden Sätze erfüllen. Setzen Sie die Verben in der Klammer ein und ergänzen Sie die Sätze mit einem der Verben in der richtigen Zeitform.**

a. Si (*yo-tener*) _____ dinero, (*yo*) _____ el coche.

b. Si ella no te (*ayudar*) _____, nosotros lo _____.

c. (*ellos- ir*) _____ a la playa, si no _____.

d. Te lo (*yo-decir*) _____, si lo (*yo*) _____.

e. Si (*vosotros-tener*) _____ hambre, (*vosotros*) _____ más.

f. Si Ud. (*venir*) _____ esta tarde, le (*yo*) _____ a café y pastel.

comer   invitar   comprar   saber   llover   hacer

3. **Die Bedingung der folgenden Sätze lässt sich in der Gegenwart nicht mehr realisieren. Tragen Sie die erforderlichen Verbformen ein.**

a. No (*nosotros-perder*) _____ el tren, si (*nosotros-salir*) _____
   de casa a tiempo.

b. Si (*él-estudiar*) _____ más, (*él-aprobar*) _____ el examen.

c. Si esta tarea no (*ser*) _____ tan difícil, la (*ella-hacer*) _____.

d. (*ellos-ganar*) _____ el partido de fútbol, si (*ellos-jugar*) _____ mejor.

e. Yo lo (*saber*) _____, si tú me lo (*decir*) _____.

f. Si (*nosotros-conocer*) _____ el hotel, no te lo (*nosotros-recomendar*) _____.

4. **Wandeln Sie den realen in einen potenziellen Bedingungssatz um.**

   Si tengo tiempo, voy a verte. → *Si tuviera tiempo, iría a verte.*

a. Si llueve, no damos un paseo. → _____

b. Si me ayudas, termino el trabajo más pronto. → _____

c. Si nos toca la lotería, hacemos un largo viaje. → _____

d. Si tienes reproductor de DVD, podemos ver la película en casa. → _____

e. Si Ud. me llama, se lo cuento. → _____

70 Dijiste que conocías el camino.
Du hast gesagt, dass du den Weg kennst.

Dijiste que conocías

Um eine Aussage, Frage oder Aufforderung wiederzugeben, verwendet man die indirekte Rede (estilo indirecto).
Dijiste que conocías el camino.
(*Du hast gesagt, dass du den Weg kennst.*)

 Ein **Aussagesatz** wird in der indirekten Rede durch que eingeleitet. Eine direkte **Frage ohne Fragepronomen** beginnt mit si. **Fragepronomen** werden übernommen und behalten den Akzent. Subjekte und Objekte werden angepasst.

Juan: –¿Puedo ir contigo? → Juan pregunta si puede ir conmigo. *Juan: „Kann ich mit dir gehen?"* → *Juan fragt, ob er mit mir gehen könne/kann.*
Paco: –¿Quién ha llamado? → Paco pregunta quién ha llamado. *Paco: „Wer hat angerufen?"* → *Paco fragt, wer angerufen habe/hat.*

In indirekten **Aufforderungen** steht der Subjuntivo.
Teresa: –¡Juana, abre la ventana, por favor! → Teresa pide a Juana que abra la ventana.
Teresa: „Juana, öffne bitte das Fenster!" → *Teresa bittet Juana, sie solle das Fenster öffnen.*

 Wird die indirekte Rede durch ein Verb im Präsens eingeleitet, weist das Verb in der indirekten Rede die gleiche Zeit auf wie in der direkten Rede (siehe Beispiele oben).

 Wird die indirekte Rede hingegen mit einem Verb in einer Vergangenheitsform (Indefinido, Perfekt, Imperfekt, Plusquamperfekt) eingeleitet, verändert sich die Zeitform der direkten Rede nach dem folgenden Schema.

direkte Rede	indirekte Rede	Beispiel
Präsens	Imperfekt	–El sábado vamos al concierto.
Perfekt	Plusquamperfekt	„Am Samstag gehen wir ins
Indefinido	Plusquamperfekt	Konzert."
Futur I	Konditional I	→ Dijo que el sábado iban al
Präsens des Subjuntivo	Imperfekt des Subjuntivo	concierto. *Er sagte, dass sie am*
Imperativ	Imperfekt des Subjuntivo	*Samstag ins Konzert gingen.*

! Aber: Imperfekt, Plusquamperfekt, Konditional II und Imperfekt des Subjuntivo bleiben in der indirekten Rede erhalten.
–Siempre cenaba a las ocho. *„Ich aß immer um 8 Uhr zu Abend."*
→ Dijo que siempre cenaba a las ocho. *Er sagte, dass er immer um 8 Uhr zu Abend aß.*

Direkte und indirekte Rede **70**

1. Formen Sie um.

a. Teresa: –No me gusta ir a la playa cuando hace frío. →
   Teresa dice que _____.

b. Ellos: –¿Cuándo volverás de vacaciones? →
   Me preguntaron cuándo _____.

c. Tú: –¡Cierra las ventanas, por favor! →
   Me dices que _____

d. Antonio a Miguel: –¿Me dejas tu coche para el fin de semana? →
   Antonio preguntó a Miguel si _____.

e. Yo: –¿Qué hizo Ud. en las vacaciones pasadas? →
   Quería saber qué _____.

2. Ergänzen Sie mit der richtigen Verbform.

a. Paco: –Isabel, ¿tienes ganas de ir al cine conmigo?
   Paco le preguntó a Isabel si _____ ganas de ir al cine con él.
      tendría
      tenía

b. La madre: –¡Niños, no hagáis tanto ruido!
   La madre les dice a los niños que no _____ tanto ruido.
      hicieran
      hagan

c. Miguel a su amigo Juan: –¿Por qué no viniste a la fiesta de Carmen?
   Miguel le preguntó a su amigo Juan por qué no _____ a la fiesta de Carmen.
      vino
      había venido

d. Tú a mí: –En verano iré a Lanzarote.
   Me dijiste que en verano _____ a Lanzarote.
      irías
      irás

3. Verbinden Sie die beiden Spalten zu ganzen Sätzen und setzen Sie den Infinitiv in der richtigen Form ein.

a. En la tele dijeron . . .   1. si ya (*conocer*) _____ a su madre.
b. Ya te hemos dicho . . .   2. que le (*llamar*) _____ el lunes a las seis.
c. Teresa me preguntó . . .   3. que la próxima semana (*llover*) _____ mucho.
d. Mi amiga propuso . . .   4. que (*ir*) _____ al cine aquella noche.
e. José me dijo . . .   5. que no (*comprender*) _____ nada.

157

TEST 5

Kapitel 53–70

Wählen Sie die richtige Form.

Subjektpronomen

1. ¿Qué idiomas habláis?
   ___ hablo francés, y ___ habla español.
   a) ▢ yo / tú
   b) ▢ yo / ella

2. Y ___, ¿qué idioma hablas?
   a) ▢ tú
   b) ▢ vosotros

Objektpronomen

3. Este piso nos gusta. ___ alquilamos.
   a) ▢ Lo
   b) ▢ La

4. ¿Puedo abrir la ventana? – ¡Ábre___!
   a) ▢ la
   b) ▢ ella

5. He perdido mis gafas, y ahora estoy buscándo___.
   a) ▢ las
   b) ▢ la

6. A mí ___ gusta mucho este perro.
   ¿Y a___?
   a) ▢ me / te
   b) ▢ me / ti

7. ¿Qué ___ regalo a mis padres para su boda de plata?
   a) ▢ los
   b) ▢ les

8. ¿Me das el plano, por favor? – Acabo de dár___.
   a) ▢ te lo
   b) ▢ telo

9. ¿Puedo ver el DVD? – Sí, pero ___ ___ quiero devolver a Jorge mañana.
   a) ▢ le / lo
   b) ▢ se / lo

Possessivpronomen

10. Ana, ¿este pañuelo es ___? – Sí, es ___.
    a) ▢ tuya / mío
    b) ▢ tuyo / mío

11. La señora que ves allí es ___ tía.
    a) ▢ mía
    b) ▢ mi

Demonstrativpronomen

12. ___ coche no me gusta, ___ sí.
    a) ▢ este / aquello
    b) ▢ este / aquel

13. ¿Qué CD vas a comprar, ___ o ___?
    a) ▢ esto / eso
    b) ▢ este / ese

Indefinita

14. ¿Desea ___ más? – No gracias, no quiero ___ más.
    a) ▢ algo / nada
    b) ▢ algún / ningún

15. Ha invitado a ___ sus amigos y amigas.
    a) ▢ todas
    b) ▢ todos

16. ¿Ha llamado ___? – No, ___.
    a) ▢ alguien / nadie
    b) ▢ alguien / ningún

Interrogativpronomen

17. Tengo tarta de fresa y de melocotón.
    ¿___ quieres?
    a) ▢ Qué
    b) ▢ Cuál

18. ¿De ___ es este coche? – Es de Pedro.
    a) ▢ quién
    b) ▢ cuál

19. ¿___ horas tienes que trabajar por semana?
    a) ▢ Cuántas
    b) ▢ Cuánta

20. ¿___ cuestan estos cuadros?
    a) Cuántos
    b) Cuánto

Relativpronomen

21. Los niños ___ madre es italiana hablan alemán e italiano.
    a) cuyos
    b) cuya

22. El señor ___ está leyendo el periódico es mi padre.
    a) que
    b) lo cual

Präpositionen

23. Compramos tres kilos ___ naranjas y dos ___ sandías.
    a) de / de
    b) de / ∅

24. Están jugando al tenis ___ cuatro horas.
    a) desde
    b) desde hace

25. ¿Este regalo es ___ mí? Sí, es ___ tu cumpleaños.
    a) para / para
    b) para / por

Bedingungssätze

26. Si me ___ cuando llegarás, te ___ en la estación.
    a) dirías / recogeré
    b) dices / recogeré

27. Si me ___ dado tu dirección, te ___ enviado un e-mail.
    a) hubieras / habría
    b) habría / hubieras

Indirekte Rede

28. –Puedes ayudarme a lavar los platos? Me preguntas si te ___ ayudar a lavar los platos.
    a) puedo
    b) podría

29. –¿Ha llamado alguien? Querías saber si alguien ___.
    a) había llamado
    b) ha llamado

30. –¡Llámame antes de las ocho! Me dijo que le ___ antes de las ocho.
    a) llamaría
    b) llamara

Vergleichen Sie nun Ihre Lösungen mit dem Schlüssel auf S. 185. Wenn Sie die Aufgaben nicht richtig gelöst haben, wiederholen Sie noch einmal das betreffende Kapitel. Diese Tabelle zeigt Ihnen, auf welches Kapitel sich die einzelnen Aufgaben beziehen.

Aufgabe	Kapitel	Aufgabe	Kapitel	Aufgabe	Kapitel	Aufgabe	Kapitel	Aufgabe	Kapitel
1	53	7	55	13	59	19	61	25	66
2	53	8	56	14	60	20	61	26	69
3	54	9	56	15	60	21	62	27	69
4	54	10	58	16	60	22	62	28	70
5	54	11	58	17	61	23	64	29	70
6	55	12	59	18	61	24	65	30	70

Verbtabellen

Infinitiv	Präsens Indikativ	Indefinido	Imperfekt	Futur I
Regelmäßige Verben auf -ar				
tomar	tomo	tomé	tomaba	tomaré
nehmen	tomas	tomaste	tomabas	tomarás
	toma	tomó	tomaba	tomará
	tomamos	tomamos	tomábamos	tomaremos
	tomáis	tomasteis	tomabais	tomaréis
	toman	tomaron	tomaban	tomarán
Regelmäßige Verben auf -er				
comer	como	comí	comía	comeré
essen	comes	comiste	comías	comerás
	come	comió	comía	comerá
	comemos	comimos	comíamos	comeremos
	coméis	comisteis	comíais	comeréis
	comen	comieron	comían	comerán
Regelmäßige Verben auf -ir				
vivir	vivo	viví	vivía	viviré
leben/	vives	viviste	vivías	vivirás
wohnen	vive	vivió	vivía	vivirá
	vivimos	vivimos	vivíamos	viviremos
	vivís	vivisteis	vivíais	viviréis
	viven	vivieron	vivían	vivirán
Diphthongverben der Gruppe e > ie auf -ar				
pensar	pienso	pensé	pensaba	pensaré
denken	piensas	pensaste	pensabas	pensarás
	piensa	pensó	pensaba	pensará
	pensamos	pensamos	pensábamos	pensaremos
	pensáis	pensasteis	pensabais	pensaréis
	piensan	pensaron	pensaban	pensarán
Diphthongverben der Gruppe e > ie auf -er				
entender	entiendo	entendí	entendía	entenderé
verstehen	entiendes	entendiste	entendías	entenderás
	entiende	entendió	entendía	entenderá
	entendemos	entendimos	entendíamos	entenderemos
	entendéis	entendisteis	entendíais	entenderéis
	entienden	entendieron	entendían	entenderán

Verbtabellen

Konditional I	Präsens Subjuntivo	Imperfekt Subjuntivo	Imperativ	Gerundium/ Partizip
tomaría	tome	tomara/se	toma (*tú*)	tomando/
tomarías	tomes	tomaras/ses	tomad (*vos.*)	tomado
tomaría	tome	tomara/se	tome (*Ud.*)	
tomaríamos	tomemos	tomáramos/semos	tomen (*Uds.*)	
tomaríais	toméis	tomarais/seis		
tomarían	tomen	tomaran/sen		
comería	coma	comiera/se	come (*tú*)	comiendo/
comerías	comas	comieras/ses	comed (*vos.*)	comido
comería	coma	comiera/se	coma (*Ud.*)	
comeríamos	comamos	comiéramos/semos	coman (*Uds.*)	
comeríais	comáis	comierais/seis		
comerían	coman	comieran/sen		
viviría	viva	viviera/se	vive (*tú*)	viviendo/
vivirías	vivas	vivieras/ses	vivid (*vos.*)	vivido
viviría	viva	viviera/se	viva (*Ud.*)	
viviríamos	vivamos	viviéramos/semos	vivan (*Uds.*)	
viviríais	viváis	vivierais/seis		
vivirían	vivan	vivieran/sen		
pensaría	piense	pensara/se	piensa (*tú*)	pensando/
pensarías	pienses	pensaras/ses	pensad (*vos.*)	pensado
pensaría	piense	pensara/se	piense (*Ud.*)	
pensaríamos	pensemos	pensáramos/semos	piensen (*Uds.*)	
pensaríais	penséis	pensarais/seis		
pensarían	piensen	pensaran/sen		
entendería	entienda	entendiera/se	entiende (*tú*)	entendiendo/
entenderías	entiendas	entendieras/ses	entended (*vos.*)	entendido
entendería	entienda	entendiera/se	entienda (*Ud.*)	
entenderíamos	entendamos	entendiéramos/semos	entiendan (*Uds.*)	
entenderíais	entendáis	entendierais/seis		
entenderían	entiendan	entendieran/sen		

Verbtabellen

Infinitiv	Präsens Indikativ	Indefinido	Imperfekt	Futur I
Diphthongverben der Gruppe e > ie auf -ir				
sentir	siento	sentí	sentía	sentiré
fühlen	sientes	sentiste	sentías	sentirás
	siente	sintió	sentía	sentirá
	sentimos	sentimos	sentíamos	sentiremos
	sentís	sentisteis	sentíais	sentiréis
	sienten	sintieron	sentían	sentirán
Diphthongverben der Gruppe o > ue auf -ar				
contar	cuento	conté	contaba	contaré
(er)zählen	cuentas	contaste	contabas	contarás
	cuenta	contó	contaba	contará
	contamos	contamos	contábamos	contaremos
	contáis	contasteis	contabais	contaréis
	cuentan	contaron	contaban	contarán
Diphthongverben der Gruppe o > ue auf -er				
volver	vuelvo	volví	volvía	volveré
zurück-	vuelves	volviste	volvías	volverás
kehren	vuelve	volvió	volvía	volverá
	volvemos	volvimos	volvíamos	volveremos
	volvéis	volvisteis	volvíais	volveréis
	vuelven	volvieron	volvían	volverán
Diphthongverben der Gruppe o > ue auf -ir				
dormir	duermo	dormí	dormía	dormiré
schlafen	duermes	dormiste	dormías	dormirás
	duerme	durmió	dormía	dormirá
	dormimos	dormimos	dormíamos	dormiremos
	dormís	dormisteis	dormíais	dormiréis
	duermen	durmieron	dormían	dormirán
Verben der Gruppe e > i				
pedir	pido	pedí	pedía	pediré
bitten	pides	pediste	pedías	pedirás
	pide	pidió	pedía	pedirá
	pedimos	pedimos	pedíamos	pediremos
	pedís	pedisteis	pedíais	pediréis
	piden	pidieron	pedían	pedirán

Verbtabellen

Konditional I	Präsens Subjuntivo	Imperfekt Subjuntivo	Imperativ	Gerundium/ Partizip
sentiría	sienta	sintiera/se	siente (*tú*)	sintiendo/
sentirías	sientas	sintieras/ses	sentid (*vos.*)	sentido
sentiría	sienta	sintiera/se	sienta (*Ud.*)	
sentiríamos	sintamos	sintiéramos/semos	sientan (*Uds.*)	
sentiríais	sintáis	sintierais/seis		
sentirían	sientan	sintieran/sen		
contaría	cuente	contara/se	cuenta (*tú*)	contando/
contarías	cuentes	contaras/ses	contad (*vos.*)	contado
contaría	cuente	contara/se	cuente (*Ud.*)	
contaríamos	contemos	contáramos/semos	cuenten (*Uds.*)	
contaríais	contéis	contarais/seis		
contarían	cuenten	contaran/sen		
volvería	vuelva	volviera/se	vuelve (*tú*)	volviendo/
volverías	vuelvas	volvieras/ses	volved (*vos.*)	vuelto
volvería	vuelva	volviera/se	vuelva (*Ud.*)	
volveríamos	volvamos	volviéramos/semos	vuelvan (*Uds.*)	
volveríais	volváis	volvierais/seis		
volverían	vuelvan	volvieran/sen		
dormiría	duerma	durmiera/se	duerme (*tú*)	durmiendo/
dormirías	duermas	durmieras/ses	dormid (*vos.*)	dormido
dormiría	duerma	durmiera/se	duerma (*Ud.*)	
dormiríamos	durmamos	durmiéramos/semos	duerman (*Uds.*)	
dormiríais	durmáis	durmierais/seis		
dormirían	duerman	durmieran/sen		
pediría	pida	pidiera/se	pide (*tú*)	pidiendo/
pedirías	pidas	pidieras/ses	pedid (*vos.*)	pedido
pediría	pida	pidiera/se	pida (*Ud.*)	
pediríamos	pidamos	pidiéramos/semos	pidan (*Uds.*)	
pediríais	pidáis	pidierais/seis		
pedirían	pidan	pidieran/sen		

Verbtabellen

Infinitiv	Präsens Indikativ	Indefinido	Imperfekt	Futur I
Verben auf -acer, -ecer, -ocer und -ucir				
conocer	conozco	conocí	conocía	conoceré
kennen/	conoces	conociste	conocías	conocerás
kennen	conoce	conoció	conocía	conocerá
lernen	conocemos	conocimos	conocíamos	conoceremos
	conocéis	conocisteis	conocíais	conoceréis
	conocen	conocieron	conocían	conocerán
Wichtige unregelmäßige Verben				
caber	quepo	cupe	cabía	cabré
hinein-	cabes	cupiste	cabías	cabrás
passen	cabe	cupo	cabía	cabrá
	cabemos	cupimos	cabíamos	cabremos
	cabéis	cupisteis	cabíais	cabréis
	caben	cupieron	cabían	cabrán
dar	doy	di	daba	daré
geben	das	diste	dabas	darás
	da	dio	daba	dará
	damos	dimos	dábamos	daremos
	dais	disteis	dabais	daréis
	dan	dieron	daban	darán
decir	digo	dije	decía	diré
sagen	dices	dijiste	decías	dirás
	dice	dijo	decía	dirá
	decimos	dijimos	decíamos	diremos
	decís	dijisteis	decíais	diréis
	dicen	dijeron	decían	dirán
estar	estoy	estuve	estaba	estaré
sein/sich	estás	estuviste	estabas	estarás
befinden	está	estuvo	estaba	estará
	estamos	estuvimos	estábamos	estaremos
	estáis	estuvisteis	estabais	estaréis
	están	estuvieron	estaban	estarán
hacer	hago	hice	hacía	haré
machen/	haces	hiciste	hacías	harás
tun	hace	hizo	hacía	hará
	hacemos	hicimos	hacíamos	haremos
	hacéis	hicisteis	hacíais	haréis
	hacen	hicieron	hacían	harán

Verbtabellen

Konditional I	Präsens Subjuntivo	Imperfekt Subjuntivo	Imperativ	Gerundium/ Partizip
conocería	conozca	conociera/se	conoce (*tú*)	conociendo/
conocerías	conozcas	conocieras/ses	conoced (*vos.*)	conocido
conocería	conozca	conociera/se	conozca (*Ud.*)	
conoceríamos	conozcamos	conociéramos/semos	conozcan (*Uds.*)	
conoceríais	conozcáis	conocierais/seis		
conocerían	conozcan	conocieran/sen		
cabría	quepa	cupiera/se	cabe (*tú*)	cabiendo/
cabrías	quepas	cupieras/ses	cabed (*vos.*)	cabido
cabría	quepa	cupiera/se	quepa (*Ud.*	
cabríamos	quepamos	cupiéramos/semos	quepan (*Uds.*)	
cabríais	quepáis	cupierais/seis		
cabrían	quepan	cupieran/sen		
daría	dé	diera/se	da (*tú*)	dando/
darías	des	dieras/ses	dad (*vos.*)	dado
daría	dé	diera/se	dé (*Ud.*)	
daríamos	demos	diéramos/semos	den (*Uds.*)	
daríais	deis	dierais/seis		
darían	den	dieran/sen		
diría	diga	dijera/se	di (*tú*)	diciendo/
dirías	digas	dijeras/ses	decid (*vos.*)	dicho
diría	diga	dijera/se	diga (*Ud.*)	
diríamos	digamos	dijéramos/semos	digan (*Uds.*)	
dirías	digáis	dijerais/seis		
diría	digan	dijeran/sen		
estaría	esté	estuviera/se	está (*tú*)	estando/
estarías	estés	estuvieras/ses	estad (*vos.*)	estado
estaría	esté	estuviera/se	esté (*Ud.*)	
estaríamos	estemos	estuviéramos/semos	estén (*Uds.*)	
estaríais	estéis	estuvierais/seis		
estarían	estén	estuvieran/sen		
haría	haga	hiciera/se	haz (*tú*)	haciendo/
harías	hagas	hicieras/ses	haced (*vos.*)	hecho
haría	haga	hiciera/se	haga (*Ud.*)	
haríamos	hagamos	hiciéramos/semos	hagan (*Uds.*)	
haríais	hagáis	hicierais/seis		
harían	hagan	hicieran/sen		

Verbtabellen

Infinitiv	Präsens Indikativ	Indefinido	Imperfekt	Futur I
ir *gehen/ fahren*	voy	fui	iba	iré
	vas	fuiste	ibas	irás
	va	fue	iba	irá
	vamos	fuimos	íbamos	iremos
	vais	fuisteis	ibais	iréis
	van	fueron	iban	irán
oír *hören*	oigo	oí	oía	oiré
	oyes	oíste	oías	oirás
	oye	oyó	oía	oirá
	oímos	oímos	oíamos	oiremos
	oís	oísteis	oíais	oiréis
	oyen	oyeron	oían	oirán
poder *können*	puedo	pude	podía	podré
	puedes	pudiste	podías	podrás
	puede	pudo	podía	podrá
	podemos	pudimos	podíamos	podremos
	podéis	pudisteis	podíais	podréis
	pueden	pudieron	podían	podrán
poner *setzen/ stellen/ legen*	pongo	puse	ponía	pondré
	pones	pusiste	ponías	pondrás
	pone	puso	ponía	pondrá
	ponemos	pusimos	poníamos	pondremos
	ponéis	pusisteis	poníais	pondréis
	ponen	pusieron	ponían	pondrán
querer *wollen*	quiero	quise	quería	querré
	quieres	quisiste	querías	querrás
	quiere	quiso	quería	querrá
	queremos	quisimos	queríamos	querremos
	queréis	quisisteis	queríais	querréis
	quieren	quisieron	querían	querrán
saber *wissen*	sé	supe	sabía	sabré
	sabes	supiste	sabías	sabrás
	sabe	supo	sabía	sabrá
	sabemos	supimos	sabíamos	sabremos
	sabéis	supisteis	sabíais	sabréis
	saben	supieron	sabían	sabrán

Verbtabellen

Konditional I	Präsens Subjuntivo	Imperfekt Subjuntivo	Imperativ	Gerundium/ Partizip
iría	vaya	fuera/se	ve/vete (*tú*)	yendo/
irías	vayas	fueras/ses	id/idos (*vos.*)	ido
iría	vaya	fuera/se	vaya (*Ud.*)	
iríamos	vayamos	fuéramos/semos	vayan (*Uds.*)	
iríais	vayáis	fuerais/seis	vamos/vámonos	
irían	vayan	fueran/sen	(*nos.*)	
oiría	oiga	oyera/se	oye (*tú*)	oyendo/
oirías	oigas	oyeras/ses	oid (*vos.*)	oído
oiría	oiga	oyera/se	oiga (*Ud.*)	
oiríamos	oigamos	oyéramos/semos	oigan (*Uds.*)	
oiríais	oigáis	oyerais/seis		
oirían	oigan	oyeran/sen		
podría	pueda	pudiera/se	puede (*tú*)	pudiendo/
podrías	puedas	pudieras/ses	poded (*vos.*)	podido
podría	pueda	pudiera/se	pueda (*Ud.*)	
podríamos	podamos	pudiéramos/semos	puedan (*Uds.*)	
podríais	podáis	pudierais/seis		
podrían	puedan	pudieran/sen		
pondría	ponga	pusiera/se	pon (*tú*)	poniendo/
pondrías	pongas	pusieras/ses	poned (*vos.*)	puesto
pondría	ponga	pusiera/se	ponga (*Ud.*)	
pondríamos	pongamos	pusiéramos/semos	pongan (*Uds.*)	
pondríais	pongáis	pusierais/seis		
pondrían	pongan	pusieran/sen		
querría	quiera	quisiera/se	quiere (*tú*)	queriendo/
querrías	quieras	quisieras/ses	quered (*vos.*)	querido
querría	quiera	quisiera/se	quiera (*Ud.*)	
querríamos	queramos	quisiéramos/semos	quieran (*Uds.*)	
querríais	queráis	quisierais/seis		
querrían	quieran	quisieran/sen		
sabría	sepa	supiera/se	sabe (*tú*)	sabiendo/
sabrías	sepas	supieras/ses	sabed (*vos.*)	sabido
sabría	sepa	supiera/se	sepa (*Ud.*)	
sabríamos	sepamos	supiéramos/semos	sepan (*Uds.*)	
sabríais	sepáis	supierais/seis		
sabrían	sepan	supieran/sen		

Verbtabellen

Infinitiv	Präsens Indikativ	Indefinido	Imperfekt	Futur I
salir weggehen/ ausgehen	salgo sales sale salimos salís salen	salí saliste salió salimos salisteis salieron	salía salías salía salíamos salíais salían	saldré saldrás saldrá saldremos saldréis saldrán
ser sein	soy eres es somos sois son	fui fuiste fue fuimos fuisteis fueron	era eras era éramos erais eran	seré serán será seremos seréis serán
tener haben	tengo tienes tiene tenemos tenéis tienen	tuve tuviste tuvo tuvimos tuvisteis tuvieron	tenía tenías tenía teníamos teníais tenían	tendré tendrás tendrá tendremos tendréis tendrán
traer bringen	traigo traes trae traemos traéis traen	traje trajiste trajo trajimos trajisteis trajeron	traía traías traía traíamos traíais traían	traeré traerás traerá traeremos traeréis traerán
venir kommen	vengo vienes viene venimos venís vienen	vine viniste vino vinimos vinisteis vinieron	venía venías venía veníamos veníais venían	vendré vendrás vendrá vendremos vendréis vendrán
ver sehen	veo ves ve vemos veis ven	vi viste vio vimos visteis vieron	veía veías veía veíamos veíais veían	veré verás verá veremos veréis verán

Verbtabellen

Konditional I	Präsens Subjuntivo	Imperfekt Subjuntivo	Imperativ	Gerundium/ Partizip
saldría	salga	saliera/se	sal (*tú*)	saliendo/
saldrías	salgas	salieras/ses	salid (*vos.*)	salido
saldría	salga	saliera/se	salga (*Ud.*)	
saldríamos	salgamos	saliéramos/semos	salgan (*Uds.*)	
saldríais	salgáis	salierais/seis		
saldrían	salgan	salieran/sen		
sería	sea	fuera/se	sé (*tú*)	siendo/
serías	seas	fueras/ses	sed (*vos.*)	sido
sería	sea	fuera/se	sea (*Ud.*)	
seríamos	seamos	fuéramos/semos	sean (*Uds.*)	
seríais	seáis	fuerais/seis		
serían	sean	fueran/sen		
tendría	tenga	tuviera/se	ten (*tú*)	teniendo/
tendrías	tengas	tuvieras/ses	tened (*vos.*)	tenido
tendría	tenga	tuviera/se	tenga (*Ud.*)	
tendríamos	tengamos	tuviéramos/semos	tengan (*Uds.*)	
tendríais	tengáis	tuvierais/seis		
tendrían	tengan	tuvieran/sen		
traería	traiga	trajera/se	trae (*tú*)	trayendo/
traerías	traigas	trajeras/ses	traed (*vos.*)	traído
traería	traiga	trajera/se	traiga (*Ud.*)	
traeríamos	traigamos	trajéramos/semos	traigan (*Uds.*)	
traeríais	traigáis	trajerais/seis		
traerían	traigan	trajeran/sen		
vendría	venga	viniera/se	ven (*tú*)	viniendo
vendrías	vengas	vinieras/ses	venid (*vos.*)	venido
vendría	venga	viniera/se	venga (*Ud.*)	
vendríamos	vengamos	viniéramos/semos	vengan (*Uds.*)	
vendríais	vengáis	vinierais/seis		
vendrían	vengan	vinieran/sen		
vería	vea	viera/se	ve (*tú*)	viendo/
verías	veas	vieras/ses	ved (*vos.*)	visto
vería	vea	viera/se	vea (*Ud.*)	
veríamos	veamos	viéramos/semos	vean (*Uds.*)	
veríais	veáis	vierais/seis		
verían	vean	vieran/sen		

Lösungsschlüssel

1

1. *maskulin*: barril, carnaval, color, día, disco, garaje, mapa, parasol;
feminin: calle, escuela, foto, mano, niñez, organización, princesa

2. a. casas; b. bancos; c. hospitales; d. coches; e. mujeres; f. ciudades; g. luces; h. habitaciones; i. tenedores; j. razones

3. a. mano; b. naranja; c. lápiz; d. calle; e. día; f. café; g. cantidad; h. número; i. canción; j. mes

4. dificultad – dificultades – feminin; diploma – diplomas – maskulin; dolor – dolores – maskulin; mensaje – mensajes – maskulin; ordenador – ordenadores – maskulin; puente – puentes – maskulin; radio – radios – feminin

2

1. a. la botella-las botellas; b. el agua-las aguas; c. el hospital-los hospitales; d. el arte-las artes; e. la mujer-las mujeres; f. lo útil; g. la foto-las fotos; h. el instituto-los institutos; i. lo bueno; j. la habitación-las habitaciones; k. la luz-las luces; l. el día-los días

2. *un*: agua mineral, ama de casa, garaje, hotel, paraguas, puente, vaso;
una: bebida, bicicleta, foto, fuente, manzana, radio

3. *el*: señor, coche, programa, alcohol, jardín, arte, norte;
los: hoteles, hombres, días, tenedores, cines, países;
la: gente, carne, música, ración, noche, iglesia;
las: casas, mujeres, estaciones, tardes, películas, manos

4. a. una oficina; b. Los libros; c. El teléfono; d. una cerveza, un agua mineral; e. Las fotos; f. una moto

3

1. a. el; b. la, la; c. la; d. –, –; e. –, el, el; f. –, –; g. la, –, la

2. a. –, un, un; b. la, una; c. el, los; d. –; e. los, –; f. un; g. –; h. el; i. los; j. los

3. a.-2.; b.-1.; c.-2.; d.-1.; e.-2.; f.-1.

4

1. a. las casas modernas; b. los ejercicios difíciles; c. los libros interesantes; d. los profesores trabajadores; e. las flores amarillas; f. las ciudades grandes; g. los hombres fuertes

2. a. el niño alegre; b. la fruta dulce; c. la estudiante joven; d. la casa vieja; e. la persona mayor; f. el profesor bueno; g. la madre feliz

3. a. dulces; b. encantadora; c. cómodas; d. fáciles; e. amables; f. industrial; g. asado, mixta, fritas; h. negro, gris

4. a. blanca; b. azul; c. negro; d. verdes; e. amarillos, marrones

5

1. a.-4.; b.-5.; c.-8.; d.-10.; e.-9.; f.-1.; g.-7.; h.-2.; i.-3.; j.-6.

2. a. italianos, italiana, italianas; b. brasileños, brasileña, brasileñas; c. belgas, belga, belgas; d. daneses, danesa, danesas; e. españoles, española, españolas; f. mexicanos, mexicana, mexicanas; g. franceses, francesa, francesas; h. austríacos, austríaca, austríacas; i. griegos, griega, griegas; j. suizos, suiza, suizas; k. irlandeses, irlandesa, irlandesas; l. polacos, polaca, polacas; m. estadounidenses, estadounidense, estadounidenses; n. portugueses, portuguesa, portuguesas; o. suecos, sueca, suecas

3. a. queso de Francia, queso francés; b. tomates de España, tomates españoles; c. whisky de Irlanda, whisky irlandés;

Lösungsschlüssel

d. cerveza de Alemania, cerveza alemana;
e. pescado de Dinamarca, pescado danés;
f. aceitunas de Grecia, aceitunas griegas;
g. café de Brasil, café brasileño

6

1. a. Ella siempre tiene poco tiempo. b. Vivimos en el primer piso. c. La rosa es una flor hermosa. d. Este es un libro interesante. e. El AVE es un tren rápido. f. No tengo ninguna idea. g. Es un buen amigo. h. Es la tercera vez que estoy en España. i. Medio kilo de naranjas, por favor. j. ¿Quieres otra cerveza?
2. a.-2.; b.-2.; c.-1.; d.-2.; e.-2.; f.-1.
3. a. Es un libro interesante. b. Paco y Jaime son buenos amigos. c. Vivimos en el tercer edificio a la derecha. d. Esta blusa es muy bonita. e. ¿Has estado alguna vez en Guatemala? f. Medio litro de vino blanco, por favor. g. ¿Quieres otra cerveza?
4. a. primer día; b. buenas amigas; c. ciudad interesante; d. tercera calle; e. medio litro; f. música moderna: g. lago peruano

7

1. a. menos dulce que; b. más habitantes que; c. más bajas que; d. menos habitaciones que; e. más turistas en la playa que; f. más sana que
2. a. El jardín de mi abuela es más grande que nuestro jardín/que el nuestro. / Nuestro jardín es más pequeño que el jardín de mi abuela/que el de mi abuela. b. Isabel estudia más que Paco. / Paco estudia menos que Isabel. c. La zona industrial es más ruidosa que la (zona) peatonal. / La zona peatonal es más tranquila que la (zona) industrial. d. El Everest es más alto que el Teide. / El Teide es más bajo que el Everest. f. La moto de Miguel es más nueva que la (moto) de Luis. / La moto de Luis es más vieja que la (moto) de Miguel.

3. a. En verano hace menos frío que en invierno. b. Nuestra vecina tiene más de diez gatos. c. ¿Quién trabaja más, tú o yo? d. Manuela es más alta que Pedro. e. Hoy está peor que ayer. f. Luisa es mayor que su hermana.
4. a. El libro es mejor que la película. b. Nosotros tenemos menos tiempo que vosotros. c. Teresa tiene más de mil libros. d. Juan trabaja más que Felipe. e. Sevilla tiene menos habitantes que Barcelona.

8

1. a. tanto; b. tantos; c. tan; d. tantas; e. tanto; f. tanto; g. tantas
2. a.-2.; b.-2.; c.-1; d.-2.
3. a. Carlos no tiene tantos años como Teresa. b. Luisa es tan alta como su hermano Antonio. c. No tenemos tantas vacaciones como vosotros. d. Ir en tren no es tan rápido como ir en avión. e. El padre de Luis trabaja tanto como mi padre. f. Él no gasta tanto en ropa como ella. g. Tú no comes tanta fruta como yo.
4. a. tanto; b. tantos; c. tantas; d. tanto; e. tan; f. tanto

9

1. a. mejor; b. más alto; c. más dulce; d. más limpias; e. más fácil; f. más aburrida
2. a. carísima; b. dulcísimo; c. altísimas; d. riquísimos; e. facilísimas; f. larguísima
3. a. peor; b. más simpática; c. más perezosos; d. más antiguo
4. a. grandísimas; b. larguísima; c. rojísimo; d. feísima; e. viejísima

10

1. a. fácilmente; b. elegantemente; c. independientemente; d. lentamente; e. frecuentemente; f. anteriormente;

Lösungsschlüssel

g. rápidamente/rápido; h. generalmente;
i. lógicamente; j. finalmente
2. a. bien; b. mucho más; c. totalmente;
d. despacio; e. regularmente; f. mal; g. mucho
3. a. muy; b. mucho; c. mucho; d. mucho;
e. muy; f. muy, mucho; g. muy
4. a. Afortunadamente; b. mejor;
c. perfectamente; d. mal; e. muy bien;
f. fácilmente; g. mucho

11

1. a. 7 = siete; b. 12 = doce; c. 15 = quince;
d. 28 = veintiocho; e. 54 = cincuenta y cuatro;
f. 63 = sesenta y tres; g. 81 = ochenta y uno
2. a. 32; b. 11; c. 17; d. 97; e. 44; f. 76; g. 85
3. a. cuarenta-40; b. siete-7; c. quince-15;
d. veinte-20; e. tres-3; f. veintiocho-28;
g. sesenta-60
4. a.-3.; b.-7.; c.-1.; d.-6.; e.-4.; f.-5.; g.-2.

12

1. a. 572; b. 2481; c. 767; d. 9.630; e. 15.505;
f. 1.231.313; g. 894
2. a.-1.; b.-1.; c.-2.; d.-2.; e.-2.; f.-2.; g.-2.
3. a.-4.; b.-6.; c.-7.; d.-1.; e.-3.; f.-5.; g.-2.
4. a. doscientas setenta y cinco; b. tres mil
seiscientas setenta y una; c. quinientos
cuatro; d. trescientas; e. mil ciento treinta y
un; f. dos mil seiscientos ochenta y dos; g. cien

13

1. a.-8.; b.-9.; c.-6.; d.-1.; e.-2.; f.-3.; g.-4.;
h.-7.; i.-10.; j.-5.
2. a. primer; b. cuarta; c. segunda; d. quinto;
e. tercer
3. a. primer; b. quinta; c. novena; d. segundos;
e. primeros; f. décima; g. tercer
4. a.-1.; b.-2.; c.-2.; d.-2.; e.-2.; f.-2.

Test 1

1a, 2b, 3b, 4a, 5a, 6b, 7a, 8b, 9b, 10b, 11a, 12b,
13a, 14a, 15a, 16b, 17b, 18b, 19a, 20b, 21a, 22a,
23a, 24b, 25b, 26b, 27b, 28b, 29a, 30a

14

1. a.-6.; b.-5.; c.-1.; d.-3.; e.-4.; f.-2.
2. a. habla, hablan; b. fumo; c. desayunan;
d. toman; e. escucháis, escuchamos; f. viajas;
g. trabaja
3. a. Baila flamenco. b. Ayudas a tu madre.
c. Alquilan una casa junto al mar. d. Busco
mis gafas. e. Pintáis un cuadro. f. Llegan muy
tarde. g. Tocamos el piano.
4. a. Hoy tú pagas la cuenta. b. Nosotros
tomamos té, ¿vosotros qué tomáis?/¿qué
tomáis vosotros? c. Teresa baila hiphop muy
bien. / Teresa baila muy bien hiphop.
d. ¿Dónde trabajáis? e. ¿Viaja usted mucho? /
¿Viajan ustedes mucho? f. Los García cenan
a las ocho.

15

1. a.-1.; b.-2.; c.-2.; d.-2.; e.-2.; f.-1.; g.-2.;
h.-2.; i.-2.
2. a. corren; b. bebes; c. lee; d. vende;
e. comprenden; f. bebo; g. corre
3. a. comemos; b. bebo; c. leen; d. aprendéis;
e. comprendes; f. corre
4. a. Coméis-4.; b. vendes-6.; c. Leo-1.;
d. Comprenden/Entienden-3.; e. Corres-2.;
f. Bebe/Toma-5.

16

1. *Infinitiv*: abrir, permitir;
yo: subo, escribo, recibo;
tú: escribes, subes, decides, descubres;
él/ella/usted: decide, cubre;
nosotros/-as: vivimos, permitimos, decidimos;
vosotros/-as: cubrís, describís;

Lösungsschlüssel

ellos/ellas/ustedes: reciben, escriben, suben, viven

2. a. Vivimos; b. escribe; c. Subo; d. recibe; e. permito; f. describe; g. viven

3. a. cumple; b. sufrimos; c. Recibes; d. Interrumpe; e. abrís

4. a. Abro las ventanas. b. Describe el camino a la estación. c. Carmen recibe un regalo. d. Subís la escalera. e. Paco y Teresa ya no viven en Madrid. f. Tú escribes siempre muchas postales. g. ¿Por qué no abre la puerta?

17

1. a. empiezas, empezáis; b. perder, pierdo, perdemos, pierden; c. inviertes, invierte, invertís; d. entiendo, entiende, entendéis; e. pensar, piensas, pensamos, piensan

2. a. comienza; b. perdemos; c. prefieres; d. entiendes; e. preferís; f. confieso; g. queremos; h. piensa; i. nieva; j. defendéis; k. empezamos; l. enciendo

3. a. empieza; b. prefieres, Prefiero; c. entendemos; d. nieva; e. cerráis; f. quiere, quieren

4. a. ¿A qué hora empieza el teatro? b. ¿Qué prefieres, té o café? c. En invierno nieva mucho. d. Las tiendas cierran a las 8 de la tarde/a las 20 horas. e. En verano quiero ir/viajar a España. f. ¿Pensáis a veces en vuestro futuro?

18

1. a. llueve; b. dormís; c. muere; d. volvemos; e. podemos; f. juegan; g. cuestan; h. puedo; i. almuerzo; j. sueñas; k. duele; l. contáis

2. a. llover; b. almorzar; c. poder; d. volver; e. acostarse; f. encontrar; g. recordar

3. a. llueve, podemos; b. duele; c. encuentran, vuelven; d. juegan, duermen; e. jugar, puede, vuelve; e. encuentro, almorzar

4. a. Todos los domingos Paco y Luis juegan al fútbol. b. ¿Cuánto cuestan las naranjas? / ¿A cuánto están las naranjas? c. Teresa encuentra a su amiga en un restaurante. d. Luisa sueña con unas vacaciones junto al mar. e. Me duele la cabeza. ¿Puedes darme una aspirina? / ¿Me puedes dar una aspirina? f. Los niños no duermen mucho. g. ¿Recuerdas esta película? / ¿Te acuerdas de esta película?

19

1. a. pido, pide, pedimos; b. servir, sirves, servís, sirven; c. elige, eligen; d. seguir, sigo, sigues, seguimos, siguen; e. repetir, repites, repite, repetís; f. corrijo, corriges, corregimos, corrigen; g. conseguir, consigue, conseguís, consiguen; h. río, ríes, reímos, ríen

2. a. pedir; b. elegís; c. seguimos; d. corrige; e. reír; f. pides; g. servimos; h. ríes; i. sirvo; j. pide; k. consigue; l. sonríe; m. río; n. corrijo; o. conseguimos; p. sonreís; q. repites; r. elegir

3. a. corrige; b. pide; c. repetir; d. servir; e. sonríe; f. siguen

4. a. sonríes; b. sirve; c. elegimos; d. ríen; e. Repito; f. seguís; g. pido

20

1. a. limpia; b. negociamos; c. amplía; d. envío; e. desvían; f. guiáis; g. copia; h. anuncio; i. varías; j. confían; k. aprecio; l. estudian, m. cambias; n. limpian, o. ampliamos; p. continúo; q. efectuamos; r. evacua

2. a. limpio; b. Confías; c. estudia; d. enviamos; e. amplían; f. Negocian; g. continuáis; h. actúan

3. a. esquío; b. limpia; c. envía; d. Cambian; e. continúas

4. a. Limpio las ventanas. b. Teresa estudia

Lösungsschlüssel

inglés, Miguel y Angela estudian español.
c. La policía evacua el hotel. d. Envía una
postal a sus padres. e. Negocian la oferta.
f. El jefe aprecia mucho el trabajo de Miguel.

21
1. a.-3., b.-6; c.-4.; d.-1; e.-2.; f.-5
2. a.-3.; b.-5.; c.-2.; d.-1.; e.-4.
3. a. somos, sois; b. es; c. es, Es; d. son; e. es;
f. Eres, soy; g. son; h. es
4. a. Él es ingeniero, y ella es arquitecta.
b. Este bolso es de cuero negro. c. Soy
Susanne. Soy austríaca. d. ¿De quién es esta
llave? e. Ya son las diez. f. ¿Eres de Madrid?

22
1. a.-1.; b.-2.; c.-1.; d.-2.; e.-2.; f.-1.; g.-2.;
h.-2.; i.-2.
2. a. él/ella/usted; b. nosotros/-as; c. yo;
d. vosotros/-as; e. ellos/ellas/ustedes; f. tú
3. a. está; b. está; c. estoy; d. están; e. estás;
f. estamos
4. a. Hoy estamos en casa. b. Isabel y Paco
están de vacaciones. c. ¿Está usted casado/
casada? / ¿Están ustedes casados/casadas?
d. ¿Por qué no estáis en la escuela? e. Estoy
muy bien.

23
1. a. son; b. es (wenn man sich allgemein
auf die Kaffeesorte bezieht)/está (wenn man
sich auf einen bestimmten Kaffee bezieht,
den man gerade trinkt); c. es, está; d. está;
e. Es; f. estamos; g. está
2. a.-2.; b.-5.; c.-1.; d.-7.; e.-3.; f.-4.; g.-6.
3. a. Las ventanas están abiertas. b. La mesa
está puesta. c. El trabajo está terminado.
d. Los platos están lavados. e. El espejo está
roto.

4. a. El coche de Paco es nuevo, pero ya está
muy sucio. b. Las camas no están hechas
todavía. c. Normalmente los tomates son
baratos en verano. Pero hoy están a/cuestan
4 euros el kilo. d. ¿Está Carmen? / ¿Carmen
está? – Sí, está en el jardín. Está leyendo una
revista de moda. e. El piso es muy caro, pero
ya está alquilado. f. ¡Qué gris está el cielo
hoy! / ¡Qué gris está hoy el cielo!

24
1. a. hay; b. está; c. hay; d. está; e. hay;
f. están, hay; g. hay; h. está, hay
2. *hay*: hoteles, dos museos, tiendas, muchas
iglesias, un palacio, una zona peatonal,
institutos, más de veinticinco bares, algunas
discotecas;
está/n: el bar „La Paloma", la galería de arte
moderno, el restaurante "Casa China", el
Instituto Cervantes, la Universidad Técnica,
el Corte Inglés, el zoo, la ópera
3. a. ¿Cuántas habitaciones hay en vuestra
casa? b. Mi habitación está en la primera
planta. c. En este zoo hay muchos animales
raros. d. ¿En qué edificio está la galería de
arte? e. Esta noche estamos en casa. Además
hay cinco personas más. / Además hay otras
cinco personas. f. Desafortunadamente ya no
hay tortilla ni gazpacho/no hay ni tortilla ni
gazpacho/ni hay tortilla ni gazpacho.

25
1. a. vamos; b. van; c. voy; d. va. e. vas;
f. vamos; g. vais
2. a. a; b. a, en, a; c. a, en; d. a; e. en, a; f. a; g. a
3. a.-5.; b.-6.; c.-1.; d.-3.; e.-7.; f.-4.; g.-2.
4. a. ¿Vamos al bar a tomar algo? b. Es más
rápido ir en avión. c. En abril vamos a un
pueblo de la Costa Brava. d. ¿Por qué nunca
vas a pie? e. En invierno van a la montaña a

Lösungsschlüssel

esquiar./En invierno van a esquiar a la montaña. f. Es más cómodo ir en tren que en autobús. / Es más cómodo ir en autobús que en tren. g. Todos los días voy a la oficina en bicicleta. / Todos los días voy en bicicleta a la oficina.

26

1. *regelmäßig*: abrir, aprender, beber, comer, escribir, escuchar, hablar, subir, tomar, vivir *unregelmäßig*: decir, hacer, poner, saber, salir, tener, traer, venir;

2. a. salgo; b. digo; c. sé; d. Tengo; e. traigo; f. Oigo; g. pongo

3. a.-1.; b.-2.; c.-2.; d.-2.; e.-2.; f.-1.; g.-2.; h.-2.; i.-1.

4. a. ¿Vienes a la ciudad con nosotros? / ¿Vienes con nosotros a la ciudad? – No, tengo que reparar la bicicleta. b. ¿Qué haces esta noche? – Salgo con amigos. c. Pongo mis gafas siempre encima de la mesa. d. ¿Sabes dónde está el museo? – No, no lo sé.

27

1. a. conozco, conocer; b. traduzco, traducir; c. agradezco, agradecer; d. produzco, producir; e. pertenezco, pertenecer; f. carezco, carecer; g. ofrezco, ofrecer; h. conduzco, conducir

2. a.-4.; b.-6.; c.-7.; d.-2.; e.-1.; f.-5.; g.-3.

3. a. conduzco; b. carece; c. conozco; d. ofrece; e. perteneces; f. agradezco

4. a. No conozco a nadie aquí. b. ¿Quién conduce, tú o yo? c. Te traduzco con mucho gusto esta carta. / Te traduzco esta carta con mucho gusto. d. Permanezco hasta el próximo sábado en el hotel. / Permanezco en el hotel hasta el próximo sábado. e. Estos árboles crecen muy despacio/lentamente.

Test 2

1b, 2b, 3a, 4b, 5a, 6a, 7a, 8b, 9b, 10b, 11a, 12a, 13a, 14b, 15b, 16a, 17b, 18a, 19b, 20a, 21b, 22a, 23b, 24a, 25b, 26a, 27a, 28b, 29a, 30b

28

1. a. viviendo; b. sirviendo; c. pudiendo; d. cantando; e. bebiendo; f. leyendo; g. empezando; h. viniendo; i. durmiendo; j. yendo; k. subiendo; l. construyendo

2. a. Estoy pensando en ti. b. Isabel está leyendo una revista de moda. c. Estoy yendo al trabajo. d. Los chicos están jugando al fútbol. e. Estamos comiendo calamares a la plancha. f. Estás cogiendo flores en el jardín.

3. a. está hablando por teléfono/está telefoneando; b. está planchando; c. está leyendo; d. está tocando; e. están durmiendo; f. está haciendo; g. están estudiando; h. está corrigiendo

4. a. Miguel está haciendo los deberes. b. Estoy leyendo un libro interesante. c. Luisa está volviendo/viniendo de la ciudad. d. ¿Qué estáis escuchando en la radio? e. El camarero está sirviendo el pescado. f. Estamos esperando el autobús.

29

1. *regelmäßiges Partizip*: comer, comprar, conducir, pagar, perder, venir; *unregelmäßiges Partizip*: abrir, cubrir, decir, hacer, poner, romper, volver

2. a. he hecho; b. hemos comido; c. ha escrito; d. habéis puesto; e. han visto; f. has bailado; g. ha vuelto; h. han dicho; i. han dormido; j. he entendido; k. has venido; l. ha pedido

3. a. ha llegado; b. he olvidado; c. hemos ido; d. has dicho; e. ha jugado; f. han roto; g. habéis visto

4. a. han vuelto; b. hemos hecho; c. has

Lösungsschlüssel

tocado; d. habéis visto; e. han comprado;
f. ha recibido

30

1. a. beber: bebí, bebiste, bebió, bebimos, bebisteis, bebieron; b. buscar: busqué, buscaste, buscó, buscamos, buscasteis, buscaron;
c. comprar: compré, compraste, compró, compramos, comprasteis, compraron;
d. llegar: llegué, llegaste, llegó, llegamos, llegasteis, llegaron; e. leer: leí, leiste, leyó, leímos, leisteis, leyeron; f. vivir: viví, viviste, vivió, vivimos, vivisteis, vivieron
2. a.-3.; b.-6.; c.-1.; d.-7.; e.-2.; f.-4.; g.-5.
3. a. cerraron; b. comisteis; c. leyó;
d. aparcamos; e. saqué
4. a. llegué; b. vendió, compró; c. escribí;
d. aprendieron; e. construyeron; f. tomaste;
g. vivieron

31

1. a. fuiste; b. serví; c. hicimos; d. fuiste;
e. durmió; f. sintieron; g. vi; h. dio; i. dormí;
j. pediste; k. fue; l. fui; m. prefirió; n. murió;
o. siguió
2. a. veis; b. vamos/somos; c. duermo;
d. voy/soy; e. mueren; f. pide; g. prefiero;
h. damos; i. haces; j. veo; k. dan; l. sienten;
m. sirvo; n. van/son; o. sigue
3. *yo*: fui, dormí, serví;
tú: fuiste, seguiste, preferiste;
él/ella/usted: prefirió, fue, hizo, durmió;
nosotros/-as: vimos, fuimos;
vosotros/-as: hicisteis, dormisteis, fuisteis;
ellos/ellas/ustedes: siguieron, prefirieron, dieron, murieron
4. a. fuimos; b. hizo; c. pedisteis; d. vio;
e. durmieron; f. fueron; g. di; h. prefirió

32

1. a. querer; b. poner; c. poder; d. conducir;
e. estar; f. andar; g. traer; h. decir; i. tener;
j. venir; k. saber; l. reducir
2. a. El camarero trajo el menú. b. Produjeron juguetes de madera. c. Condujiste muy bien.
d. No tuve ganas de salir. e. Estuvimos toda la noche en casa. f. No pudimos ir a la fiesta.
g. No dijeron la verdad.
3. a. estuvisteis; b. puso; c. viniste;
d. pudimos; e. trajo; f. dijeron; g. condujo
4. a. Tuve que ir al dentista. b. No, no pudo.
c. Sí, vino a verme ayer. d. Sí, me trajeron un recuerdo. e. No, estuvo toda la tarde en casa de sus padres.

33

1. a. has ido; b. cumplió; c. llamasteis;
d. he visto; e. esquiaron; f. habéis esquiado
2. a. Hoy; b. aún; c. Este verano; d. Anoche;
e. nunca; f. en este curso; g. Todavía no
3. a.-3.; b.-1.; c.-5.; d.-2.; e.-4.
4. a. ¿Ya le has enviado el regalo a Ana? – No, pero compré un CD para ella ayer. b. Esta semana ya he estado dos veces en el teatro.
c. ¿Habéis estado alguna vez en las Islas Canarias? – Sí, el año pasado fuimos a Lanzarote. d. ¿Has visto a Pepe? – Sí, jugué al tenis con él ayer por la tarde.

34

1. a. hablaba; b. íbamos; c. tenías; d. vivían;
e. era; f. estudiabais; g. dormía; h. salíamos;
i. aprendían; j. veías
2. a. jugaba; b. veía; c. iba; d. tenía; e. leía;
f. construía
3. a. iba, voy; b. veíamos, vemos; c. pasaba, hago; d. vivíamos, tenemos; e. iba, salgo
4. a. Antes fumaba mucho. b. Antes desayunábamos en el Bar «La Paloma».

Lösungsschlüssel

c. Antes pasaba las vacaciones en casa de su abuela. d. Antes nunca tenía tiempo. / Antes no tenía nunca tiempo. e. Antes veía la televisión/tele por la noche.

35

1. a. era, visitaba; b. íbamos; c. hacías, llamé; d. pasaron; e. había, pudimos; f. hizo, fue; g. tenía

2. fuimos; Llegamos; Llovía; tomamos; estaba; tiene; es; tienen; llovía; salimos; Dimos; visitamos; fuimos; vimos; fuimos; tomamos; bebimos; volvimos; vamos

3. a. llamó su amiga; b. sonó el timbre de la puerta; c. volvieron los niños; d. alguien hizo ruido en la calle; e. el vecino comenzó/empezó a tocar el piano

36

1. a. había estudiado, había estudiado, habían estudiado; b. volver, habías vuelto, había vuelto, habíais vuelto; c. habíamos abierto, habían abierto; d. aprender, había aprendido, habías aprendido, habíais aprendido, habían aprendido

2. a. había comenzado; b. habían abandonado; c. habían terminado; d. había ido; e. había olvidado, había dejado; f. había levantado; g. habían huido

3. a. llegaron, había salido; b. había esperado, vino; c. habíamos puesto, llegaron; d. había regado, empezó; e. Llegaron, había comenzado

37

1. *regelmäßig*: conocer, dormir, escribir, oír, pensar, tomar, volver;
unregelmäßig: decir, hacer, poder, poner, saber, salir, tener, venir

2. a. recibirás; b. pondrá; c. tendrán; d. encontrarán; e. dirá; f. iremos; g. saldréis;

h. será; i. sabremos; j. comenzará; k. haré; l. vendrás

3. a. En agosto estamos de vacaciones. b. ¿A qué hora vienes? c. ¿Tomáis el tren de las cuatro para ir a la ciudad? d. ¿Me escribes una postal? e. Salgo todas las noches. f. No dice nada. g. Empieza sus estudios en Madrid.

4. a. Harán excursiones. b. Jugarán al tenis. c. Leerán mucho. d. Saldrán por la noche. e. Escribirán postales. f. Comprarán recuerdos. g. Bucearán en el mar. h. Dormirán la siesta en la playa.

38

1. a. vamos a ir; b. va a cumplir; c. Vais a tener; d. va a salir; e. vas a trabajar; f. van a estar; g. vas a dejar

2. a. habrá; b. lloverá; c. soplarán; d. Nevará; e. estará

3. a. conocerás; b. recibirás; c. tendrás; d. perderás; e. encontrarás; f. Estarás; g. viajarás; h. tendrás; i. cometerás; j. saldrás; k. Tendrás; l. podrás

39

1. a. invitaría; b. saldría; c. comería; d. sería; e. vendría; f. escribiría; g. podría; h. diría; i. escucharía; j. comenzaría; k. haría; l. tendría

2. a. Felipe no trabajaría más. b. Nosotros compraríamos una isla en el Caribe. c. Juan y Ana saldrían todas las noches. d. Raquel bebería solo champán. e. Darías una vuelta al mundo. f. Iríais a la luna. g. Usted alquilaría un castillo. h. Yo no haría nada y ahorraría el dinero.

3. a. harías; b. gustaría; c. Serían; d. podrías; e. diría; f. Podríais

4. a. Yo en tu lugar no fumaría tanto. b. ¿Me ayudarías con los deberes? c. ¿Me podrías pasar la sal, por favor? / ¿Podrías pasarme la

Lösungsschlüssel

sal, por favor? d. (A él) le gustaría mucho jugar al tenis con nosotros, pero no tiene tiempo. e. ¿Venderías el coche?

40

1. a. habrás bebido; b. habrá hecho; c. habrás escuchado; d. habréis venido; e. habré visto; f. habremos abierto; g. habrán ido; h. habré vuelto; i. habrá escrito; j. habrán subido

2. a. Se habrá quedado dormido. b. Habrá perdido el autobús. c.¿No habrá tenido un accidente? d. Habrá navegado en internet. e. Se le habrá parado el reloj.

3. a. habrían comido; b. habría dicho; c. habrías podido; d. habría estado; e. habría aprendido; f. habríamos puesto; g. habría decidido; h. habríais pagado; i. habrías roto; j. habrían cerrado

4. a. Habría visto una película en el cine. b. Habría ido a la ciudad contigo. c. Habría leído una novela policíaca. d. Habría jugado al fútbol. e. Habría escrito una carta a mi novia.

Test 3

1b, 2a, 3a, 4a, 5b, 6b, 7b, 8a, 9a, 10a, 11b, 12a, 13b, 14b, 15a, 16a, 17b, 18a, 19a, 20a, 21b, 22b, 23b, 24a, 25b, 26b, 27b, 28b, 29a, 30a

41

1. a. me levanto; b. no os duchasteis; c. estás lavándote; d. se llama; e. ¡despiértate!; f. quieren quedarse; g. ¡acostémonos!; h. os acordáis; i. nos callamos; j. voy a marcharme; k. acostumbrarse; l. se acuestan

2. a. me levanté; b. no nos hemos acostumbrado; c. ¡Lavaos! d. se queda/se quedará/va a quedarse; e. me perdí; f. acostarnos; ¡No te marches tan pronto!

3. a. Nos levantamos muy temprano todos los días. / Nos levantamos todos los días muy temprano. b. Esta noche me quedo en casa. c. ¿Por qué no os podéis decidir? d. Antes de viajar a México se había informado sobre el país. e. Los niños ya no se acuerdan de las vacaciones en Mallorca. f. ¿Ya te has cambiado de ropa? g. Tienes que acostumbrarte a la vida en este país.

4. a.-3. No, solo una vez a la semana. b.-5. Me encuentro con Isabel en la ciudad y vamos a un café. c.-1. No, nos quedamos en casa. d.-2. Sí, mucho. Me la llevo. e.-4. Normalmente me acuesto entre las once y las doce (de la noche). f.-6. Sí, es tarde y mañana tengo que levantarme temprano.

42

1. a. vista; b. pintados; c. organizada; d. hechos; e. compuesta; f. diseñados; g. envuelta

2. a. Rosas y claveles fueron plantados por mi abuela. b. La carta ya había sido escrita por Teresa. c. La novela será publicada por la editorial «Libros». d. El regalo ha sido envuelto por Luisa.

3. a. fue robado; b. fue detenido; c. fue elegido; d. fueron vendidos; e. fue votada; f. fue diseñado; g. fue descubierta

4. a. La casa aún/todavía no ha sido vendida. / La casa aún/todavía no se ha vendido. b. ¿Cuándo son entregados los Oscar? / ¿Cuándo se entregan los Oscar? c. El año que viene/El próximo año serán pintadas las paredes. / El año que viene/El próximo año se pintarán las paredes. d. La bombilla fue inventada por Edison.

43

1. 1 = tú: b., d., f., h., m., p., s.; 2 = usted: a., i., k., l., n., r., t.; 3 = vosotros: c., g., q.; 4 = ustedes: e., j., o., u.

Lösungsschlüssel

2. a. duerme/duerma; b. come/coma; c. toma/tome; d. haz/haga e. descansa/descanse; f. ve(te)/vaya; g. desayuna/desayune

3. a.-3. abre; b.-6. pon; c.-7. habla; d.-1. empieza; e.-2. toma; f.-4. conduce; g.-5. ven

4. a. ¡Cerrad la puerta! b. ¡Enciende las velas! c. ¡Tome otra naranja! d. ¡Juguemos al tenis! e. ¡Habla más despacio! f. ¡Ve(te) a casa! g. ¡Vengan con nosotros!

44

1. a. ¡No apagues la luz! b. ¡No limpiéis los zapatos! c. ¡No pongas la mesa! d. ¡No hagas lo que él te dice! e. ¡No paguéis la cuenta! f. ¡No empecéis! g. ¡No abra la puerta!

2. a. ¡No duermas tan poco! b. ¡No coman tanta carne! c. ¡No vuelvas tarde! d. ¡No vaya siempre en coche! e. ¡No salgáis esta noche! f. ¡No llame tan tarde!

3. a. ¡No lea sin gafas! b. ¡No lleve zapatos con tacón! c. ¡No trabaje tanto en el jardín! d. ¡No se acueste tan tarde! e. ¡No coma tantos dulces!

4. a. ¡No os acostéis después de medianoche! b. ¡No beba tanto alcohol! c. ¡No fumes tantos cigarrillos. d. ¡No vayáis a la discoteca todas las noches! / ¡No vayáis todas las noches a la discoteca! e. ¡No trabajen tanto!

45

1. a. ¡No les escribas una postal! b. ¡No te pongas la chaqueta! c. ¡No me llaméis! d. ¡No se lo digas! e. ¡No te pruebes el jersey! f. ¡No te acuestes antes de las diez! g. ¡No lo hagas! h. ¡No os levantéis!

2. a. ¡Llámame! b. ¡Abridla! c. ¡Sentaos allí! d. ¡Hacedlo! e. ¡Véndelos! f. ¡Muévanse! g. ¡Cómprelas! h. ¡Díselo!

3. a.-6.; b.-4.; c.-1.; d.-5.; e.-2.; f.-3.

4. a. ¡No lo invitéis! b. ¡Devuélveselo!

c. ¡No la alquiléis! d. ¡Póntelo! e. ¡Laváoslas! f. ¡No la beban! g. ¡Regáleselas!

46

1. a. tomes; b. bebamos; c. habléis; d. vivas; e. escriba; f. busquen; g. lleguemos; h. venda; i. compre; j. subáis; k. reciban; l. leas

2. a. aprendes; b. cantan; c. pagamos; d. existen; e. corréis; f. escribo, escribe; g. llamo, llama; h. tocas; i. vendo, vende; j. cruzan; k. recoges; l. decidimos

3. a. Quiero que tú también leas este libro. b. Quiero que tú también adelgaces. c. Quiero que tú también comas menos chocolate. d. Quiero que tú también lleves una vida más sana. e. Quiero que tú también llegues puntual.

4. a. vendas; b. lleguemos; c. viva; d. aprendan; e. acompañes; f. cene; g. guste

47

1. a. vuelva, volvamos, vuelvan; b. empezar, empiece, empecéis, empiecen; c. sigas, siga, sigáis; d. duerma, duerma, durmamos; e. entender, entienda, entienda, entendáis, entiendan; f. cuentes, contemos, contéis; g. preferir, prefiera, prefiramos, prefiráis

2. -ar: almorcemos – almorzar; calientes – calentar; cerréis – cerrar; comiences – comenzar; recuerde – recordar;
-er: duelan – doler; entiendas – entender; llueva – llover; muevas – mover; perdáis – perder; pueda – poder;
-ir: adquiera – adquirir; durmamos – dormir; siga – seguir; sintamos – sentir; sirva – servir

3. a.-3.; b.-5.; c.-6.; d.-1.; e.-2.; f.-4.

4. a. duerman; b. vuelva; c. podáis; d. cueste

179

Lösungsschlüssel

48

1. *Indikativ:* caigo, conocen, pones, salís, sé, sois, tengo, venimos
Subjuntivo: conozca, haya, pongan, quepáis, salga, seas, sepan, tengáis, vayan, venga
2. a. venir; b. estar; c. construir; d. salir; e. ir; f. ser; g. oír; h. poner; i. conducir; j. tener; k. haber; l. traer
3. a. . . . Enrique no salga esta noche. b. . . . vosostros hagáis deporte. c. . . . tú vengas a la fiesta. d. . . . ellos vayan en tren. e. . . . el camarero traiga las bebidas. f. . . . Carmen ponga la mesa. g. . . . vosotros tengáis mucha paciencia.
4. a. tengas tiempo; b. no hagamos tanto ruido; c. vea tanto la televisión/tele; d. estés enfermo/enferma; e. conozcas a mi hermano; f. vengáis el sábado; g. vayamos a pie

49

1. a. sea, dé; b. esté; c. tenga; d. florezcan; e. haya; f. vivan; g. puedan
2. a.-6.; b.-2.; c.-5.; d.-1.; e.-3.; f.-4.
3. a. hemos cerrado; b. haya aprobado; c. salga; d. llegaré; e. llueva
4. a. Es posible que no tengamos tiempo. b. Quiere que lo llames esta noche. c. Ella está segura de que él conoce a su hermana. d. Sentimos mucho que estés enfermo/enferma hoy. / Sentimos mucho que hoy estés enfermo/enferma.

50

1. a. Lo que tú quieras. b. Como tú quieras. c. Cuando tú quieras. d. Donde tú quieras. e. La que tú quieras.
2. a.-3.; b.-1.; c.-2.; d.-5.; e.-4.
3. a. para que; b. aunque; c. Hasta que; d. después de que; e. Cuando
4. a. Cuando tengas ganas. b. No. Yo quiero vivir en una casa que tenga un jardín grande. c. Sí, claro. Pero limpia la casa antes de que volvamos. d. Sí. Después de que haya terminado esta llamada, vamos/iremos.

51

1. a. bebiera, bebiera, bebieran; b. tuviera, tuviéramos, tuvierais; c. decir, dijera, dijéramos, dijeran; d. llamaras, llamara, llamarais; e. volver, volviera, volviera, volvieran; f. fueras, fuéramos, fuerais; g. vivir, viviera, viviéramos, vivieran
2. a. conocieron, conociera/conociese; b. supieron, supiera/supiese; c. vendieron, vendiera/vendiese; d. compraron, comprara/comprase; e. fueron, fuera/fuese; f. pidieron, pidiera/pidiese; g. dijeron, dijera/dijese
3. a. dejara/dejase; b. dijeras/dijeses; c. ayudarais/ayudaseis; d. jugaran/jugasen; e. pudiera/pudiese; f. condujeras/condujeses
4. a. . . . cocinaras/cocinases bien. b. . . . fuéramos/fuésemos al cine. c. . . . su marido tuviera/tuviese otro trabajo. d. . . . Paco le regalara/regalase flores. e. . . . saliéramos/saliésemos esta noche.

52

1. a. viniera/viniese; b. hicieras/hicieses; c. ayudáramos/ayudásemos; d. tuvierais/tuvieseis; e. volviera/volviese; f. supieras/supieses; g. durmaran/durmasen
2. a. . . . volviera/volviese a comer caracoles. b. . . . el tren llegara/llegase a tiempo. c. . . . supieras/supieses hacerlo tú mismo. d. . . . la película ya hubiera/hubiese empezado. e. . . . los niños comieran/comiesen tantas golosinas.
3. a. ¡Ojalá me tocara/tocase la lotería! b. ¡Ojalá me acompañaras/acompañases a la discoteca! c. ¡Ojalá fuéramos/fuésemos

Lösungsschlüssel

a Patagonia! d. ¡Ojalá aprendiera/aprendiese a esquiar! e.¡Ojalá funcionara/funcionase el ordenador!

4. a. Carmen quería que conociéramos/conociésemos a su madre. b. Buscaron/Buscaban una secretaria que hablara/hablase español. c. Sería mejor que (tú) pagaras/pagases la cuenta. d. Él no estaba seguro de que ella lo quisiera/quisiese ver. / Él no estaba seguro de que ella quisiera/quisiese verlo.

Test 4

1a, 2a, 3a, 4a, 5b, 6a, 7b, 8b, 9b, 10b, 11a, 12a, 13a, 14a, 15a, 16a, 17a, 18a, 19b, 20a, 21a, 22a, 23a, 24b, 25a, 26b, 27a, 28b, 29a, 30b

53

1. a.-9.; b.-4., c.-1; d.-10.; e.-12.; f.-11.; g.-6.; h.-2.; i.-5.; j.-8.; l.-7.; m.-3.

2. a. ella; b. él; c. nosotros (*yo* = maskulin)/nosotras (*yo* = feminin); d. ellos; e. ellas; f. vosotros; g. ellos; h. ellos

3. a. ella; b. ellas; c. ustedes; d. él e. vosotros; f. nosotros; g. usted; h. tú, yo

54

1. a. Lo alquilaron. b. Las vamos a pasar en Italia. / Vamos a pasarlas en Italia. c. La he comprado para mi madre. d. No la podemos comprar. / No podemos comprarla. e. ¿Ya los has devuelto? f. ¿Por qué no la tomáis?

2. a.-4.; b.-5.; c.-6.; d.-3.; e.-1.; f.-2.

3. a. Los aperitivos los traen José y Teresa. b. La cerveza la trae Manuel. c. El agua mineral la trae Luis. d. Las servilletas las trae Laura. e. El pan y el queso los traen Isabel y Sandra. f. La tortilla y la fruta las traen Paco y Carmen.

4. a. ¿Le/Les gustan estas flores? – Las compré ayer en el mercado. b. Antonio ha estudiado mucho para el examen. Estoy seguro/segura de que lo aprueba/aprobará. c. ¿Sabes dónde están mis guantes? – No. A lo mejor los has perdido. d. Esta película no me gusta nada. ¿La has visto? e. ¿Aún/Todavía no has recibido mi carta? / ¿No has recibido aún/todavía mi carta? La envié hace cinco días.

55

1. a. Miguel va a enviarle un paquete. b. ¿Cuándo vas a devolverle el dinero? c. Quiere venderle su coche viejo. d. El niño le ha mostrado el dibujo. e. El profesor les está explicando la lección. f. Tienes que decirles la verdad.

2. a. le; b. nos; c. me; d. les; e. os; f. le

3. a. Le devolvió el libro a Paco. b. A ellas les dice siempre la verdad. c. A mí me regalaron un CD. d. ¿Por qué no nos quieres decir nada? e. Les escriben siempre e-mails a sus amigos.

4. a. No os podemos explicar el camino. / No podemos explicaros el camino. b. ¡Dame el periódico, por favor! c. ¿Por qué (a vosotros/-as) no os gusta esta música? d. ¿Ya le has devuelto los libros? e. Mañana me va a enseñar su piso nuevo. / Mañana va a enseñarme su piso nuevo. / Mañana me enseñará su piso nuevo/su nuevo piso.

56

1. a. Me la; b. regalárselo; c. ¡Cuéntamelo! d. Me los; e. se la; f. te lo

2. a. Sí, ¡pruébesela! b. No, ¡pero devuélvemelo enseguida! c. Sí, ¡contádnoslo! d. Sí, ¡cómpratela!

3. a.-3.; b.-6.; c.-1.; d.-7.; e.-2.; f.-4.; g.-5.

4. a. Esta mañana nos hemos comprado un coche nuevo. Esta mañana nos lo hemos comprado. b. ¿Puedo probarme esta chaqueta?

181

Lösungsschlüssel

¿Puedo probármela? c. Ayer les envió un regalo a sus padres. Ayer se lo envió.
d. ¿Me dijiste la verdad? ¿Me la dijiste?
e. Les vendieron la casa a sus vecinos. Se la vendieron.

57

1. a. ellos; b. ella; c. ellos; d. ellos; e. ellas; f. él
2. a.-6.; b.-1.; c.-4.; d.-2.; e.-5.; f.-3.
3. a. Hablamos mucho de usted. b. Ha comprado los juguetes para ella. c. A mí me gustan mucho las películas románticas. d. ¿ Por qué no has hablado conmigo? e. Nunca van a la montaña sin ti.
4. a. ¿Con quién vas a la ciudad, con Luisa o conmigo? b. No hay nadie detrás de él. c. ¿Este libro es para Paco? / ¿Es este libro para Paco? – Sí, es para él. d. ¿Ya ha hablado contigo? e. Entre tú y yo hay muchas diferencias.

58

1. a. La bolsa de cuero es suya. b. Las maletas son nuestras. c. Los CDs son tuyos. d. El paraguas es suyo. e. Los guantes son suyos. f. Las fotos son suyas. g. Las bicicletas son vuestras.
2. a.-3.; b.-5.; c.-2.; d.-6.; e.-1.; f.-4.
3. a. Esas gafas de ahí son suyas. b. Carmen es una buena amiga nuestra. c. ¿Has visto a mi gato? d. Aquel coche de allí es nuestro. e. Su falda ha sido más cara que la mía. f. Tus fotos son mejores que las mías. g. Estos no son sus guantes.
4. a. ¿La bolsa negra es tuya? / ¿Es tuya la bolsa negra? – No, la mía es marrón. b. Juan y Paco son buenos amigos míos. c. ¿Este diccionario es tuyo o mío? d. ¿De quién son estos guantes? – Son de Ana. e. Vuestra casa es más moderna que la nuestra.

59

1. *este*: esta semana, estos chicos, estos parques, estas plazas, este restaurante, estos jerséis, esta ciudad, estos días, este mes, estas vacaciones
ese: ese vaso, esa falda, esas noticias, esos caminos, ese artículo, esa botella, ese vestido, esas flores, esos coches, esas botas
aquel: aquellas fotos, aquella calle, aquellos bares, aquel pantalón, aquellas gafas de sol, aquella mesa, aquellos hospitales, aquella mujer, aquel libro, aquellas frutas
2. a. esta; b. esa; c. aquella; d. aquel; e. esta; f. esas
3. a. Estas bolsas son de cuero. b. Aquellas ventanas están muy sucias. c. No conocemos a esos señores. d. Aquellos jerséis son de lana. e. Esas tiendas cierran a las siete. f. Estos CDs se venden muy bien.
4. a. Esta, Aquella; b. aquel; c. aquellas, esas; d. esta, esa; e. Aquellos; f. ese

60

1. a. nadie; b. ninguno; c. Algún; d. todos; e. alguien
2. a.-3.; b.-5.; c.-1.; d.-2.; e.-4.
3. a. todos; b. todo; c. Todas; d. todo; e. toda
4. a. Por la mañana no hay nadie en casa. b. ¿Ya has comprado algo para el cumpleaños de Teresa? c. Algunos hablan español muy bien. d. A nadie le apetece ver esta película. e. ¿Te has encontrado con alguien en la ciudad?
5. a. Algunas novelas de Isabel Allende me gustan, otras no. b. Alguien me ha enviado un ramo de flores. c. Ninguno de vosotros/-as me puede ayudar con este trabajo.

Lösungsschlüssel

61

1. a.-5.; b.-7.; c.-3.; d.-6.; e.-1.; f.-4.; g.-2.

2. a. Cuándo; b. Para qué; c. Dónde; d. Con quién; e. De dónde; f. Por qué; g. Cuánto

3. a. Cómo se llama (usted)? b. ¿De dónde es (usted)? c. ¿Dónde trabaja (usted)? d. ¿Cuántos años tiene (usted)? e. ¿Tiene (usted) hijos? f. ¿Van al colegio? g. ¿Cómo se llama su mujer?

4. a. Qué; b. Cuál; c. Cuál; d. Qué; e. Cuál/ Cuáles; f. Cuál; g. Qué

62

1. a. cuya; b. cuya; c. cuya; d. cuyas; e. cuyo; f. cuyos.

2. a.-5.; b.-4.; c.-6.; d.-1.; e.-3.; f.-2.

3. a. que; b. con quienes; c. los que; d. para los que; e. donde; f. sin el cual

4. a. El restaurante italiano en el que/en el cual/donde almorzamos/comemos todos los domingos se llama «La Pizza». b. Él cree todo lo que ella dice. c. El coche que compró la semana pasada es un Seat. d. 1980 es el año en el que/en el cual/cuando mis padres se casaron. e. Los dos señores a los que/a quienes siempre encuentro en la parada de autobús trabajan en un banco. f. La empresa para la que/para la cual trabaja busca (una) secretaria.

63

1. a. en; b. A, a; c. en, a; d. a; e. En, a, en; f. a, a, en; g. En, a

2. a.-7.; b.-6.; c.-1.; d.-3.; e.-5.; f.-4.; g.-2.

3. a. a / Primero en avión, luego en autobús. b. A / A las diez en punto. c. en / No, ahora tenemos una casa en el campo. d. en / No, están jugando al fútbol en el parque.

4. a. ¿Por qué no vas a pie? b. En el centro de la plaza hay una fuente hermosa/hermosa fuente. c. Preferimos ir en coche. d. Antes

María iba a ver/visitaba a su abuela todos los días. e. A las 8 de la mañana los niños van al colegio/a la escuela.

64

1. a.-5.; b.-7.; c.-6.; d.-8.; e.-1.; f.-3.; g.-4.; h.-2.

2. a. La señora de la blusa blanca es mi madre. b. El chico del bigote es mi primo Luis. c. La chica del pelo largo y rizado es mi hermana. d. La mujer de la derecha es mi suegra. e. La chica de las gafas de sol es mi prima. f. La mujer del bebé es mi tía Carmen. g. El señor de la pipa es mi tío Alberto. h. La niña de la muñeca es mi sobrina Luisa.

3. a. Ayer Carmen salió a las nueve de la noche. b. La señora Molina es de Granada. c. Este año no van de vacaciones. d. La señora de la chaqueta negra es mi jefa. e. El coche azul es del señor García. f. El niño de la pelota es mi sobrino Manuel.

4. a. cien gramos de jamón; b. tres botellas de vino tinto; c. medio kilo de tomates; d. una caja de galletas de chocolate; e. un litro de leche; f. dos latas de maíz; g. un paquete de azúcar; h. un cuarto de litro de vino blanco

65

1. a.-5.; b.-6.; c.-1.; d.-7.; e.-2.; f.-4.; g.-3.

2. a. sobre; b. desde/de, hasta/a; c. A la izquierda; d. Desde hace, cerca; e. junto

3. a.-5.; b.-4.; c.-1.; d.-6.; e.-3.; f.-2.

4. a. Señora Sánchez, ¿toma el café con o sin azúcar? b. Carmen y Manuel se encuentran a las ocho delante del teatro. c. ¿Desde cuándo vas al gimnasio? – Desde agosto del año pasado. d. Después del curso de español fuimos al bar de enfrente. e. Antes los niños jugaban siempre detrás de la casa. f. A la derecha del museo hay un parque grande.

183

Lösungsschlüssel

66

1. a. para; b. por; c. para, para; d. por; e. para; f. por; g. por; h. por

2. a. por 100 euros; b. para el salón; c. por e-mail; d. para el fin de semana; e. por Miró; f. para Caracas

3. a.-3.; b.-5.; c.-1.; d.-7.; e.-2.; f.-4.; g.-6.

4. a. Hemos venido para ayudarte. b. En nuestro viaje por España también pasamos por Gerona. c. He comprado/Compré este reloj por 30 euros. d. ¿Para quién son estas flores? – Son para mi tía. e. ¿A qué hora sale el tren para Salamanca?

67

1. a. e; b. sino; c. Cuando; d. para que; e. aunque; f. u

2. a. sé; b. haga; c. era; d. podamos; e. vuelva

3. a. Como ya era muy tarde, nos fuimos a casa. b. Aunque tuviera tiempo, no iría. c. Los padres fueron con sus hijos e hijas al zoo. d. Te lo diré cuando/tan pronto como lo sepa. e. ¿Prefieres hacer la comida u ocuparte de los niños?

68

1. a. No, nunca. b. No, nadie. c. No, no sé/ entiendo nada de ordenadores. d. No desayuno nunca. / Nunca desayuno. e. No bebo/tomo café.

2. a. En este país no nieva nunca. b. No hemos visto a nadie. c. Todavía no he hecho las compras. d. Nunca iría a América en barco. e. Hoy no han comido nada. f. Ya no voy al gimnasio.

3. a. Nunca; b. No, nadie; c. ya no; d. No, ninguna; e. Ninguno. f. No, nada, ni, ni;

4. a. ¿Por qué no me has llamado nunca? / ¿Por qué nunca me has llamado? b. No fuimos a la ciudad en coche sino en metro.

c. ¿Por qué no te ha regalado nunca nada? / ¿Por qué nunca te ha regalado nada? d. No le gustan ni los perros ni los gatos. e. Todavía no ha escrito la carta y no va a escribirla nunca/y nunca va a escirbirla.

69

1. a. das – te llamo/te llamaré. b. ayudo/ ayudaré – si vosotros me ayudáis en la cocina. c. tomamos – llegamos/llegaremos más pronto. d. tiene – viene/vendrá. e. prefiere – voy/iré con usted.

2. a. tuviera/tuviese, compraría; b. ayudara/ ayudase, haríamos; c. Irían, lloviera/lloviese; d. diría, supiera/supiese; e. tuvierais/tuvieseis, comeríais; f. viniera/viniese, invitaría

3. a. habríamos perdido, hubiéramos/hubiése- mos salido; b. hubiera/hubiese estudiado, habría aprobado; c. hubiera/hubiese sido, habría hecho; d. Habrían ganado, hubieran/ hubiesen jugado; e. habría sabido, hubieras/ hubieses dicho; f. hubiéramos/hubiésemos conocido, habríamos recomendado

4. a. Si lloviera/lloviese, no daríamos un paseo. b. Si me ayudaras/ayudases, terminaría el trabajo más pronto. c. Si nos tocara/tocase la lotería, haríamos un largo viaje. d. Si tuvieras/tuvieses reproductor de DVD, podríamos ver la película en casa. e. Si Ud. me llamara/llamase, se lo contaría.

70

1. a. Teresa dice que no le gusta ir a la playa cuando hace frío. b. Ellos me preguntaron cuándo volvería de vacaciones. c. Me dices que cierre las ventanas. d. Antonio preguntó a Miguel si le dejaba su coche para el fin de semana. e. Quería saber qué había hecho Ud. en las vacaciones pasadas.

2. a. tenía; b. hagan; c. había venido; d. irías

Lösungsschlüssel

3. a.-3. llovería; b.-5. comprendíamos;
c.-1. conocía; d.-4. fuéramos/fuésemos;
e.-2. llamara/llamase

Test 5

1b, 2a, 3a, 4a, 5a, 6b, 7b, 8b, 9b, 10b, 11b, 12b,
13b, 14a, 15b, 16a, 17b, 18a, 19a, 20b, 21b,
22a, 23b, 24b, 25a, 26b, 27a, 28a, 29a, 30b

Register

Die Zahlen verweisen auf das entsprechende Kapitel. Die in Großbuchstaben geschriebenen Begriffe beziehen sich auf die im Buch behandelten Grammatikthemen.

A

a 63
aber 67
ADJEKTIVE
  ABSOLUTER SUPERLATIV 9
  ADJEKTIVE MIT
    ESTAR UND SER 4
  FORMEN 4
  KOMPARATIV 7, 8
  NATIONALITÄTEN 5
  RELATIVER SUPERLATIV 9
  STEIGERUNG 7, 9
  STELLUNG UND BESONDER-
    HEITEN 6
¿adónde? 61
ADVERBIEN 10
  MUY UND MUCHO 10
ahora 10
AKKUSATIV 63
al (a + el) 63
algo 60
alguien 60
algún/alguno 2, 6, 60
alles 60
allí 10
als → cuando
anderer 3, 6
antes de 65

antes de que 50, 65
aquel/aquello 59
aquí 10
ARTIKEL
  bestimmter ARTIKEL 2
  GEBRAUCH DER Artikel 3
  UNBESTIMMTER ARTIKEL 2
auch nicht 68
auch wenn 67
aunque 50, 67

B

bastante 10
BEDINGUNGSSÄTZE 69
Beruf 21
Beschreibung von Personen
  3, 21
Besitz 21, 64
besser 7, 10
bevor 50, 65
bien 7, 10
BINDEWÖRTER
  → KONJUNKTIONEN
bis 65
buen 6
bueno 6
buscar 3

C

caber 26, 45
cada 60
caer 26, 48, 51
casado 22
casi 10
cien/ciento 12
como (Relativsatz) 62
¿cómo? 61
con 57, 65
conducir 27, 32, 51
conmigo 57
conocer 27, 48
consigo 57
contigo 57
¿cuál/cuáles? 61
cuando (Relativsatz) 62
cuando 50, 67
¿cuándo? 61
¿cuánto? 61
cuyo 62

D

damit 67
dar 26, 31, 51
DATIV 63
Datum 13, 23

Register

de 5, 64
¿de dónde? 61
¿de quién? 58, 61
decir 26, 37, 39, 43, 51
del (de + el) 64
demasiado 10, 60
DEMONSTRATIV-
BEGLEITER 59
DEMONSTRATIV-
PRONOMEN 59
der-/die-/dasselbe 8
desde 65
desde hace 65
despacio 10
después de 65
después de que 50
dieser 59
DIREKTES OBJEKT 63
donde (Relativsatz) 62
¿dónde? 61
dormir 18, 31, 47, 51
dürfen 24

E

e 67
ein 2
einige 2, 60
el 2
el/la cual (Relativpronomen)
62
el/la/los/las que
(Relativpronomen) 62
en 25, 63
Entfernung 23
entre 57, 65
es gibt 24
ese/eso 59
eso es 59

está/están 22
estar
ESTAR UND HAY 24
FORMEN 22, 31, 34
GEBRAUCH 4, 22, 23, 24
GERUNDIUM 23, 28
SER UND ESTAR 23
este/esto 59

F

FRAGEWÖRTER 61
FUTUR I
FORMEN 37
GEBRAUCH 38
FUTUR II 40

G

ganz 60
genauso 8
GERUNDIUM 23, 28
Gesundheitszustand 22
gran(de) 6
gut 6, 7, 10

H

haben → *tener* und *haber*
haber 29, 32, 36, 37, 39, 40,
48, 51
hacer 26, 31, 37, 39, 43, 48, 51
hacia 65
hasta 65
hasta que 50, 67
hay 24, 32, 48
HAY UND ESTAR 24
no hay de qué 24
Herkunft 21, 64
höfliche Bitte 39

I

igual que 8
IMPERATIV
bejahter IMPERATIV 43
STELLUNG DER PRONOMEN
45
verneinter IMPERATIV 44
IMPERFEKT
FORMEN 34
GEBRAUCH 35
INDEFINIDO
GEBRAUCH 33, 35
REGELMÄSSIGE
VERBEN 30
UNREGELMÄSSIGE
VERBEN 31, 32
INDEFINITA 60
indirekte REDE 70
indirektes OBJEKT 63
inferior 7
INTERROGATIVPRONOMEN
→ FRAGEWÖRTER 61
ir
FORMEN 25, 31, 34, 43, 48,
51
ir a (Richtung) 25
ir a (zukünftige Handlung)
25, 38
ir a pie 25, 63
ir en (Transportmittel)
25, 63
irse 25
-ísimo 9

J

jeder 60
jener 59

187

Register

K

keiner 60
KOMPARATIV
→ ADJEKTIVE
KONDITIONAL I
FORMEN 39
GEBRAUCH 39, 69
KONDITIONAL II
FORMEN 40
GEBRAUCH 40, 69
KONJUNKTIONEN 67
KONJUNKTIV → SUBJUNTIVO

L

la (Artikel) 2
la (Objektpronomen) 54
las (Artikel) 2
las (Objektpronomen) 54
llevar 3
lo (Artikel) 2
lo (Objektpronomen) 54
lo mismo que 8
lo que (Relativpronomen) 62
lo/la cual 62
los (Artikel) 2
los (Objektpronomen) 54
los/las cuales 62

M

machen → *hacer*
mal 6, 7
malo 6
más 7, 9, 10
más de 7
más . . . que 7
Material 21, 64
máximo 9

mayor 7
medio 3, 6
mehr 7, 10
mein 58
mejor 7, 10
Mengenangaben 64, 66
menor 7
menos 7, 10
menos de 7
menos . . . que 7
-mente 10
mientras 67
mil/miles 12
millón 12
mínimo 9
mío 58
mismo 8
mit 65
mucho (Adjektiv) 6, 7, 60
mucho (Adverb) 10
müssen 26
muy 10

N

nach (örtlich) 65
nach (zeitlich) 65, 67
nada 60, 68
nadie 60, 68
Nationalität 21
ni . . . ni 68
nicht 60, 68
nichts 68
nie 68
niemand 60, 68
ningún/ninguno 6, 60
no 68
nunca 68

O

o 67
OBJEKTPRONOMEN
BEIM GERUNDIUM 54, 55, 56
BEIM IMPERATIV 45, 54, 55, 56
BEIM INFINITIV 54, 55, 56
DIREKTE OBJEKTPRONOMEN 54, 56
INDIREKTE OBJEKT-PRONOMEN 55, 56
MIT PRÄPOSITION 57
UNBETONTE INDIREKTE OBJEKTPRONOMEN 55
obwohl 50, 67
oder 67
ohne 65
oír 26, 48, 51
ojalá 52
óptimo 9
ORDNUNGSZAHLEN 6, 13
Ortsangabe 22, 63
otro 3, 6

P

para 57, 66
para que 67
¿para qué? 61
PARTIZIP 28, 29, 36, 40, 42
PASIVA REFLEJA 42
PASSIV 42, 66
peor 7, 10
PERFEKT
FORMEN 29
GEBRAUCH 33
pero 67
PERSONENSTAND 22
pésimo 9

Register

PLUSQUAMPERFEKT 36
poco (Adjektiv) 6, 7, 60
poco (Adverb) 10
poder 18, 32, 37, 39, 47, 51
poner 26, 32, 37, 39, 43, 48, 51
por 66
por eso 59
¿por qué? 61
POSSESSIVBEGLEITER 58
POSSESSIVPRONOMEN 58
PRÄPOSITIONEN
   a, en 63
   de 64
   para, por 66
   WEITERE PRÄPOSITIONEN 65
PRÄSENS (INDIKATIV)
   REGELMÄSSIGE VERBEN
      AUF *-AR* 14
   REGELMÄSSIGE VERBEN
      AUF *-ER* 15
   REGELMÄSSIGE VERBEN
      AUF *-IR* 16
   UNREGELMÄSSIGE VERBEN
      21, 22, 25, 26
   UNREGELMÄSSIGE VERBEN
      DER GRUPPE *-ACER/*
      -ECER/-OCER/-UCIR 27
   UNREGELMÄSSIGE VERBEN
      DER GRUPPE *E > I* 19
   UNREGELMÄSSIGE VERBEN
      DER GRUPPE *O > UE* 18
   UNREGELMÄSSIGE VERBEN
      DER GRUPPE *E > IE* 17
   UNREGELMÄSSIGE VERBEN
      DER GRUPPE *-ÍA/-ÚA* 20
preferir 17, 31
Preis 23, 63, 66
PRETÈRITO IMPERFECTO
   → IMPERFEKT

PRETÉRITO PERFECTO
   COMPUESTO
      → PERFEKT
PRETÉRITO PERFECTO SIMPLE
   → INDEFINIDO
PRETÉRITO PLUSCUAM-
   PERFECTO
   → PLUSQUAMPERFEKT
primer(o) 6, 13

Q
que (Relativpronomen) 62
¿qué? 61
querer 17, 32, 37, 51
quien/quienes
   (Relativpronomen) 62
¿quién/quiénes? 61
quizá(s) 50

R
rápido/rápidamente 10
REFLEXIVE VERBEN 41
REFLEXIVPRONOMEN 41
RELATIVPRONOMEN 62
RELATIVSATZ 62
   MIT SUBJUNTIVO 50

S
saber 26, 32, 37, 39, 51
salir 26, 37, 39, 43, 48
schlecht 6, 7, 10
schlechter 7, 10
se
   PASIVA REFLEJA 42
   REFLEXIVPRONOMEN 41
   OBJEKTPRONOMEN 56
según 57

sehr 10
sein → *estar, ser* und *haber*
seit 65
señor/señora/señorita 3
ser
   FORMEN 21, 31, 34, 37, 43,
      48, 51
   GEBRAUCH 4, 21, 23, 42
   SER UND *ESTAR* 23
servir 19, 31, 47
si 69, 70
siempre 10
siempre que 67
sin 65
sin que 67
sino 67
so (viel) . . . wie 8
sobald → *cuando*
soltero 22
SUBJEKTPRONOMEN 53
SUBJUNTIVO IMPERFEKT
   FORMEN 51
   GEBRAUCH 52, 69
SUBJUNTIVO PERFEKT 48
SUBJUNTIVO PRÄSENS
   GEBRAUCH 49, 50
   REGELMÄSSIGE VERBEN 46
   UNREGELMÄSSIGE VERBEN
      48
   VERBEN DER GRUPPE *-ACER/*
      -ECER/-OCER/-UCIR 48
   VERBEN DER GRUPPE *E > IE,*
      O > UE, E > I 47
SUBSTANTIVE
   GESCHLECHT 1
   PLURALBILDUNG 1
superior 7
SUPERLATIV → ADJEKTIVE

Register

T

tampoco 68
tan (+ Adjektiv/Adverb) *como* 8
tanto 8
tanto como 8
tanto (+ Substantiv) *como* 8
tarde 10
tener 3, 26, 32, 37, 39, 43, 48, 51
tener que 26
tercer(o) 6, 13
todo 60
todo el día 60
todos los días 60
traer 26, 32, 48, 51
tun → *hacer*

U

u 67
Uhrzeit 21, 59, 63, 64
un 2, 11

und 67
ungefähr 2, 11
un(o) 2, 11

V

venir 26, 32, 37, 39, 43, 48, 51
ver 31, 34, 48
Vergleich 8
Verkehrsmittel 63
Verlaufsform 23, 28
Vermutung 38, 40
verneinter Imperativ 44, 45
Verneinung 29, 45, 68
viel 6, 7, 10, 60
vor (örtlich) 65
vor (zeitlich) 65, 67

W

wann? → *¿cuándo?*
was für ein? 61
weder . . . noch 68

weniger 7, 10
wenn (Bedingung) 69
wenn → *cuando* und *si*
wie viel? 61

Y

y 67
ya no 68

Z

Zahlen
    Grundzahlen 1–100 11, 12
    Grundzahlen ab 100 12
    Ordnungszahlen 6, 13
Zeitangaben 3, 63, 64, 66
zu viel 10, 60
Zukunft → Futur I und II

Glossar

In dieser Vokabelliste finden Sie die Übersetzungen der auf den Übungsseiten vorkommenden spanischen Wörter. Die deutschen Übersetzungen entsprechen dem Kontext, in dem die Wörter in den Übungen verwendet werden. Bei einigen Wörtern mit Mehrfachbedeutung ist die entsprechende Fundstelle in Klammern angegeben, z. B. (**6** 2), wobei die fett gedruckte Zahl auf das jeweilige Kapitel verweist und die darauf folgende Ziffer die Übungsnummer angibt.

Außerdem werden folgende Abkürzungen und Symbole verwendet:

m.	maskulin	→	siehe
f.	feminin	*K*	Kapitel
Sg.	Singular	*S.*	Seite
Pl.	Plural	*f.*	und folgende Seite
Adj.	Adjektiv	*ff.*	und folgende Seiten
Adv.	Adverb	>	Veränderungen im Verbstamm (z. B. *o > ue*)

A

a (→ *K 63*)	zu; nach; in; um *(Uhrzeit)*, bis, an; *Angabe des direkten oder indirekten Objekts bei Personen*
a las ...	um ... Uhr
¿a qué hora?	um wie viel Uhr?
a veces	manchmal
abandonar	verlassen
abrazo	Umarmung
abrazos *(m. Pl.)*	liebe Grüße *(Briefschluss)*
abrelatas *(m.)*	Dosenöffner
abrigo	Mantel
abril *(m.)*	April
abrir	öffnen
absoluto	absolut
abuela	Großmutter
abuelo	Großvater
aburrido	langweilig
acabar de hacer alguna cosa	soeben etwas getan haben
accidente *(m.)*	Unfall
aceituna	Olive
acompañar	begleiten

acordarse (*o > ue / → K 18*)	sich erinnern
acostarse (*o > ue / → K 18*)	zu Bett gehen
acostumbrarse (a)	sich gewöhnen (an)
actor *(m.)*	Schauspieler
actuar (→ *K 20*)	(mit)spielen
Acuario	Wassermann *(Sternzeichen)*
adelgazar	abnehmen
además	außerdem
adiós	auf Wiedersehen, tschüss
¿adónde? (→ *K 61*)	wohin?
adquirir (*i > ie / → K 17*)	erwerben
aeropuerto	Flughafen
afeitarse	sich rasieren
afortunado	glücklich
agencia de viajes	Reisebüro
agosto	August
agradecer (*c > zc / → K 27*)	danken
agua (mineral) (*Artikel* el *bzw.* un)	(Mineral)wasser

Glossar

ahí	da
ahora	jetzt
ahorrar	sparen
aire libre (al) *(m.)*	Open-Air-
alcohol *(m.)*	Alkohol
alegrar(se)	(sich) freuen
alegre	fröhlich
alemán, alemana	deutsch; Deutscher, Deutsche
Alemania	Deutschland
alfombra	Teppich
algo *(→ K 60)*	etwas
algodón *(m.)*	Baumwolle
alguien *(→ K 60)*	jemand
alguna vez	(schon) einmal
alguno (algún) *(→ K 60)*	(irgend)einer, -e, -es
algunos *(Pl.)*	einige
alimento	Lebensmittel
allí	dort, da
almorzar *(o > ue / → K 18)*	zu Mittag essen
alquilar	(ver)mieten
alto	hoch; groß
altura	Höhe
alumna	Schülerin
alumno	Schüler
ama de casa	Hausfrau
amable	freundlich
amarillo	gelb
amiga	Freundin
amigo	Freund
ampliar *(→ K 20)*	erweitern
andaluz(a)	andalusisch; Andalusier(in)
andar	zu Fuß gehen
anillo	Ring
animal *(m.)*	Tier
año	Jahr
a los ... años	mit ... Jahren
anoche	gestern Abend
anterior	voriger, -e, -es
antes	früher; vorher (**29** 4)
antes de (que)	(be)vor *(zeitlich)*
antiguo	alt; antik (**6** 2)
anunciar *(→ K 20)*	ankündigen

apagar	ausschalten
aparcar	parken
apartamento	Apartment
aperitivo	Aperitif
apetecer *(c > zc / → K 27)*	Lust haben auf
apreciar	schätzen
aprender	lernen
aprobar *(o > ue / → K 18)*	bestehen
aquel, aquella, aquello *(→ K 59)*	jener, jene, jenes
aquí	hier
árbol *(m.)*	Baum
arena	Sand
argentino, argentina	argentinisch; Argentinier, Argentinierin
Aries *(m.)*	Widder *(Sternzeichen)*
armario	Schrank
arquitecta	Architektin
arquitecto	Architekt
arreglar	aufräumen
arte *(m. / Pl. = f.)*	Kunst
artículo	Artikel
asado	gebraten
aspirina®	Aspirin®
asunto	Angelegenheit
aún (no)	noch (nicht)
aunque *(mit Indikativ)*	obwohl
aunque *(mit Konjunktiv)*	auch wenn
Austria	Österreich
austríaco, austríaca	österreichisch; Österreicher, Österreicherin
autobús *(m.)*	(Auto)bus
automático	automatisch
AVE *(Alta Velocidad Española) (m.)*	*spanischer Hochgeschwindigkeitszug*
aventura	Abenteuer
avión *(m.)*	Flugzeug
ayer	gestern
ayuda	Hilfe
ayudar	helfen
azúcar *(m.)*	Zucker
azul	blau

Glossar

B

bailar	tanzen
bailarina	Tänzerin
bajo	niedrig
balcón *(m.)*	Balkon
banco	Bank *(Geldinstitut)*
baño	Bad
bar *(m.)*	Café; Bar
barato	billig
barba	Bart
barco	Schiff
barril *(m.)*	Fass
barrio	Stadtviertel
bastante	ziemlich
bebé *(m. + f.)*	Baby
beber	trinken
bebida	Getränk
belga	belgisch; Belgier(in)
Bélgica	Belgien
beso	Kuss
bicicleta	Fahrrad
bien *(Adv.)*	gut
bigote *(m.)*	Schnurrbart
biología	Biologie
blanco	weiß
blusa	Bluse
bocadillo	belegtes Brötchen
boda de plata	Silberhochzeit
bolígrafo	Kugelschreiber
bolívar *(m.)*	Bolívar *(Währung)*
bolsa	Tasche
bolso	Tasche
bombilla	Glühbirne
bonito	schön, hübsch
bosque *(m.)*	Wald
bota	Stiefel
botella	Flasche
Brasil *(m.)*	Brasilien
brasileño, brasileña	brasilianisch; Brasilianer, Brasilianerin
brazo	Arm
bucear	tauchen
buen(o) *(→ K 6)*	gut
bueno *(Artikel* lo*)*	das Gute
buenos días	guten Tag; guten Morgen
buscar	suchen

C

caber *(→ K 26)*	passen
cabeza	Kopf
caer *(→ K 26)*	fallen
café *(m.)*	Kaffee; Café
café con leche *(m.)*	Milchkaffee
café solo *(m.)*	Espresso
cafetería	Café
caja	Kasten (**11** 3), Schachtel (**64** 4, **65** 1); Kiste (**64** 1)
cajero automático	Geldautomat
calamar (a la plancha) *(m.)*	(gegrillter) Tintenfisch
calentar *(e > ie / → K 17)*	(er)wärmen
caliente	warm
callarse	schweigen
calle *(f.)*	Straße
calor *(m.)*	Wärme
cama	Bett
camarero	Kellner
cambiar *(→ K 20)*	wechseln, (um)tauschen
cambiarse de ropa	sich umziehen
camino	Weg
camisa	(Ober)hemd
camiseta	T-Shirt
campo	Land
Cáncer *(m.)*	Krebs *(Sternzeichen)*
canción *(f.)*	Lied
cansado	müde
cantante *(m. + f.)*	Sänger(in)
cantar	singen
cantidad *(f.)*	Menge
capítulo	Kapitel
Capricornio	Steinbock *(Sternzeichen)*
caracol *(m.)*	Schnecke
carbón *(m.)*	Kohle
carecer *(c > zc / → K 27)*	entbehren, nicht haben
Caribe *(m.)*	Karibik
cariño	Liebling
carnaval *(m.)*	Karneval, Fasching
carne *(f.)*	Fleisch
caro	teuer
carta	Brief

Glossar

cartero	Briefträger
casa	Haus
a casa	nach Hause; zu *(einer Person nach Hause)*
en casa	zu Hause; bei *(einer Person)*
casado	verheiratet
los recién casados	die Frischvermählten
casarse	heiraten
castaña	Kastanie
castillo	Burg
catedral *(f.)*	Kathedrale
cava *(m.)*	Sekt
cena	Abendessen
cenar	zu Abend essen
centro	(Stadt)zentrum
centro comercial	Einkaufszentrum
cerca (de)	nah(e), in der Nähe (von)
cercano	nah(e)
cerrar	schließen
(e > ie / → K 17)	
cerveza	Bier
champán *(m.)*	Champagner
chaqueta	Jacke
chica	Mädchen
chico	Junge
chiringuito	Strandcafé
chocolate *(m.)*	Schokolade
cielo	Himmel
cigarrillo	Zigarette
cine *(m.)*	Kino
ciudad *(f.)*	Stadt
claro	(na) klar
clase *(f.)*	Klasse; Unterricht (**30** 4, **65** 3)
clásico	klassisch
clavel *(m.)*	Nelke *(Blume)*
club	Club, Verein
coche *(m.)*	Auto
cocina	Küche
cocinar	kochen
cocinero	Koch
coger	pflücken
colega *(m. + f.)*	Kollege, Kollegin
colegio	Schule
collar *(m.)*	Halskette
Colón	Kolumbus

Colonia	Köln
color *(m.)*	Farbe
comedia	Komödie
comedor *(m.)*	Esszimmer
comenzar	anfangen, beginnen
(e > ie / → K 17)	
comer *(→ S. 160 f.)*	essen
comerse	aufessen
cometer	begehen
comida	Essen, Mahlzeit
como	wie; da, weil (**35** 1, **67** 3)
¿cómo? *(→ K 61)*	wie?
¿cómo estás/está?	wie geht es dir/Ihnen?
cómodo	bequem
compañero de trabajo	Arbeitskollege
componente *(m.)*	Richtung
componer *(→ K 26)*	komponieren
compra	Einkauf
ir de compras	shoppen
comprar	(ein)kaufen
comprender	verstehen
con	mit
coñac *(m.)*	Kognak
concierto	Konzert
conducir	fahren
(c > zc / → K 27)	
confesar	gestehen
(e > ie / → K 17)	
confiar *(→ K 20)*	vertrauen
confirmar	bestätigen
conmigo	mit mir
conocer (c > zc /	kennen; kennenlernen
→ K 27, S. 164 f.)	(**30** 2, **38** 3, **52** 4)
conseguir	erlangen
(e > i / → K 19)	
construir	(er)bauen
consulta	Praxis
contar (con) *(o > ue /*	zählen (auf); erzählen
→ K 18, S. 162 f.)	
contento	zufrieden
contigo	mit dir
continuar *(→ K 20)*	fortsetzen
contrato	Vertrag
copa	(Wein)glas
copiar *(→ K 20)*	kopieren
corbata	Krawatte
corona	Krone

Glossar

correcto	richtig
corregir	korrigieren
(e > i / → K 19)	
correo	Post
Correos (m. Pl.)	Post(amt)
correr	laufen; joggen
cortado	*Kaffe mit wenig Milch*
Corte Inglés (m.)	*span. Kaufhauskette*
corto	kurz
cosa	Ding, Sache
costa	Küste
costar	kosten
(o > ue / → K 18)	
crecer (c > zc / → K 27)	wachsen
creer	glauben
cristal (m.)	Glas
cruce (m.)	Kreuzung
cruzar	überqueren
cuadro	Bild, Gemälde
¿cuál? (¿cuáles?)	welcher, -e, -es?
(→ K 61)	
cuando (→ K 67)	als; (immer) wenn; sobald
¿cuándo? (→ K 61)	wann?
¿cuánto? (→ K 61)	wie viel?
¡cuánto!	wie sehr!
¿Cuánto es?	Was macht das (zusammen)?
cuarto	Viertel
cubrir	bedecken
cuenta	Rechnung
cuero	Leder
cuidado	Vorsicht
cultivar	anbauen
cumpleaños (m.)	Geburtstag
cumplir ... años	... Jahre alt werden
curso	Kurs
cuyo (→ K 62)	dessen, deren

D

danés, danesa	dänisch; Däne, Dänin
dar (→ K26, S. 164 f.)	geben; zeigen (**49** 1)
darse cuenta	bemerken
de (→ K 64)	aus; von
debajo de	unter
deber	sollen, müssen
deberes (m. Pl.)	Hausaufgaben
decidir	entscheiden

decir	sagen
(→ K 26, S. 164 f.)	
defender	verteidigen
(e > ie / → K 17)	
dejar	(über)lassen
delante de	vor *(räumlich)*
demasiado (Adv.)	zu sehr, zu viel
dentista (m. + f.)	Zahnarzt, Zahnärztin
dentro de	in, innerhalb
deporte (m.)	Sport
derecho	rechts
a la derecha	rechts neben; auf der rechten Seite
desafortunadamente (Adv.)	leider
desayunar	frühstücken
descansar	sich ausruhen
describir	beschreiben
descubrir	entdecken
desde	seit *(Zeitpunkt)*; von (**65** 2)
desde hace	seit *(Zeitspanne)*
desear	wünschen
despacio (Adv.)	langsam
despejado	wolkenlos
despertador (m.)	Wecker
despertarse	aufwachen
(e > ie / → K 17)	
después	danach
después de	nach(dem) *(zeitlich)*
después de que	nachdem
destruir	zerstören
desviar (→ K 20)	umleiten
detener (→ K 26)	verhaften
detrás de	hinter
devolver	zurückgeben
(o > ue / → K 18)	
día (m.)	Tag
al día	pro Tag, täglich
el otro día	neulich
todo el día	den ganzen Tag
todos los días	jeden Tag
dibujo	Bild, Zeichnung
dibujos animados (m. Pl.)	Zeichentrickfilm
diccionario	Wörterbuch
diferencia	Unterschied
difícil	schwierig

Glossar

dificultad *(f.)*	Schwierigkeit
Dinamarca	Dänemark
dinero	Geld
Dios	Gott
¡Dios mío!	mein Gott!
diploma *(m.)*	Diplom, Zeugnis
dirección *(f.)*	Adresse
disco	(Schall)platte
discoteca	Diskothek
diseñador *(m.)*	Designer
diseñar	entwerfen
divertirse	Spaß haben
(e > ie / → K 17)	
doctor *(m.)*	Doktor
dólar *(m.)*	Dollar
doler *(o > ue / → K 18)*	weh tun, schmerzen
dolor *(m.)*	Schmerz
domingo	Sonntag
donde *(→ K 62)*	wo
¿dónde? *(→ K 61)*	wo?
¿de dónde?	woher?
(→ K 61)	
dormir *(o > ue /*	schlafen
→ K 18, S. 162 f.)	
ducharse	sich duschen
dudar	(be)zweifeln
dueño	Herrchen
dulce	süß
dulce *(m.)*	Süßigkeit
DVD *(m.)*	DVD

E

edificio	Gebäude
editorial *(f.)*	Verlag
efectuar *(→ K 20)*	ausführen
ejemplar *(m.)*	Exemplar
ejercicio	Übung
el *(→ K 2)*	der
él *(→ K 53, 55)*	er; ihm
elegante	elegant
elegir *(e > i / → K 19)*	(aus)wählen
ella *(→ K 53, 55)*	sie; ihr
ellas *(→ K 53, 55)*	sie; ihnen
ellos *(→ K 53, 55)*	sie; ihnen
e-mail *(m.)*	E-Mail
empezar	anfangen, beginnen
(e > ie / → K 17)	

empresa	Unternehmen
en *(→ K 63)*	in; am; an
en seguida	sofort
encantador	bezaubernd
encantar	begeistern, (er)freuen
encender	anzünden
(e > ie / → K 17)	
encima de	auf
encontrar	treffen; finden
(o > ue / → K 18)	
encontrarse	sich treffen
(o > ue / → K 18)	
enfermo	krank
enfrente de	gegenüber
ensalada	Salat *(Gericht)*
enseguida	sofort
enseñar	zeigen
entender *(e > ie /*	verstehen
→ K 17, S. 160 f.)	
entrada	Eintrittskarte
entrante *(m.)*	Vorspeise
entrar	eintreten, betreten
entre	zwischen
entregar	verleihen
enviar *(→ K 20)*	schicken
envolver	einpacken
(o > ue / → K 18)	
error *(m.)*	Fehler
es que	nämlich
escalera	Treppe
Escorpio	Skorpion *(Sternzeichen)*
escribir	schreiben
escuchar	(zu/an)hören
escuela	Schule
ese, esa, eso *(→ K 59)*	dieser, diese, dieses (da)
espalda	Rücken
España	Spanien
español(a)	spanisch; Spanier(in)
especial	Spezial-
espejo	Spiegel
esperar	warten; hoffen
	(48 4, **49** 2, **49** 3)
esquiar *(→ K 20)*	Ski laufen
esquina	Ecke
estación *(f.)*	Bahnhof
Estados Unidos	Vereinigte Staaten von
	Amerika

Glossar

estadounidense — US-amerikanisch; US-Amerikaner, US-Amerikanerin

estar (→ K 22, 23, 24, 28, S.164 f.) — sein; da sein; sich befinden

estar a (mit Preisangabe) — kosten

estar de vacaciones — im Urlaub sein

este, esta, esto (→ K 59) — dieser, diese, dieses

   esta mañana — heute Morgen

   esta noche — heute Abend/Nacht

   esta tarde — heute Nachmittag/Abend

estudiante (m. + f.) — Student(in)

estudiar (→ K 20) — lernen; studieren

estudios (m. Pl.) — Studium

euro — Euro

evacuar (→ K 20) — evakuieren

examen (m.) — Prüfung

excursión (f.) — Ausflug

existir — existieren

éxito — Erfolg

explicar — erklären

F

fábrica — Fabrik

fácil — einfach, leicht

falda — Rock

familia — Familie

famoso — berühmt

fatal — miserabel

favor (m.) — Gefallen

febrero — Februar

feliz — glücklich

feo — hässlich

fiesta — Fest, Feier, Party

fin (m.) — Ende

fin de semana (m.) — Wochenende

final — End-, Schluss-

finalmente (Adv.) — schließlich, endlich

flamenco — Flamenco (andalusischer Tanz)

flan (m.) — Karamellpudding

flor (f.) — Blume

florecer (c > zc / → K 27) — blühen

folclórico — Folklore-

forma — Art und Weise

foto (f.) — Foto

francés, francesa — französisch; Franzose, Französin

Francia — Frankreich

frase (f.) — Satz

frecuencia — Häufigkeit

   con frecuencia — oft

frecuente — häufig

fresa — Erdbeere

frío — kalt

frío — Kälte

frito — frittiert

frontera — Grenze

fruta — Obst

fuente (f.) — (Spring)brunnen

fuerte — stark

fumar — rauchen

funcionar — funktionieren

fundamental — wesentlich

fútbol (m.) — Fußball

futuro — Zukunft

G

gafas (f. Pl.) — Brille

gafas de sol (f. Pl.) — Sonnenbrille

galería — Galerie

galleta — Keks

gana — Lust

   tener ganas (de) — Lust haben auf

ganador (m.) — Sieger, Gewinner

ganar — verdienen; gewinnen (69 3)

garaje (m.) — Garage

gastar (en) — ausgeben (für)

gato — Katze

gazpacho — kalte Gemüsesuppe

Geminis (m.) — Zwilling (Sternzeichen)

general — allgemein

gente (f.) — Leute

geografía — Erdkunde

gimnasia — Gymnastik

gimnasio — Fitnessstudio

girasol (m.) — Sonnenblume

golosina — Süßigkeit

gótico — gotisch

197

Glossar

gracias	danke
gramática	Grammatik
gramo	Gramm
grande (gran) (→ K 6)	groß; großartig
Grecia	Griechenland
griego, griega	griechisch; Grieche, Griechin
gris	grau
grupo	Gruppe
guante (m.)	Handschuh
guapo	hübsch
guiar (→ K 20)	führen
guitarra	Gitarre
gustar	gefallen; mögen
gusto	Vergnügen
con mucho gusto	sehr gern

H

haber (Hilfsverb / → K 29)	haben
habitación (f.)	Zimmer
habitante (m. + f.)	Einwohner(in)
hablar	sprechen
hablar por teléfono	telefonieren
hace	vor (zeitlich)
hacer (→ K 26, S. 164 f.)	machen, tun
hacer calor	warm sein
hacer frío	kalt sein
hambre (f.)	Hunger
hasta	bis
hasta que	(so lange) bis
hay (→ K 24)	es gibt, es sind
hectárea	Hektar
helado	(Speise)eis
hermana	Schwester
hermano	Bruder
hermoso	schön
hija	Tochter
hijo	Sohn; Kind
historia	Geschichte
hoja	Blatt
hola	hallo
hombre (m.)	Mann
hora	Stunde
¿a qué hora?	um wie viel Uhr?
es hora	es ist Zeit

horóscopo	Horoskop
horrible	furchtbar
hospital (m.)	Krankenhaus
hotel (m.)	Hotel
hoy	heute
huir	fliehen

I

idea	Idee; Ahnung
idioma (m.)	(Fremd)sprache
iglesia	Kirche
importancia	Bedeutung, Wichtigkeit
importante	wichtig
inacabado	unvollendet
independiente	unabhängig
industrial	Industrie-
informarse	sich informieren
informática	Informatik
informativo	informativ
ingeniero	Ingenieur
Inglaterra	England
inglés, inglesa	englisch; Engländer, Engländerin
instituto	Institut; Gymnasium
inteligente	intelligent
interés (m.)	Interesse
interesante	interessant
interesar	interessieren
interior (del país) (m.)	das (Landes)innere
interrumpir	unterbrechen
inventar	erfinden
invertir (e > ie / → K 17)	investieren
invierno	Winter
invitar	einladen
inyección (f.)	Spritze
ir (→ K 25, S. 166 f.)	gehen; fahren
ir a + Infinitiv (→ K 25, 38)	(tun) werden
ir a pie	zu Fuß gehen
ir a ver	besuchen
ir de compras	shoppen
ir de copas	ein Gläschen trinken gehen
ir de vacaciones	in Urlaub fahren
ir en avión	fliegen
ir en bicicleta	mit dem Fahrrad fahren

Glossar

ir en coche	mit dem Auto fahren
ir en tren	mit dem Zug fahren
Irlanda	Irland
irlandés, irlandesa	irisch; Ire, Irin
irse	(weg)gehen
isla	Insel
Italia	Italien
italiano, italiana	italienisch; Italiener, Italienerin
izquierdo	links
a la izquierda	links neben; auf der linken Seite

J

jamón *(m.)*	Schinken
jardín *(m.)*	Garten
jefa	Chefin
jefe *(m.)*	Chef
jersey *(m.)*	Pullover
joven	jung
joven *(m. + f.)*	Jugendlicher, Jugendliche
jueves *(m.)*	Donnerstag
jugar *(u > ue / → K 18)*	spielen
jugar al fútbol	Fußball spielen
jugar al tenis	Tennis spielen
juguete *(m.)*	Spielzeug
junio	Juni
junto a	an; neben (**65** 2)
juventud *(f.)*	Jugend

K

kilo	Kilo
kilómetro	Kilometer

L

la *(→ K 2, 54)*	die; sie
lado	Seite
al lado de	neben
ladrón *(m.)*	Einbrecher, Dieb
lago	See
lámpara	Lampe
lana	Wolle
lápiz *(m.)*	Bleistift
largo	lang
las *(→ K 2, 54)*	die; sie
lástima	Jammer
¡Qué lástima!	Wie schade!

lata	Dose
lavar	waschen
lavarse	sich waschen
le *(→ K 55)*	ihm; ihr; Ihnen
lección *(f.)*	Lektion
leche *(f.)*	Milch
leer	lesen
lejos (de) *(Adv.)*	weit entfernt (von)
lempira	Lempira *(Währung)*
lento	langsam
Leo	Löwe *(Sternzeichen)*
león *(m.)*	Löwe
les *(→ K 55)*	ihnen; Ihnen
levantarse	aufstehen
Levante	*Ostküste Spaniens*
ley *(f.)*	Gesetz
libra	Pfund *(Währung)*
Libra	Waage *(Sternzeichen)*
libre	frei
librería	Buchhandlung
libro	Buch
limonada	Limonade
limpiar *(→ K 20)*	putzen, sauber machen
limpio	sauber
linterna	Laterne
listo	schlau *(mit* ser); bereit *(mit* estar)
literatura	Literatur
litro	Liter
llamada	Anruf
llamar	(an)rufen
llamarse	heißen
llave *(f.)*	Schlüssel
llegar	ankommen
llevar	tragen; führen (**46** 3)
llevarse	mitnehmen
llover	regnen
(o > ue / → K 18)	
lo *(→ K 2, 54)*	das; ihn
lo cual *(→ K 62)*	das, was
lo que *(→ K 62)*	das, was
lógico	logisch
los *(→ K 2, 54)*	die; sie
lotería	Lotterie
luego	dann
lugar *(m.)*	Stelle
luna	Mond

Glossar

lunes *(m.)*	Montag
luz *(f.)*	Licht

M

madera	Holz
madre *(f.)*	Mutter
maíz *(m.)*	Mais
mal *(Adv.)*	schlecht
maleta	Koffer
malo	schlecht
mamá	Mama
mañana	Morgen
de la mañana	morgens, vormittags
(mit Uhrzeit)	
esta mañana	heute Morgen
por la mañana	morgens, am Morgen
todas las mañanas	jeden Morgen
mañana *(Adv.)*	morgen
mano *(f.)*	Hand
a mano	mit der Hand
mantequilla	Butter
manzana	Apfel
mapa *(m.)*	Landkarte
máquina	Maschine, Gerät
mar *(m.)*	Meer
marcharse	weggehen
marido	(Ehe)mann
marrón	braun
martes *(m.)*	Dienstag
más *(→ K 7, 9)*	mehr; am meisten
más … que *(→ K 7)*	(mehr) … als
más de *(→ K 7)*	mehr als
masajista *(m. + f.)*	Masseur(in)
maya *(m. + f.)*	Maya *(Angehörige(r) eines mittelamerikanischen Volkes)*
mayo	Mai
mayor *(→ K 7)*	größer; älter
me *(→ K 41, 54, 55)*	mich; mir
mecánica	Mechanik
mecánico	Mechaniker
medianoche	Mitternacht
medicina	Medizin
médico	Arzt
medio	halb
mediodía *(m.)*	Mittag
mejor	besser; bester, -e, es

a lo mejor	womöglich
mejorarse	gesund werden
melocotón *(m.)*	Pfirsich
menos	weniger; am wenigsten; außer (**60** 2)
menos de *(→ K 7)*	weniger als
menos … que *(→ K 7)*	(weniger) … als
mensaje *(m.)*	Nachricht, Mitteilung
menú *(m.)*	Speisekarte
mercado	Markt
meridional	südlich, Süd-
mermelada	Marmelade
mes *(m.)*	Monat
mesa	Tisch
metro	Meter; U-Bahn (**25** 3, **56** 3, **61** 2, **68** 4)
mexicano, mexicana	mexikanisch; Mexikaner, Mexikanerin
México	Mexiko
mi *(→ K 58)*	meiner, -e, -es
mí (a mí) *(→ K 55)*	mir
miércoles *(m.)*	Mittwoch
mil	tausend
ministra	Ministerin
mío *(→ K 58)*	meiner, -e, -es
mirar	(an)sehen, (an)schauen
mismo	der-, die-, dasselbe; selbst
mixto	gemischt
moda	Mode
moderno	modern
molestarse	sich Umstände machen
momento	Augenblick, Moment
monedero	Geldbörse
montaña	Berg(e), Gebirge
montañoso	gebirgig
morir	sterben
(o > ue / → K 18)	
mostrar	zeigen
(o > ue / → K 18)	
moto *(f.)*	Motorrad
mover(se)	(sich) bewegen
(o > ue / → K 18)	
móvil *(m.)*	Handy
mucho *(Adj.)*	viel
mucho *(Adv.)*	viel, sehr
mucho más	viel mehr
muela	Backenzahn

Glossar

mujer (f.)	(Ehe)frau
mundo	Welt
muñeca	Puppe
museo	Museum
música	Musik
muy	sehr
muy bien (Adv.)	sehr gut

N

nada (no … nada) (→ K 60, 68)	nichts
nada más	das ist alles
nadar	schwimmen
nadie (→ K 60, 68)	niemand
naranja	Orange
nariz (f.)	Nase
navegar en internet	im Internet surfen
necesario	notwendig
necesitar	brauchen, benötigen
negociar (→ K 20)	verhandeln
negro	schwarz
nervioso	nervös
nevar (e > ie / → K 17)	schneien
ni … ni (→ K 68)	weder … noch
nieve (f.)	Schnee
niña	(kleines) Mädchen
niñez (f.)	Kindheit
ninguno (ningún) (→ K 60, 68)	keiner, -e, -es
niño	(kleiner) Junge; (kleines) Kind
niños (m. Pl.)	Kinder
no (→ K 68)	nein; nicht
noche (f.)	Abend/Nacht
de la noche (mit Uhrzeit)	abends/nachts
esta noche	heute Abend/Nacht
por la noche	abends/nachts
toda la noche	den ganzen Abend/ die ganze Nacht
todas las noches	jeden Abend/jede Nacht
Nochevieja	Silvester
normalmente (Adv.)	normalerweise
norte (m.)	Norden
nos (→ K 54, 55)	uns

nosotros (→ K 53, 55)	wir; uns
noticias (f. Pl.)	Nachrichten
novela	Roman
novela policíaca	Krimi
novia	(feste) Freundin; Verlobte; Braut (42 3)
novio	(fester) Freund; Verlobter; Bräutigam
nuboso	bewölkt
nuestro (→ K 58)	unserer, -e, -es
Nueva York	New York
nuevo	neu
número	Nummer, Zahl; Schuhgröße (56 1); (Bus)linie (66 3)
número (de teléfono)	Telefonnummer
nunca (→ K 68)	nie

O

o (→ K 67)	oder
obra	(Theater)stück, Werk
octubre (m.)	Oktober
ocuparse (de)	sich kümmern (um)
oferta	Angebot
oficina	Büro
oficina de Correos	Postamt
ofrecer (c > zc / → K 27)	anbieten
oído	Ohr
oír (→ K 26, S. 166 f.)	hören
ojalá	hoffentlich
ojo	Auge
olvidar	vergessen
ópera	Oper
ordenador (m.)	Computer
oreja	Ohr
organización (f.)	Organisation
organizar	organisieren
oro	Gold
os (→ K 41, 54, 55)	euch
otoño	Herbst
otro	(ein) anderer, (eine) andere, (ein) anderes; noch einer, -e, -es
el otro día	neulich
otra vez	wieder, noch einmal

201

Glossar

P

paciencia	Geduld
padre *(m.)*	Vater
padres *(m. Pl.)*	Eltern; Väter (**67** 3)
paella	Paella *(span. Reisgericht)*
pagar	(be)zahlen
página	Seite
país *(m.)*	Land
paisaje *(m.)*	Landschaft
pájaro	Vogel
palacio	Palast, Schloss
pan *(m.)*	Brot
panadería	Bäckerei
pantalón *(m.)*	Hose
pañuelo	(Hals)tuch
papá *(m.)*	Papa
papel *(m.)*	Papier
paquete *(m.)*	Paket
para (→ K 66)	um (zu); nach; für
para (+ *Infinitiv*)	um zu
para mí	meiner Meinung nach
para que	damit
¿para qué?	wozu?
¿para quién?	für wen?
parada	Haltestelle
paraguas *(m.)*	Regenschirm
pararse	stehen bleiben *(Uhr)*
parasol *(m.)*	Sonnenschirm
parecer	scheinen
(*c > zc /* → K 27)	
pared *(f.)*	Wand
pareja	Paar
parlamento	Parlament
parque *(m.)*	Park
parque infantil *(m.)*	Spielplatz
partida	Partie
partido de fútbol	Fußballspiel
pasado	vergangen
pasar	verbringen; reichen (**39** 4);
	passieren (**56** 1),
	vorbeikommen (**66** 1),
	durchfahren (**66** 4)
pasarlo bien	sich amüsieren
pasear	spazieren gehen
paseo	Spaziergang
dar un paseo	einen Spaziergang
	machen

pasivo	passiv
pastel *(m.)*	Kuchen
patata	Kartoffel
patatas fritas	Pommes frites
patio	Innenhof
peatonal	Fußgänger-
pedir *(e > i /*	bitten; bestellen (**19** 3,
→ K 19, S. 162 f.)	**19** 4, **31** 4)
peine *(m.)*	Kamm
película	Film
película romántica	Liebesfilm
peligroso	gefährlich
pelo	Haar
pelota	Ball
pena	Kummer, Leid
ser una pena	schade sein
Península	die Spanische Halbinsel
pensar *(e > ie /*	denken
→ K 17, S. 160 f.)	
pensión *(f.)*	Pension
peor	schlechter;
	schlechtester, -e, -es
pequeño	klein
perder	verlieren; verpassen
(*e > ie /* → K 17)	(**40** 2, **69** 3)
perderse	sich verirren
perezoso	faul
perfecto	perfekt
periódico	Zeitung
permanecer	bleiben
(*c > zc /* → K 27)	
permitir	erlauben
pero	aber
perro	Hund
persona	Person
pertenecer	(an)gehören
(*c > zc /* → K 27)	
Perú *(m.)*	Peru
peruano, peruana	peruanisch; Peruaner,
	Peruanerin
pescado	Fisch *(Gericht)*
peso	Peso *(Währung)*
piano	Klavier
pie *(m.)*	Fuß
ir a pie	zu Fuß gehen
pierna	Bein
pintar	malen; (an)streichen

Glossar

pipa	Pfeife
pirámide *(f.)*	Pyramide
piscina	Schwimmbad
Piscis *(m.)*	Fische *(Sternzeichen)*
piso	Wohnung; Stock(werk)
	(6 1)
planchar	bügeln
plano	(Stadt)plan
planta	Stockwerk
planta baja	Erdgeschoss
plantar	pflanzen
plástico	Plastik, Kunststoff
plata	Silber
plato	Teller
playa	Strand
plaza	Platz
poco *(Adj.)*	wenig
poco *(Adv.)*	wenig
un poco (de)	etwas (von)
poder *(o > ue /*	können; dürfen
→ K 18, S. 166 f.)	
poeta *(m.)*	Dichter
polaco, polaca	polnisch; Pole, Polin
policía	Polizei
pollo	Hähnchen
Polonia	Polen
poner	setzen, stellen, legen
(→ K 26, S. 166 f.)	
poner la mesa	den Tisch decken
ponerse	sich anziehen
por *(→ K 66)*	wegen; durch; von;
	für; pro; über
por escrito	schriftlich
por eso	deshalb
por favor	bitte
por la mañana	morgens, am Morgen
por la noche	abends/nachts
por la tarde	nachmittags/abends
¿por qué? *(→ K 61)*	warum?
por supuesto	selbstverständlich
porque	weil
Portugal *(m.)*	Portugal
portugués, portuguesa	portugiesisch; Portugiese,
	Portugiesin
posible	möglich
posición *(f.)*	Stellung

postal *(f.)*	Ansichtskarte
preferir	bevorzugen, lieber mögen
(e > ie / → K 17)	
pregunta	Frage
preguntar	fragen
premio	Preis *(Auszeichnung)*
preparar	zubereiten
presidente *(m.)*	Präsident
prestar	leihen
prima	Cousine
primer(o) *(→ K 13)*	erster
primero *(Adv.)*	zuerst
primo	Cousin
princesa	Prinzessin
probar	probieren
(o > ue / → K 18)	
probarse	anprobieren
(o > ue / → K 18)	
problema *(m.)*	Problem
producir	produzieren
(c > zc / → K 27)	
producto	Produkt
profesional	beruflich
profesor *(m.)*	Lehrer
profesora	Lehrerin
programa *(m.)*	Programm
prohibido	verboten
pronto *(Adv.)*	bald
propietario	Besitzer
proponer *(→ K 26)*	vorschlagen
próximo	nächster, -e, -es
proyecto	Projekt
publicar	veröffentlichen
pueblo	Ortschaft, Dorf
puente *(m.)*	Brücke
puerta	Tür
pues	also
punto	Punkt
en punto	auf die Minute
puntual	pünktlich

Q

que *(Konjunktion)*	dass
que *(Vergleichs-*	als
partikel / → K 7)	
que *(Relativpro-*	der, die, das
nomen / → K 62)	

Glossar

el que (→ K 62)	derjenige, der
lo que (→ K 62)	das, was
¡qué ...!	was für ein ...!; wie ...!
¿qué? (→ K 61)	was?; was für?
¿qué hora es?	wie spät ist es?
¿qué tal?	wie ist/war ...?
quedar	übrig sein
quedar (bien)	(gut) passen (Kleidung)
quedarse	bleiben
quedarse dormido	verschlafen
querer (e > ie /	wollen; mögen
→ K 17, S. 166 f.)	
querido	lieber (Anrede im Brief)
queso	Käse
quetzal (m.)	Quetzal (Währung)
¿quién? (→ K 61)	wer?
¿a quién?	wem?
¿con quién?	mit wem?
¿de quién?	wessen?; über wen?
¿de quién es/son ...?	wem gehört/gehören ...?
¿para quién?	für wen?

R

ración (f.)	Portion
radio (f.)	Radio
Ramblas (las) (f. Pl.)	Promenade im Zentrum Barcelonas
ramo	Strauß (Blumen)
rápido	schnell
raro	selten
razón (f.)	Grund
recibir	bekommen, erhalten
recién (Adv.)	neu
recoger	abholen
recomendar	empfehlen
(e > ie / → K 17)	
recordar	(sich) erinnern
(o > ue / → K 18)	
recorrer	zurücklegen
recuerdo	Souvenir
reducir	verringern
(c > zc / → K 27)	
regalar	schenken
regalo	Geschenk
regar (e > ie / → K 17)	gießen
región (f.)	Region
regular	regelmäßig

Reino Unido	Vereinigtes Königreich
reír (e > i / → K 19)	lachen
reloj (m.)	Uhr
renovar	renovieren
(o > ue / → K 18)	
reparar	reparieren
repetir (e > i / → K 19)	wiederholen
reproductor (m.) de DVD	DVD-Player
república	Republik
reservar	reservieren
responder	antworten
restaurante (m.)	Restaurant
reunión (f.)	Sitzung
revista	Zeitschrift
rey	König
rico (→ K 9, 23)	reich; lecker (Speisen)
rizado	lockig
robar	stehlen
rojo	rot
Roma	Rom
romántico	romantisch
romper	(zer)brechen, kaputt machen
ropa	Kleidung
rosa	Rose
ruido	Lärm
ruidoso	laut

S

sábado	Samstag
saber (→ K 26, S. 166 f.)	wissen; können (27 2, 62 3)
sacacorchos (m.)	Korkenzieher
sacar a pasear	Gassi gehen
sacar fotos	fotografieren
Sagitario	Schütze (Sternzeichen)
sal (f.)	Salz
salado	salzig, versalzen
salir (→ K 26, S. 168 f.)	(hin)ausgehen; abfahren (Zug), starten (Flugzeug)
salir bien	gelingen, gut gehen
salón (m.)	Wohnzimmer
salud (f.)	Gesundheit
sandía	Wassermelone
sano	gesund

Glossar

satisfecho	zufrieden
se (→ K 41, 42, 56)	man; sich
secretaria	Sekretärin
secreto	Geheimnis
seguir	folgen
(e > i / → K 19)	
segundo	Sekunde
seguro	sicher
selva	Urwald
semáforo	Ampel
semana	Woche
senderismo	Wandern
hacer senderismo	wandern
señor (m. /	Herr; Mann
Abkürzung: Sr.)	
señora	Frau
(Abkürzung: Sra.)	
señorita	Fräulein
(Abkürzung: Srta.)	
sentarse	sich (hin)setzen
(e > ie / → K 17)	
sentir (e > ie /	bedauern; fühlen, spüren
→ K 17, 162 f.)	
lo siento	es tut mir leid
sentirse	sich fühlen
(e > ie / → K 17)	
septiembre (m.)	September
ser (→ K 21, 23,	sein
S. 168 f.)	
servilleta	Serviette
servir (e > i /	(be)dienen; nützen;
→ K 19, 31, 47)	behilflich sein (19 3);
	servieren (28 4)
si (→ K 69, 70)	wenn; ob
sí	ja
siempre	immer
sierra	Gebirgskette
siesta	Mittagsschlaf
siglo	Jahrhundert
significar	bedeuten
siguiente	folgender, -e, -es
silla	Stuhl
sillón (m.)	Sessel
simpático	sympathisch
sin	ohne
sinfonía	Sinfonie
sino (→ K 67)	sondern

sobre (→ K 65)	über; auf
sobre todo	vor allem
sobrina	Nichte
sobrino	Neffe
sofá (m.)	Sofa
sol (m.)	Sonne
soler	gewohnt sein
(o > ue / → K 18)	
solo	nur
sombrero	Hut
sonar	klingen, läuten
(o > ue / → K 18)	
soñar (con)	träumen (von)
(o > ue / → K 18)	
sonreír	lächeln
(e > i / → K 19)	
soplar	wehen
sorprender	überraschen
su (→ K 58)	seiner, seine, seines;
	ihrer, ihre, ihres;
	Ihrer, Ihre, Ihres
subir	hinaufgehen, -steigen
sucio	schmutzig
Suecia	Schweden
sueco, sueca	schwedisch; Schwede,
	Schwedin
suegra	Schwiegermutter
suelo	Fußboden
suelto	Kleingeld
suerte (f.)	Glück
sufrir (de)	leiden (an)
Suiza	Schweiz
suizo, suiza	schweizerisch; Schweizer,
	Schweizerin
superior	höherer, -e, -es
superlativo	Superlativ
supermercado	Supermarkt
sur (m.)	Süden
suyo (→ K 58)	seiner, seine, seines;
	ihrer, ihre, ihres;
	Ihrer, Ihre, Ihres

T

tacón (m.)	Absatz (Schuh)
tal vez	vielleicht
también	auch
tan (Adv.)	so

Glossar

tan pronto (como)	sobald wie
tanto *(Adj.)*	so viel(e)
tanto (tan) *(Adv.)*	so (viel/sehr)
tapas *(f. Pl.)*	*kleine Häppchen*
tapiz *(m.)*	Wandteppich
tarde *(f.)*	Nachmittag/Abend
tarde *(Adv.)*	spät
de la tarde *(mit Uhrzeit)*	nachmittags/abends
esta tarde	heute Nachmittag/ Abend
por la tarde	nachmittags/abends
toda la tarde	den ganzen Nachmit- tag/Abend
todas las tardes	jeden Nachmittag/ Abend
tarea	Aufgabe
tarjeta de crédito	Kreditkarte
tarta	Torte
Tauro	Stier *(Sternzeichen)*
taxi *(m.)*	Taxi
te *(→ K 41, 54, 55)*	dich; dir
té *(m.)*	Tee
teatro	Theater
técnico	technisch; Fach-
tele *(f.)*	Fernsehen
telediario	Nachrichten(sendung)
telefonear	telefonieren
teléfono	Telefon
televisión *(f.)*	Fernsehen
televisor *(m.)*	Fernseher
tema *(m.)*	Thema
temer	(be)fürchten
temperatura	Temperatur
temporada (alta)	(Hoch)saison
temprano	früh
tenedor *(m.)*	Gabel
tener *(→ K 26, S. 168 f.)*	haben
tener ... años	... Jahre alt sein
tener calor	jdm warm sein
tener ganas (de)	Lust haben (auf)
tener que *(→ K 26)*	müssen
Tenerife	Teneriffa
tenis *(m.)*	Tennis
tercer(o) *(→ K 13)*	dritter
terminar	beenden

terraza	Terrasse
terremoto	Erdbeben
ti (a ti) *(→ K 55, 57)*	dir; dich
tía	Tante
tiempo	Zeit; Wetter (**36** 2)
a tiempo	rechtzeitig
tiempo libre	Freizeit
tienda	Geschäft
timbre *(m.)*	Klingel
tío	Onkel
tocar	spielen *(Instrument)*
tocar el piano	Klavier spielen
tocar la guitarra	Gitarre spielen
tocar la lotería	in der Lotterie gewinnen
todavía	(immer) noch
todavía no	noch nicht
todo *(→ K 60)*	alles; ganz; jeder; alle *(Plural)*
toda la noche	den ganzen Abend/ die ganze Nacht
toda la tarde	den ganzen Nachmit- tag/Abend
todas las mañanas	jeden Morgen
todas las noches	jeden Abend/jede Nacht
todas las tardes	jeden Nachmittag/ Abend
todo el día	den ganzen Tag
todos los días	jeden Tag
tomar *(→ S. 160 f.)*	nehmen; essen; trinken
tomate *(m.)*	Tomate
toro	Stier
toros *(m. Pl.)*	Stierkampf
torre *(f.)*	Turm
tortilla	*span. Omelett*
total	völlig, total
trabajador	fleißig
trabajar	arbeiten
trabajo	Arbeit
traducir *(c > zc / → K 27)*	übersetzen
traer *(→ K 26, S. 168 f.)*	(mit)bringen
tráfico	Verkehr
traje *(m.)*	(Damen)kostüm
traje de novia *(m.)*	Brautkleid
tranquilidad *(f.)*	Ruhe

Glossar

tranquilo	ruhig
tren *(m.)*	Zug
trozo	Stück
tu *(→ K 58)*	deiner, deine, deines
tú	du
turista *(m. + f.)*	Tourist(in)
tuyo *(→ K 58)*	deiner, deine, deines

U

u *(→ K 67)*	oder
último	letzter, -e, -es
un, una *(→ K 2)*	ein, eine
universidad *(f.)*	Universität
usar	benutzen
usted *(Sg. / Abkürzung Ud. / → K 53, 55)*	Sie; Ihnen
ustedes *(Pl. / Abkürzung Uds. / → K 53, 55)*	Sie; Ihnen
útil *(Artikel lo)*	das Nützliche

V

vacaciones *(f. Pl.)*	Urlaub, Ferien
ir de vacaciones	in Urlaub fahren
variar *(→ K 20)*	variieren
vaso	Glas
vecina	Nachbarin
vecino	Nachbar
vela	Kerze
vender	verkaufen
venir *(→ K 26, S. 168 f.)*	kommen
venir a ver	besuchen
ventana	Fenster
ver *(→ S. 168 f.)*	sehen
ver la tele(visión)	fernsehen
verano	Sommer
verdad *(f.)*	Wahrheit
es verdad	stimmt
¿verdad?	nicht wahr?
verde	grün
verdura	Gemüse
verse	sich sehen, sich treffen

vestido	Kleid
vez *(f.)*	Mal
a veces	manchmal
alguna vez	(schon) einmal
viajar	reisen
viaje *(m.)*	Reise
vida	Leben
viejo	alt
Viena	Wien
viento	Wind
viernes *(m.)*	Freitag
vino	Wein
vino blanco	Weißwein
vino tinto	Rotwein
Virgo	Jungfrau *(Sternzeichen)*
visitante *(m. + f.)*	Besucher(in)
visitar	besuchen; besichtigen (**35** 2)
vista	Blick
vitamina	Vitamin
vivir	leben; wohnen
volver *(o > ue / → K 18, S. 162 f.)*	zurückkehren, -kommen
vosotros *(→ K 53, 55)*	ihr; euch
votar	verabschieden
vuelta	(Straßen)biegung
vuelta al mundo	Weltreise
vuestro *(→ K 58)*	euer, euere, euer

Y

y *(→ K 67)*	und
ya	schon
ya no	nicht mehr
yo	ich

Z

zapatilla	Hausschuh
zapato	Schuh
zona	Gebiet, Zone
zona industrial	Industriegebiet
zona peatonal	Fußgängerzone
zoo	Zoo
Zúrich	Zürich

Gehirnjogging Spanisch
160 Seiten
ISBN 978–3–19–307931–2

¡Entrena la mente!

Möchten Sie Ihre grauen Zellen trainieren und dabei gleichzeitig spielerisch Ihre Spanischkenntnisse festigen? Dann ist *Gehirnjogging Spanisch* genau das Richtige für Sie, denn hier werden in über 100 Übungen Sprach- und Gedächtnistraining miteinander verbunden.

Neben Übungen zu Wörter- und Alltagsgedächtnis (Telefonnummern, PINs etc.), Tipps zur Steigerung der Merkfähigkeit und Erläuterungen der wichtigsten Memotechniken werden auch Hintergrundinformationen zu Gedächtnis, Gehirn und Lernertypen vermittelt.

▶ Über 100 Sprach- und Denksportaufgaben

▶ Training der Merkfähigkeit für alle Alltagssituationen und des Wortgedächtnisses für ein besseres Behalten von Vokabeln

▶ Übersichtlicher Aufbau: Auf einer Seite befindet sich die Übung zum Einprägen, auf der nächsten Seite die entsprechende Übung zum Wiedergeben des Eingeprägten

Auch für Englisch, Französisch, Italienisch und Latein erhältlich.

www.hueber.de/spanisch-lernen